网络直播运营实务

杨　漾　张浩淼　张宏宇　**编著**

机械工业出版社

本书首先以梳理网络直播发展史的方式,分析了2023年以前网络直播行业存在的问题,同时给出了对未来直播发展的期待与预判;其次,从网络直播运营规律入手,展开讲解了直播间运营的各项实操方法,如直播间人设塑造、直播间选品、单期直播策划、直播间复盘等,覆盖了网络直播运营全流程。在讲解过程中,全书着重实操方法的提供与分析,并引用正在实际运营的直播间案例与数据,以突出直播间运营讲授的实操感和实务性。

本书不仅面向网络直播行业的从业者,更面向网络直播行业的"预备军",可作为高等学校、职业院校网络与新媒体相关专业的教材,也可作为网络直播行业的培训用书,读者可结合自身情况进行学习。

图书在版编目(CIP)数据

网络直播运营实务 / 杨漾,张浩淼,张宏宇编著 . —北京:机械工业出版社,2023.10
ISBN 978-7-111-74179-4

Ⅰ.①网… Ⅱ.①杨…②张…③张… Ⅲ.①网络营销 Ⅳ.①F713.365.2

中国国家版本馆 CIP 数据核字(2023)第 208185 号

机械工业出版社(北京市百万庄大街22号　邮政编码100037)
策划编辑:张雁茹　卢志林　　　责任编辑:张雁茹　卢志林　单元花　高　伟
责任校对:王乐廷　张昕妍　韩雪清　封面设计:马若濛
责任印制:任维东
河北鑫兆源印刷有限公司印刷
2024年1月第1版第1次印刷
184mm×260mm・10.5 印张・252 千字
标准书号:ISBN 978-7-111-74179-4
定价:49.80元

电话服务　　　　　　　网络服务
客服电话:010-88361066　机　工　官　网:www.cmpbook.com
　　　　　010-88379833　机　工　官　博:weibo.com/cmp1952
　　　　　010-68326294　金　书　网:www.golden-book.com
封底无防伪标均为盗版　机工教育服务网:www.cmpedu.com

前　言

编著者作为收看者，接触网络直播已近10年了。10年前，编著者作为一名"网瘾少年"，还在盯着电脑上的游戏直播津津乐道。10年后的今天，编著者已浸润新媒体行业多年，且常感慨直播给新媒体行业，乃至所有人的生活带来的巨变。不知有多少"95后"曾认为，网络直播是年轻人的狂欢，而当工作之余回到家中，看到父母展示在直播间购买的实惠物件，或是抱着手机看抖音直播到深夜时，才恍然大悟：直播的能量比早期预想的大得多。

据统计，截至2022年年底，我国网络直播用户数超7.5亿，约占网民总数的70%，其中超3亿用户都在各类直播中出现过消费行为，如打赏主播或在直播间购物。早在2021年，全网活跃的秀场直播、游戏直播场次就超过了1亿次。2022年，奋起直追的电商直播场次也已超1.2亿次。据艾媒咨询测算，2023年直播电商的市场规模将超4.9万亿元……

在如此庞大的数据背景下，直播行业中的各类直播间都在朝着不同的方向努力：精进业务能力，或寻找稀缺商品货源。其中，游戏直播最为艰难，高热度、大流量的游戏越来越少，各主播只能挤在用户基数本就不大的游戏分类中争抢流量，底部主播与腰部主播靠蹭头部主播的流量，头部主播靠"新瓶装旧酒"收割情怀。秀场直播经历了多年的市场寒冬，直播间中本就不稳定的"榜一大哥"变得更加不稳定，他们不仅会"移情别恋"，还会偶尔玩个消失，对此秀场主播们有苦难言。不过，也正是因为秀场直播的不稳定，新进的底部主播才有被"榜一大哥"发现的可能，一跃成为多频道网络（Multi-Channel Network，MCN）机构中的一时红人。带货型直播发展的潜力较大，以知名人士为代表的头部主播势头正盛，以垂直行业主播为代表的腰部主播也能依靠黏合的用户群体大有盈余，即便是底部主播，甚至还没开设自主直播间的企业，在各平台的扶持计划下，也具备很大的直播可能性。

网络直播行业较为复杂且仍在发展，截至2022年6月，还没有系统的"运营白皮书"供新入行者参考，为此，我们编写本书。虽然直播行业已经具备了惊人的市场规模，但对这样一种改变用户生活习惯、购物习惯的内容行业而言，它还有无限的发展潜力。本书编写团队认为，截至2023年1月，尚未完全开拓自主直播间的、具备自主优质商品的企业，才是未来网络直播中的C位担纲。因此，本书编写的核心目标，便是让众多企业了解网络直播运营的重要性，继而开设自主直播间，同时为网络直播从业者讲授直播运营知识和方法，使其能够服务于企业型直播间的自主运营。

本书内容包含四个部分——网络直播概述、网络直播运营规律、网络直播平台和网络直播运营实操方法。其中，网络直播概述介绍了直播发展历程，明确指出了发展过程中出现的诸多问题，倡导从业者秉持不忘初心、服务用户的价值观，共同构筑良性发展的网络直播环境；网络直播运营规律是依靠新媒体领域的多年运营经验，凭借对各类直播间的研究总结出的网络直播通行规律；网络直播平台部分是对当下主流直播平台的解析，如直播平台用户特点、直播技巧等；网络直播运营实操方法又分为七章，包括直播间设置、直播间人设塑造、直播间活动及福利设置、直播间用户交互管理及客服运营、直播间选品、单期直播策划、直播间复盘，包含直播间准备阶段至运营阶段的所有必须工作，实操感强，可让参与网络直播运营的所有角色提高直播市场认知、直播运营策划能力、直播运营实操能力。本书可作为高等学校、职业院校网络与新媒体相关专业的教材，也可作为网络直播行业的培训用书。

  本书是编写团队在网络直播运营中所有理论与实践的集成，我们也一直坚持理论与实践并行的方针。网络直播行业还在发展，我们也在积极探索，愿读者与我们共同前进，打造新媒体网络直播行业理性、健康的运营环境，为实体经济发展助力。

  由于编著者水平有限，书中不妥之处在所难免，恳请广大读者不吝赐教。

编著者

目 录

前言

第一章 网络直播概述 ………………………………………………… 1

第一节 网络直播的定义 ………………………………………… 2
一、网络直播的特点 …………………………………………… 2
二、网络直播的组成元素 ……………………………………… 3

第二节 网络直播的兴起 ………………………………………… 5
一、交友娱乐的秀场直播 ……………………………………… 5
二、基于兴趣的游戏直播 ……………………………………… 6
三、直播带货入场 ……………………………………………… 6
四、直播的无限拓展 …………………………………………… 7

第三节 网络直播的分类 ………………………………………… 7
一、内容类直播 ………………………………………………… 8
二、销售类直播 ………………………………………………… 9

第四节 网络直播的发展趋势 …………………………………… 10
一、直播的行业视角 …………………………………………… 10
二、直播角色的主观视角 ……………………………………… 13

第二章 网络直播运营规律 …………………………………………… 19

第一节 急速印象强植 …………………………………………… 20
一、急速印象强植的意义 ……………………………………… 21
二、急速印象强植的方法 ……………………………………… 21

第二节 直播是匹配的游戏 ……………………………………… 24
一、直播间、用户、商品之间的匹配元素 …………………… 25
二、直播间、用户、商品之间的匹配关系 …………………… 27

第三节　塑造差异化 …… 28
一、厘清直播团队掌握的资源 …… 28
二、调研其他直播间的差异化特点 …… 29
三、对比分析后确定自主直播间的差异化 …… 29

第四节　直播是企业与用户的盛筵 …… 30
一、商品厂家长时间直播的弊端 …… 31
二、直播之于商品厂家的定位——与用户的盛筵 …… 32

第三章　网络直播平台 …… 34

第一节　主流直播平台介绍 …… 35
一、淘宝 …… 35
二、小红书 …… 37
三、微博 …… 39
四、抖音 …… 43
五、快手 …… 46
六、微信视频号 …… 48

第二节　直播平台的选择 …… 50
一、重点运营直播平台的选择 …… 50
二、辅助平台的选择 …… 51
三、选择微信运营的原因及简单方法 …… 52

第四章　直播间设置 …… 54

第一节　直播间设置的定义及意义 …… 54
一、直播间设置的定义 …… 54
二、直播间设置的意义 …… 55

第二节　直播间设置分项展开 …… 55
一、直播间定位 …… 55
二、直播间匹配设计 …… 59
三、直播间价值观 …… 60
四、直播间内容方向 …… 62
五、直播间环境构建 …… 63
六、直播间运营预期与商务模式规划 …… 64

第五章　直播间人设塑造 …… 67

第一节　人设的基本概念 …… 68
一、策划人设的意义 …… 68
二、人设的类型 …… 69
三、人设的可拓展性 …… 71

第二节　直播间人设标签的策划 …… 72
一、设定主播形象 …… 72
二、设定主播性格标签 …… 74
三、设定主播价值观 …… 76
四、设定主播差异化 …… 78
五、检查人设与目标用户画像的匹配关系 …… 79

第三节　塑造人设标签的方法 …… 79
一、让主播融入角色身份 …… 79
二、构建反差 …… 80
三、直播内外结合的印象强植 …… 80
四、从内容策划思考 …… 81

第四节　人设塑造的效果 …… 83
一、企业与用户更好地沟通 …… 83
二、用户逐渐接受的"主播团队" …… 83
三、无限的销售可能性 …… 83

第六章　直播间活动及福利设置 …… 84

第一节　直播间活动及福利设置的基本概念 …… 85
一、活动及福利的定义 …… 85
二、活动及福利与用户社交需求的关系 …… 86
三、活动及福利设置的其他功用 …… 86

第二节　活动及福利设置的方法 …… 87
一、活动及福利的设置原则 …… 87
二、活动及福利的基本类型 …… 88
三、活动及福利的策划方法 …… 89
四、活动及福利设置的实际案例 …… 93

第三节　活动及福利设置的目标 ·· 96
　　一、将活动及福利作为直播运营的重节拍 ·································· 96
　　二、通过活动及福利构建用户期待 ·· 97
　　三、构建团队自主活动及福利设置的方法论 ······························ 97

第七章　直播间用户交互管理及客服运营 ·························· 98

第一节　直播间用户交互管理及客服运营概述 ···························· 99
　　一、直播间用户交互管理的定义 ·· 99
　　二、直播间客服运营的定义 ·· 99

第二节　直播间用户交互管理方法 ··· 100
　　一、弹幕鉴别与处置方法 ·· 100
　　二、弹幕互动原则与技巧 ·· 102
　　三、直播间 KOL 培养 ··· 104
　　四、直播间话题策划 ··· 106

第三节　直播间客服运营方法 ·· 108
　　一、直播间用户答疑原则 ·· 109
　　二、商城及私信用户回复方法 ··· 109
　　三、用户需求分析方法 ··· 110
　　四、用户群组建设及引导 ·· 111

第四节　直播间用户交互管理及客服运营的目标 ······················· 111
　　一、构建直播间弹幕文化 ·· 111
　　二、KOL 的积累与标签扩展 ·· 112
　　三、越来越熟练的话题策划 ·· 112
　　四、逐渐丰富的用户数据表 ·· 112

第八章　直播间选品 ··· 113

第一节　直播间选品的基本概念 ·· 114
　　一、直播间选品的意义 ··· 114
　　二、直播间商品的特征 ··· 115
　　三、直播间商品的价格构成 ·· 118

第二节　直播间选品方法 ··· 120
　　一、非企业型直播间选品 ·· 120

二、企业型直播间选品 ……………………………………………… 125

第三节　直播间选品的目标 ………………………………………… 128
　　一、制订直播间选品白皮书 ………………………………………… 128
　　二、建立尽可能多的优质合作渠道 ………………………………… 128
　　三、提高整体的销售额 ……………………………………………… 129
　　四、日趋增长的用户需求 …………………………………………… 129

第九章　单期直播策划 …………………………………………… 130

第一节　选题调研 …………………………………………………… 131
　　一、选题调研方法 …………………………………………………… 131
　　二、确定选题的方法 ………………………………………………… 134

第二节　关键文案 …………………………………………………… 135
　　一、热点文案 ………………………………………………………… 135
　　二、通感与场景文案 ………………………………………………… 136
　　三、"梗"文案 ……………………………………………………… 138

第三节　试镜 ………………………………………………………… 140
　　一、关键文案试播 …………………………………………………… 140
　　二、商品实操 ………………………………………………………… 141
　　三、主播形象与镜头感 ……………………………………………… 142

第四节　在播控场 …………………………………………………… 142
　　一、设备调试 ………………………………………………………… 142
　　二、现场人员安排 …………………………………………………… 143
　　三、出现负面问题后的解决方案 …………………………………… 143

第十章　直播间复盘 ……………………………………………… 144

第一节　直播间复盘的基本概念 …………………………………… 145
　　一、直播间复盘类型 ………………………………………………… 145
　　二、直播间复盘误区 ………………………………………………… 145

第二节　直播间复盘的方法 ………………………………………… 146
　　一、直播间标准数据 ………………………………………………… 146
　　二、直播间常见运营情况解决方案 ………………………………… 154

第三节　直播间复盘的目标 …………………………………………… 156
一、实现直播间数据的突破 ………………………………………… 156
二、提升运营团队的整体策划能力 ………………………………… 156
三、提升运营团队的调研能力 ……………………………………… 156

参考文献 ……………………………………………………………… 158

第一章
网络直播概述

> 本章知识体系

第一章知识体系如图 1-1 所示。

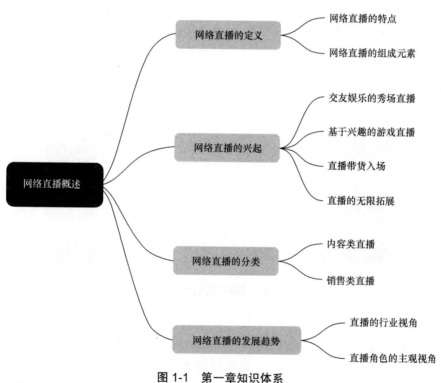

图 1-1 第一章知识体系

截至 2022 年网络直播是资本市场、传媒行业、商品流通行业等社会多种行业的风口。无论头部主播动辄几十亿元的销售额，还是违法主播被罚十几亿元的巨额款项，都诱惑投资方、网红主播等新媒体从业者、MCN 机构、新媒体平台快速进场分一杯羹。网络直播的确有发展潜力，有利于满足用户消费需求、帮助企业搭建更多销售通路、帮助主播团队营利，并辅助解决社会就业问题，拉动内需，优化经济增长方式。

然而，在有些人迫切逐利的网络直播环境下，产生了数据造假、品控不严、供应链似有还无、售后服务不佳等问题，让直播带货的一些参与方显露疲态——用户消费体验差、商品厂家无法通过直播获利、直播间陷入舆论危机……

长此以往，网络直播行业必不能持久。本书坚持的价值观和倡导的方法论，正是基于上述直播的处境展开，一方面将通过梳理网络直播的发展通路、观察直播行业情况，总结直播伊始至今各阶段的经验与教训，给出网络直播方向的趋势性预判；另一方面基于网络直播的发展态势，将对学习、计划参与、正在参与网络直播的不同角色，给出合理的运营方法，以及学习、入行建议。

本章将从网络直播的定义、网络直播的兴起、网络直播的分类、网络直播的发展趋势四个方面，介绍网络直播的"前世今生"。

第一节　网络直播的定义

网络直播，通常是指通过技术手段，采集直播方视频、音频、图文等新媒体信息，上传至服务器后，导出媒体信息至某一网址，供用户收看的实时互联网信息传递方式。本节介绍的是网络直播的特点及组成元素。

一、网络直播的特点

网络直播作为新媒体领域的一种信息传递方式，主要包含以下六个特点，如图1-2所示。

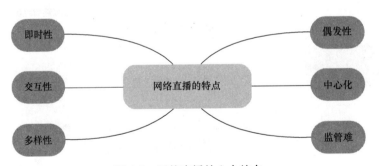

图1-2　网络直播的六个特点

1. 即时性

即时性是新媒体内容相较传统媒体内容的突出特点。网络直播则将这一优势进一步放大，在主播不设置直播延时的情况下，直播间展示内容与用户获取内容的时间差（延时）基本可控制在10秒以内。相较在微信公众号、微博等平台策划发布的内容，用户对直播的兴趣往往更高，因其存在更强的不确定性，可引起用户的好奇心，从而追踪收看。

2. 交互性

用户在新媒体领域的交互行为包含阅读、点赞、评论、收藏、转发、发弹幕等，所有的用户交互，都在一定程度上展现出用户之于新媒体矩阵的活跃程度、黏合程度。对受"弹幕文化"长期熏陶的用户而言，在直播这一即时收看的新媒体内容环境下，他们更愿意在直播间与主播、其他弹幕人产生交互，从而增加收看内容的趣味性。

3. 多样性

网络直播的多样性并不是指直播类型或直播内容的多样性，而是指同类型或同内容的直播，因直播间的定位与主播人设不同，可演绎出的直播效果多种多样。直播间的多样性，源自直播间主体（企业或个人）对网络直播运营的需求，由需求决定直播间定位与直播间运营初期的用户画像，继而确定为吸引该用户画像而设计的直播间人设。

4. 偶发性

网络直播内容虽然大多是直播团队已策划好的剧本，但是由于用户弹幕的介入，给直播增加了许多偶发因素，需要主播与场控人员有一定的临场发挥能力。

此外，因直播不同于其他类型的原创内容，一旦播出便不可更改，主播团队在遇到偶发事件时要保持冷静，以免给直播间造成不可挽回的损失。当然，主播团队更要有高情商和"飞急智"（临场解决问题）的能力，将弹幕触发的偶发事件打造成用户超预期活跃的"炸场"营销话题或事件。

5. 中心化

中心化是指在网络直播的大环境下，用户流量聚集于头部直播间的现象。全网头部直播间数量仅占直播间总数的5%或更低，但头部直播间却拥有超90%的用户流量。截至2022年，中心化的网络直播使直播平台、企业均被流量裹挟，作为渠道的大流量直播间成为直播领域的最大赢家。

6. 监管难

因直播是动态的流媒体形式，平台对直播内容的监控通常有一定的滞后性。一般而言，直播平台会安排超级管理员游走于平台的各个直播间，对出现违规内容的直播间做出警告或封禁，但由于直播间数量众多，管理人员数量较少，因此直播的监管问题是所有直播平台面临的共性问题。

上述六个特点，是网络直播区别于其他新媒体形式的突出特点。此外，网络直播有两个较为负面的特点需要强调：一是信息乱象问题，对突然出现的热点事件，尤其是负面热点事件，有的直播间经常未经信息核实就直接发表言论，不论是否属实，在一定程度上影响了受众对真相的了解；二是内容鉴别成本问题，主要聚焦于直播带货领域，用户鉴别优质带货直播间需要花钱购买商品，而带货直播间的商品质量不尽相同，这让用户鉴别直播间的时间、金钱成本过高。

二、网络直播的组成元素

网络直播环境，由直播间、商品、用户、MCN机构、直播平台、商品厂家六个元素组成。本部分内容主要讲解这六个元素的定位及需求，进而帮助新媒体工作者了解这六个元素的相互作用及关系。

1. 直播间

直播间（含主播团队）是网络直播的信息渠道，用于连接用户、商品、商品厂家这三个元素。基于不同的直播间类型，直播间达成的连接功用也不尽相同。此外，因直播间所属的主体不同，直播间的需求也不同。

通常，拥有自主商品的企业型直播间需求是围绕用户展开的，即吸引陌生用户，通过直播内容活跃并黏合用户，实现销售转化，最终在直播间内形成相对稳定的复购粉丝群体。

个人直播间或不拥有自主商品的企业型直播间需求，除上述围绕用户最终实现的销售转化和复购人群聚合外，还包含寻找优质商品渠道，以及通过内容直接实现打赏收入。

2. 商品

商品是网络直播的宝藏，由直播间传递给用户。商品的需求即提供商品企业的需求，包含两点：一是实现尽可能大的销量，以达成多方获益的局面；二是通过用户反馈帮助商品改良。截至 2022 年，"销售即割韭菜"的传统观念已经慢慢淡去，企业、用户的意识已开始转变为将销售作为服务的一种形式。因此，优质的商品即优质服务，既是企业努力为用户提供的，又是用户在网络直播环境中不断寻找的。

3. 用户

用户是网络直播商业链条中最重要的组成部分之一，是网络直播中商品的最终消费者。在网络直播环境中，用户质量可因其需求而被定义。用户需求为消遣时间的，此类用户则为低质量用户，几乎不具备消费能力，也少有黏合某直播间的潜力；用户需求为消费、服务获取、知识获取的，此类用户则为高质量用户，会因内容而活跃、黏合，有变现的可能性。

4. MCN 机构

MCN 机构为专业内容创作机构，在直播领域可被理解为坐拥多个直播间的"直播间经纪公司"。MCN 机构的存在价值有三点：一是帮助内容生产困难的直播间策划内容；二是帮助不具备商业能力的直播间提升把握商业机遇的能力；三是分别与直播平台、直播间签约以达成两者之间的供需关系。

MCN 机构的需求就是营利，最直接的营利方式是与平台签订内容供给协议，领取平台"工资"。因 MCN 机构是直播间与商品、直播间与直播平台之间的"中间商"，凡涉及签约直播间的收入，它都可从中攫取一部分利益。

5. 直播平台

直播平台是构建直播信息渠道的基础，为直播间提供技术支持。直播平台的最主要需求是流量。截至 2022 年，在直播平台百家争鸣的情况下，用户流量即是未来。所以，直播平台通过签约 MCN 机构、推出流量扶持活动、推出创作者扶持计划等方式，吸引更多优质内容创作者（直播间）入驻平台，以求平台的视频内容、直播内容吸引更多用户。

6. 商品厂家

商品厂家在网络直播环境中的角色比较复杂，它曾是间接参与者，但逐渐成了直接参与者；也曾是网络直播的"受害者"，但逐渐成了受益者。商品厂家角色的改变历程，便是直播带货发展的历程。

首先，网络直播的出现使传统销售行业"地震"，无数商品厂家陷入销售困局，无奈只能开始加入网络直播销售大军。此时，商品厂家仅是商品的提供者，在网络直播体系中，它并未直接参与面向用户的环节。但随着时间的推移，商品厂家发现通过其他直播间销售可以达成销量，但几乎没有利润，于是开始运营自主直播间，直接面向用户。

其次，上述过程提到，商品厂家在网络直播出现后，线下销量及传统电商平台销量开始减少，与此同时，寻找直播渠道间接达成销售，压缩了商品利润。基于此两点，商品厂家是网络直播的"受害者"。不过，当商品厂家了解了直播间运营的方式后，开始运营自主直播间，便有了更多触达用户的可能性，增加了一条大流量销售通路，最终成为受益者。

网络直播六个元素之间的关系，如图 1-3 所示。

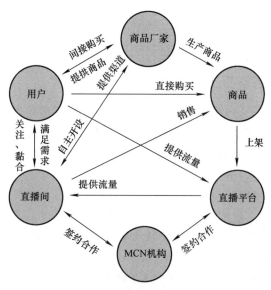

图 1-3　网络直播六个元素之间的关系

第二节　网络直播的兴起

网络直播的兴起，是网络直播平台基于技术铺垫，不断适应用户移动化网络社交需求的结果。本节将基于网络直播发展的四个阶段，对应用户在不同阶段的网络社交需求，解析网络直播兴起的缘由。

一、交友娱乐的秀场直播

2003 年，北京等城市的用户已初步形成了网上学习、网上社交的习惯。2005 年前后，互联网用户人群激增，以 QQ、YY 为代表的互联网社交工具开始蓬勃发展。QQ 主打即时通信功能，为用户实现从熟人至陌生人的圈层拓展；YY 则主打交友，让用户从陌生人逐渐发展为熟人关系。直播的时代，正是由这款语音软件开启的。

YY 语音于 2005 年上线，它上线初期的核心功能是在线多人语音沟通，完美匹配了当时某热门游戏的需求，通过 YY 语音指挥挑战副本成为许多玩家的回忆。作为一款语音软件，YY 为用户提供了展示才艺的场所，游戏玩家在休息之余也会通过 YY 语音一展歌喉。于是在 2009 年，YY 用户中以交友、娱乐为目的的才艺展示群体悄然崛起，数量足以比肩游戏群体，YY 的秀场直播就此兴起。

还有一个平台——六间房，它于 2006 年上线，核心功能为视频发布。2009 年 12 月，六间房秀场正式上线，同 YY 秀场一样，都是主打社交、在线才艺展示的平台。

YY 与六间房的秀场直播同时出现并非偶然，而是这两家企业通过研究用户需求，做出前瞻性判断的结果。所有新兴事物的产生，几乎都是从一线城市萌芽、发展，历经两三年下沉到二三线城市，最终面向更广泛的用户市场的。YY 与六间房正是看到了自己平台上用户网络社交、才艺展示需求的旺盛，才给出秀场直播这种通过部分用户展示自我，从而达成网络社交的即时性强交互形式。

2010年，YY推出手机App，实现了语音、直播的移动化，拓宽了用户的使用场景。这一切为网络直播的兴起开了一个好头。

二、基于兴趣的游戏直播

我国游戏市场萌芽是在1995年前后，网络游戏的萌芽是在2000年前后，那时游戏主力军还是"80后"。2008年以后，游戏用户数逐年攀升，"90后"网生代开始接过游戏主力军大旗，并且受网络游戏竞技性的影响，用户基于游戏的攻略获取、技术提升的需求开始显现。

起初，用户获取游戏攻略、技巧的方式是图文、视频，游戏大神会将自己的游戏攻略、游戏视频上传至贴吧、优酷或土豆等平台，供用户收看。直至2014年，游戏直播伴随多家直播平台的出现开始爆发，其中包含从YY中独立出的游戏直播平台虎牙，从AcFun弹幕视频网独立出的平台斗鱼TV，以及战旗TV。

截至2013年，我国电脑游戏用户达到4.9亿人，可以说游戏已然成为多数用户的娱乐与社交方式。基于兴趣的游戏直播，让具有相同爱好的互联网用户聚集到同一场景，不仅满足了用户的游戏知识获取需求，也满足了用户的社交需求。一时间，游戏直播成为市场的大风口，熊猫TV、火猫TV，以及至2022年依然存在的诸多小型直播平台，均在该时期爆发。

由此可见，游戏直播的爆发基础是用户的兴趣、需求，催化剂则是用户基于兴趣的社交需求。

三、直播带货入场

如果仅是基于上述平台，直播带货的形式便不可能出现，因为多数游戏直播、秀场直播的平台都与主播签有协议，即不可以在直播平台，甚至主播朋友圈推广平台以外的商品，而这两类平台又几乎不具备商品介入平台的商业模式，主播也就不会走入带货的领域。所以，直播带货并非直播发展过程中自然而然的结果，而是企业推波助澜后，用户的主动选择。

2016年，淘宝首试直播带货模式，目的是通过流媒体形式让用户更加了解商品，相较传统的用户上淘宝、京东自主挑选商品，直播中利用口播、实物体验、图板、视频等形式进行商品讲解，能够完善用户的购物体验，让用户更加放心。但此时问题出现了，直播过程中需要有主播全程介绍商品、引导用户。许多企业的业务人员虽然非常了解商品，但他们迫切想将商品优点展现给用户，让用户下单（本位意识较强）。因此，他们难免被戴上"王婆卖瓜"的帽子，不被用户接受。此时，一个专业、客观的主播就显得尤为重要。

例如，美妆领域的专业性让李××收获了淘宝为其引导来的粉丝，圈定了自己的用户群体。当时，用户、李××与美妆企业属于三赢的阶段，用户买到了好商品、李××赚足了流量与销售分成收入、企业增加了销量。如此局面让直播带货"杀入"直播领域，并慢慢成长为可以对抗游戏直播、秀场直播，最终超越这两类直播的存在。

直播带货完美融合了用户的社交需求和购物需求，开辟了企业销售新模式、用户购物新模式，拉动了社会内需，可谓是一次基于用户需求的成功创新。更重要的是，它让所有新媒体人意识到直播存在拓展性。

四、直播的无限拓展

直播的拓展性，在于将企业、个人、组织机构的需求与用户的网络社交需求相结合，以直播的形式达成匹配。一般而言，企业、个人的需求较为简单，无外乎吸引关注用户、扩大个人或品牌影响力、达成销售，而组织机构则兼具弘扬正能量、传播传统文化等需求。

截至2022年，直播内容的丰富性已足够配得上"直播+"这个概念。例如，以罗××为代表的直播+带货，以崔×为代表的直播+演唱会，以某剧院为代表的直播+话剧，以某平台为代表的直播带货+知识分享，以及诸多警务类账号的直播+公益。可以肯定的是，直播不仅丰富了用户的收看体验、娱乐体验、消费体验，也大大提高了社会上不同角色的效率，切实达成了有趣、有用的效果。

此外，作为截至2022年新媒体主流的内容展现形式之一，直播更令人期待的地方在于，无论它发展至何种程度，都不会是终点，因为直播已积累了丰富的土壤——超6亿用户。随着直播的发展，用户对直播的依赖性逐渐提高，企业、个人、组织机构不仅可以将自主需求与用户的网络社交需求匹配，而且可以根据自主需求尝试引领用户需求的形成，并满足用户需求。如此，"直播+"的创新就永无止境。

综上，直播的兴起及发展过程，实则是互联网企业研究用户网络社交需求，并逐步实现的过程。在这一过程中，有两个因素起到了助推器的作用：一是我国经济的发展让用户在信息获取和消费上出现了主观意识的觉醒与改变，继而不断呈现新需求，最终开拓出新的直播市场；二是网络技术的发展，5G网络的普及让多数用户能够无所顾忌地使用流量看直播，这是实现直播用户规模逐年增长的重要原因。

第三节　网络直播的分类

网络直播的分类方式有许多种。通常，直播领域会以直播过程中是否包含商品销售作为基础的直播分类方式，不含商品销售的直播属于内容类直播，含有商品销售的直播属于销售类直播。本节内容将对上述两种基础直播类型继续拆分细化，并讲解拆分后不同直播类型的特点。网络直播类型如图1-4所示。

图1-4　网络直播类型

一、内容类直播

内容类直播包含秀场直播、游戏直播、知识直播、新闻类报道直播。

1. 秀场直播

秀场直播是网络直播兴起时的第一种直播模式，直播内容以个人或团体的才艺展示为主。秀场直播初期，主播多靠才艺特点吸引用户，如唱歌、跳舞等，但随着秀场直播间数量的增加，以及新媒体领域用户社交需求的提升，单靠才艺已很难黏合用户。因此，在游戏直播、直播带货等类型的直播兴起后，传统的秀场直播已不复存在，主播更多需要依靠自身的性格、特点吸引用户。

由于秀场直播门槛较低，大量年轻用户曾尝试进入该领域，其中一部分用户自主申请账号并自主运营，但大多数账号因运营一段时间没有流量无疾而终；另一部分用户则尝试加入公会，由公会与主播签约，统一培养娱乐才艺，并提供场控支持。由于公会与直播平台存在签约合作关系，后者在运营初期即可获得平台的流量扶持，通过这部分用户基础，直播间更易初步黏合粉丝群体，从而寻求更大的流量突破。

秀场直播的收益构成分为两个部分：一是基本工资，由直播平台或公会直接下发给直播间主播；二是虚拟礼物，由用户在直播间送出，直播平台、公会、主播三方分享。

2. 游戏直播

游戏直播的内容通常为主播第一视角操作游戏，虽然电脑游戏种类多，但市场上较火的游戏种类并不多，所以游戏直播在 2015 年前后就变成了红海。

游戏直播早期，主播多以"技术流"为主，技术好或是在游戏中有较高声望的玩家，更容易通过游戏直播吸引粉丝。因此，就竞技游戏而言，主播多是退役职业选手；就网络游戏而言，主播多是高端玩家。由于游戏直播市场饱和速度过快，各类游戏的用户流量已被瓜分殆尽，后入行的主播只能另辟蹊径，通过聊天、与大主播一同游戏等方式吸引用户流量。

游戏直播与秀场直播的收益方式相同。相较秀场直播，游戏直播获得用户打赏的难度更高，因为用户多专注于游戏本身，如主播主动索要打赏则容易引起用户反感。但游戏直播更易为直播平台提高用户在线时长，因游戏过程往往更易让用户带入角色，连贯性更强。

3. 知识直播

知识直播内容以讲授垂直领域的知识为主，截至 2022 年，纯知识类直播较少，仍有很大的开拓空间。罗老师、张老师的爆红，已然展现了用户在互联网的知识获取需求，但碍于两个方面的因素，知识直播至 2022 年仍未达到市场预期。

其一，行业专家大多不能驾驭直播授课形式，或因课程枯燥，用户难以接受，或因内容过于深刻而门槛过高。其二，知识直播并非各直播平台关注的重点。鉴于知乎、得到、喜马拉雅等平台的不温不火，知识付费形式本身就未在互联网用户中普及，让用户观看知识直播自觉打赏更是难上加难。所以从平台的角度看，与其在知识直播上重点投入，不如深耕流量更大的秀场直播和销售直播。

然而，2022 年某平台尝试直播带货＋知识分享的模式，为知识直播开辟新的通路，这种融合性质的知识直播虽带有销售性质，更偏向于销售类直播，但它可能是多数用户通向纯知识内容直播的一条路径。

对比游戏直播与秀场直播，知识直播的主要目的在于建设品牌、黏合用户。知识直播变现的最佳比例，应仅有小部分直播平台打赏，其余部分必须通过构建直播间主体的知识服务体系，通过对黏合用户的针对性服务完成变现。

4. 新闻类报道直播

新闻类报道直播即主流媒体通过新媒体渠道直播，以达成通过互联网传递即时新闻资讯的目的。新闻类报道直播是传统电视、广播等媒体形式的新媒体化，主要是满足用户的移动化信息获取需求。新闻报道直播间通常由主流媒体开办，不具备营利性质。

二、销售类直播

销售类直播包含超市型直播、渠道型直播和企业型直播。

1. 超市型直播

超市型直播是指直播间销售的商品品类多，如同用户逛超市一般。通常，仅流量较大的直播间会选择这种直播方式。因商品品类多，直播团队研究商品并制定对应销售策划案的时间就会很长，大流量直播间的直播团队人员能力强，并且人数相对较多，更有可能胜任。

超市型直播的特点在于以量取胜、以价取胜、以利润取胜和以坑位费取胜。以量取胜是指直播时间内上架的商品种类众多，商品种类越多，销售可能性越大；以价取胜是指通过尽可能压低商品价格，激发用户的购买欲；以利润取胜是指单个商品销售所获利润分成高；以坑位费取胜则是指通过收取不同厂家的坑位费，使直播间获取巨大收益。

截至2022年，多数直播带货的"翻车"事件源自超市型直播。因其销售品类过多，许多直播间出现了选品不严的现象，最终让用户权益受到损失，也对直播间的名誉造成了恶劣影响。

此外，超市型直播在介绍商品时多以主播或主播团队对商品的主观感受描述为主，所以用户第一次步入超市型直播间时，往往持观望态度，不会直接下单购买。

2. 渠道型直播

渠道型直播是指基于某一专业领域，为用户提供该领域优质商品的直播间。区别于超市型直播，渠道型直播商品品类少而精，更加垂直。

渠道型直播的特点在于注重内容、注重专业，销售商品时往往以对商品的专业化客观讲解为主，主观使用感受为辅。垂直领域的专业性可以为渠道型直播带来两种利好：一是快速构建陌生用户对主播的知识认同，将对该领域感兴趣的路人吸引为关注用户；二是吸引该领域优质厂商关注，继而得到更优质的商品，以此获得更多关注用户。

渠道型直播间的主播，多是垂直领域的专家，或浸润行业多年的资深爱好者。因此，相较超市型直播，渠道型直播开设的门槛更高。不过，由于渠道型直播间的选品要求更加苛刻，无论商品种类、商品价格，还是利润空间，都远不如超市型直播。因此，许多渠道型直播的团队在积累一定用户流量后，往往会逐渐向超市型直播转型。

3. 企业型直播

企业型直播是指拥有自主商品的企业自主建设的直播间，通过企业型直播间，可直接消除企业与用户之间的所有中间商，让用户直接购买一手商品。

企业型直播间的特点在于厂商直供，商品特点介绍全面且保真，这对企业和用户都有好处。对企业而言，没有中间商赚差价，可以放出更多价格空间，让用户得到优惠的同时不破坏商品的价格体系；对用户而言，超市型直播、渠道型直播可能会因厂商放出高额利润分成，销售质量较低的商品，而一旦企业型直播间商品展现出高质量，往往意味着该企业型直播间的系列商品质量均有保证，用户可放心购买。

截至 2022 年，企业型直播的主要问题是企业团队在直播领域的专业性问题——企业负责人虽能将本企业优势全方位介绍给用户，却因无直播间策划、无直播间内容创意、本位意识过强等因素，难以积累用户流量。这也是本书要解决的核心问题——系统的直播间策划方法，帮助企业构建自主直播间。

第四节　网络直播的发展趋势

分析网络直播的发展趋势，应从两个视角切入：一是行业视角，即基于国家政策与行业本身，分析网络直播行业如何积极健康地发展；二是角色视角，即明确参与网络直播不同角色的需求和亟待解决的问题，给出解决方案。

一、直播的行业视角

2021 年某主播登上春晚舞台、央视直播带货力挺湖北等现象，已然表明了直播行业的发展趋势——对经济发展有可取之处，支持产业良性发展。直播良性发展的逻辑是：直播间通过导购的方式使用户触发消费需求并购买企业商品、服务；直播间流量越大，可拉动的消费额就越高。如此，用户的消费一方面支持了企业运营——支付员工成本、继续生产优质商品，另一方面也为直播间增加收入，继而增添了新的就业岗位（直播间运营）。与此同时，用户也享受了低价福利，可谓一举多得。

然而直播领域仍有诸多不和谐因素，影响了网络直播的良性发展。本部分将以截至 2022 年网络直播仍存在的问题，对应已出台的诸多行业政策，给出网络直播发展的趋势性判断。

1. 秀场直播、游戏直播逐渐落幕

秀场直播、游戏直播虽然是为用户消遣时间提供的，不但不能推动社会进步，还在一定程度上引导了年轻人负面的价值观——许多未就业的毕业生看秀场直播、游戏直播轻松且赚钱快，便放弃工作机会，妄想在网络直播领域"大展拳脚"，最终大多数寥寥收场。长此以往，秀场直播、游戏直播不仅不会获得进一步扶持，有些还会因内容低俗、影响恶劣而受到更严厉的打击。

与此同时，秀场直播与游戏直播已是人满为患，即便是娱乐明星或游戏职业玩家再入行，能收获的用户流量也有限，更何况其他普通用户。

综上，无论是行业政策或行业内诸多角色，都几乎没有为秀场直播和游戏直播提供新活力的方式，这两种直播也就难逃落幕的命运。

2. 企业型直播将担纲直播领域 C 位

秀场直播与游戏直播的落幕，意味着知识直播、销售类直播的崛起。而知识直播对主播和用户两者均存在门槛高、难度大的问题，发展周期将相对较长，其发展路径可参考新媒体领域的有偿知识服务发展历程。因此，2022 年后的很长一段时间，网络直播领域将会是销售类直播的天下，其中企业型直播将担纲直播领域 C 位，具体原因有以下四点。

（1）大主播退场，流量将被重新瓜分　销售类直播市场中盛传直播带货"四大天王"，但截至 2022 年 7 月，他们都由于不同的原因从风口上退了下来。这四人的直播间是典型的超市型直播间，也是网络直播领域"中心化"特点的代表，他们的淡去昭示了网络直播去中心化的时代来临，所有直播间都可争抢大主播退场后的自由流量。

此时，企业型直播间将是最大受益者。因为用户在失去曾经信任的大主播后，与其寻找其他超市型直播间承担"购物风险"，不如直接找到品牌方购买，无论价格，还是售后服务，都将更有保障。当然，渠道型直播也有吸取自由流量的机会，但鉴于多数企业型直播间的起点较低，用户增长的比例将更大。

（2）企业型直播的崛起更利于推动经济发展　截至 2022 年，销售类直播的主要市场份额被超市型直播占据，这是一种非正常状态的直播行业格局。超市型直播的原始面目是一种为企业服务的销售渠道，因为其商品都是从合作的上游企业进货而来的。随着直播行业的崛起，大主播动辄几十亿元的销售额，让越来越多的企业对这一销售渠道趋之若鹜，于是超市型直播"趁火打劫"，立起了三座阻碍企业从直播中获利的"大山"。

第一，坑位费。坑位费是指企业商品在超市型直播间上架、上播前需要给直播间的费用，类似于传统广告行业商品营销推广时的广告投放费用。无论商品最终在直播间销量如何，企业都需要缴纳坑位费。通常，直播间流量越大，坑位费就越高。截至 2022 年，头部直播间收取企业 10 万元以上的单品坑位费都很常见。这就意味着，企业在投放坑位费的直播中，销售利润至少达到 10 万元以上，才有可能赚钱。如遇直播间刷单，出现大量退货的情况，企业还需要自主承担运费，可见企业想从一次带坑位费的超市型直播带货中获得利润是相当困难的。

> 【运营提示】是否仅超市型直播间收取坑位费
>
> 坑位费是直播间保证单次直播带货收益的一种方式，渠道型直播间也有部分收取坑位费的，但比例较超市型直播间要低很多。相较超市型直播，渠道型直播在垂直领域的专业程度，会促使主播团队选择优质且与用户画像、需求匹配的商品，相较坑位费，他们更愿意收取更高的销售利润分成。因为这种方式可以减轻企业压力，提高直播间在行业内的口碑，同时也有机会赚取更多收益，是长久发展之道。

第二，全网最低价。用户购物大多会货比三家，即发现了好的商品后，会到不同平台搜索同一商品，买最便宜的。主播团队为了保证商品在自己直播间的销量，通常会要求企业给出全网最低价，以保证不会有其他渠道介入争抢用户订单。久而久之，直播带货领域在价格方面的恶性竞争愈演愈烈，各类商品低价抛售的情况层出不穷。这确实给了用户很大的优惠，却压榨了企业与直播间的收益。

第三，高销售利润分成。直播间出于多获利的目的提高利润分成比例本没有错，但在坑位费与全网最低价存在的同时提出高销售利润分成，就非常不合理了。从企业视角看，坑位费可以均摊于销售利润，即如果直播间单次直播收取了 10000 元坑位费，成交了 1000 单，每单利润 20 元，将 10000 元坑位费均摊于 1000 单后，每单承担坑位费金额为 10 元，企业实际每单所获利润变为了 10 元。全网最低价，虽然同时降低了企业与直播间的收益，但是高销售利润分成正是为此存在的，直播间不愿自己的收益被降低，于是通过高销售利润分成，将全网最低价所降低的收益，尽量压给企业，从而保证自身收入。于是，直播间、用户合伙压榨企业收益的局面便形成了。截至2022年直播带货商品价格现状，如图1-5所示。

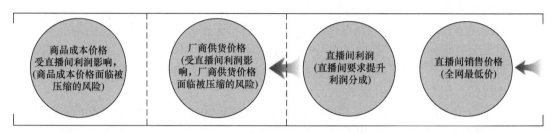

图1-5 截至2022年直播带货商品价格现状

企业受挫、直播间获利的局面，非常不利于销售行业的良性发展。因为企业生产商品，为社会创造了有价值的产物，而直播间不过是将商品转卖给用户终端的渠道，虽在一定程度上拉动了用户消费，但其本身不能创造价值。在一条商业链中，渠道赚取大部分利润是不合理的，这会鼓动国内其他企业去做"渠道流量"的生意，远离实业。如此，那些为社会和用户带来优质商品，为用户带来福利，意图把市场做大的企业便越来越少。

简而言之，以超市型直播为代表的直播间依仗直播行业的火爆及自身流量，为企业树起了三座"大山"。如此做也没有为国内经济发展做出贡献，而是在抢夺传统销售行业的蛋糕，"抢"生产商品的企业的钱。表面上看，直播间与用户是受益者，但从长久发展看，这将会造成"三输"的局面。

由于企业利润被压缩，面临亏损风险，部分企业因此降低商品的成本以保证自身利润，最终导致商品质量下降。商品质量下降会直接影响用户的消费和使用体验，同时直播间对商品质量下降的感知具有滞后性，劣质商品也会对直播间造成负面的舆论影响。最终，直播这一行业会难以为继。

（3）建设强国品牌为主旋律，平台将大力扶持　回顾2015—2022年的发展，国内出现过许多名噪一时的品牌，但它们大多渐渐淡出了用户的视野。因支撑这些品牌发展的并非商品品质与社会责任感，而是它们的营销玩法。当用户对营销玩法不再感兴趣，或资本无法继续支持营销玩法的支出时，它们自然会被忘记。

国内市场、国内用户需要的，不是名噪一时的新鲜玩意，而是能陪用户走过十年、百年的良心品牌。恰逢百年未有之大变局，国家鼓励建设强国品牌，这正是优质商品厂家的良机。因平台会适配国家政策的变化，推出一系列扶持企业品牌的平台政策，这一点从微博和抖音的平台变化就可见一斑。

2018年，企业开通微博认证（蓝V）、购买服务包多出于被动因素，如需要举办转发抽奖活动，需要蓝V身份及服务包支持。2021年，微博企业服务人员会主动联系企业，以求完成蓝V认证企业数量的KPI，且同年开始，微博建设各种蓝V运营方法群、蓝V互动群，旨在激活更多企业的微博账号。

此外，抖音在2022年发布直播新政，明确指出不再允许个体户入驻小店，这也是对企业型直播间的变相扶持。由此可见，各平台陆续推出支持企业品牌直播的政策是大势所趋。

（4）"直播+"模式下，企业型直播拓展性更强　直播承载的主要元素有两个：一是内容，二是商品。超市型直播全面专注于商品，对用户而言略显枯燥。渠道型直播偏重于商品，兼顾专业知识内容，通常仅能黏合垂直领域用户。与上述两者相比，企业型直播的拓展性表现在以下三个方面。

其一，直播+社交。超市型直播与渠道型直播的主要目的是逐利，企业在逐利的同时更会注重自身的长远发展。因此，企业可付出更多的直播时间用于与用户的互联网社交，构筑以直播间人格化运营形象为核心的社交圈，黏合更多用户使之成为潜在客户，是为用户的拓展性。

其二，直播+活动。相较超市型直播与渠道型直播的减价、赠送活动，企业举办的线上与线下打通活动更丰富、有趣。通过直播间邀请用户参与带货直播的线下活动，使企业活动与直播间相互助力，是为内容的拓展性。

其三，直播+体验。随着5G的普及，VR、AR等技术的发展，硬件+软件共同为用户构建商品使用场景的时代就在不远的未来，即根据商品匹配技术硬件，结合直播平台、用户终端匹配软件，最终以场景化体验的方式为用户展现商品。上述过程，将由企业自主研发、自主掌握，是为技术的拓展性。

综合上述四点，多条网络直播的线索均指向企业型直播，企业型直播必然担纲未来直播行业的C位。

3.直播内容、直播商品更加规范

由于网络直播市场环境中，除企业型直播外的其他直播类型过于饱和，不少直播间屡见通过审丑、擦边球等灰色方式吸引流量或变现的现象。对此，"清朗"系列行动已做出了明确指示，任何涉及色、丑、怪、假、俗、赌的直播内容都将被禁止。所以，直播平台对直播内容的监管只会越来越严，主播一旦触碰红线便可能被永久禁播。

此外，鉴于2022年以前部分直播商品品质差，甚至出现假冒伪劣的现象，平台也将采取针对性措施。例如，抖音已在2022年出台的"抖音直播带货新政"中提出：凡售卖假冒伪劣商品的直播间，哪怕曾经售卖，现已下架，平台都会对直播间进行罚款、关店、清退。

综上，有关网络直播发展行业视角的趋势性判断，其基础是网络直播的行业现状及不足，核心线索是基于行业发展的政策导向，只有符合政策导向，满足行业发展需求，才能长远发展。

二、直播角色的主观视角

基于参与网络直播角色的主观视角分析，可以得出不同角色受主观因素影响，在直播环境下存在的不足，以及他们对网络直播的主要需求。如此，得出的不仅是不同角色于网络直播环境下的发展趋势，而且是对于他们未来发展优化的建议。本部分分别从用户、直播间、直播平台、MCN机构、商品厂家五个主观视角进行分析。

1.用户主观视角发展判断

用户对网络直播的需求分为内容与商品两个部分。由于不同用户的调性、标签不同，他们对新媒体内容与商品的需求也不尽相同，本部分内容仅讨论普遍用户的发展趋势。

（1）从被直播内容捆绑到利用直播内容　截至2022年，秀场直播、游戏直播依旧占据

较大的市场份额，用户观看这两类直播内容的目的多是娱乐消遣、消磨时间。然而，无论帅哥美女唱歌跳舞，还是游戏大神的精彩操作，用户都会有审美疲劳的一天。届时，用户将不再沉溺于消磨时间的无意义直播内容。伴随着互联网用户的大规模主观意识觉醒，他们将开始尝试利用直播满足生活、学习、工作所需，实现从被直播内容捆绑到利用直播的改变。

当用户需要用直播内容满足生活、学习、工作所需时，他们对内容的要求便渐趋提高，劣质内容将被自然而然地淘汰，同时逼迫优质内容创作者继续提高直播内容的策划能力与执行能力，以满足用户需求，真正实现以用户需求为主导的直播内容的质量提升。

（2）将企业型直播间作为购物的终端　企业卖货是为了满足用户的购物需求，但"好事不出门，坏事传千里"，因媒体对各类不良商家恶劣事迹的报道，使许多用户对企业有敌对心理，即"企业卖货是想赚我的钱"。然而，直播带货中大主播动辄十亿、百亿的身家，让用户对企业的看法有所改变，因用户发现了许多直播间一方面压榨企业利润，另一方面割用户"韭菜"的现实。当用户可以明确区分谁在赚快钱，谁在踏实做事情时，便自然愿意找长久、稳定的企业购物。

此外，用户选择企业型直播间作为购物型终端的原因还有两点。其一，对于用户喜爱的优质商品，超市型直播与渠道型直播给用户的福利可能仅有一次，因这两类直播间的商品种类过多。而用户关注企业型直播间后，可即时获取喜爱的商品的优惠信息，方便且省钱。其二，一旦用户遭遇商品质量问题，直面企业型直播将能更快解决问题。解决商品质量问题的终端是企业，用户如在超市型直播间或渠道型直播间购买商品出现质量问题，投诉通路将变长。

（3）注重商品的功用性　除传统大品牌商品外，直播带货领域爆款商品通常具备三个特点——高颜值、黑科技、话题感，如是同类商品之间的对比，则商品还具备低价格的特点。这展现了截至2022年直播带货领域用户普遍的购物偏好——喜欢好看的、好玩儿的、能炫耀的、便宜的，即便商品质量不行，买到手看一看，玩一玩之后扔掉也不心疼。

然而，2022年国内市场已经表现了些许消费降级的信号，用户开始淡化颜值、科技感、话题感，转而追求物美价廉的商品，即在保证商品功用性的同时追求低价，而不把低价作为决定性因素。

此外，用户对商品功用性的看重，不会因经济回暖，出现消费升级状况而改变。因国家鼓励建设强国品牌，打击假冒伪劣商品、营销概念商品，用户对商品功用性的重视也将因直播带货中商品品质的提升而被巩固。

2. 直播间主观视角发展判断

分析直播间发展，需要先明确直播间需求，直播间需求则由其主体决定。因此，新媒体工作者需要先按主体类型将直播间分为三类——个人直播间、企业机构直播间、商品厂家直播间。本部分将先列举两个所有类型直播间均存在的发展方向，再基于不同直播间类型，给出不同的发展方向。

（1）所有直播相关内容尺度的底线提升　直播间的主要需求是盈利，盈利的前提是直播间能够长久运营。因此，任何涉及政策红线的内容均不能在直播间出现，如黄、赌、毒、暴力等内容。虽然大多数直播间可以管控好自身内容不触碰红线，但自2022年开始，仅做好自己是不够的。

2022年，中华人民共和国国家互联网信息办公室推出《互联网跟帖评论服务管理规定（修订草案征求意见稿）》，规定中提出了一系列对跟帖服务提供者（包含直播平台）的管理规定，包含发帖、回复、留言、弹幕等方式，旨在强化各新媒体平台对内容的监管。对直播平台而言，平台所受压力必将下沉至每个直播间，直播间面临的将会是严格的自主内容管理要求，以及自主直播间弹幕管理要求。因此，未来所有直播间都将付出更多人力，保证直播相关内容的尺度底线，以求长久生存下去。

（2）多平台、多内容形式为直播间引流　除淘宝外，多数直播平台带有其他内容属性，以视频内容为主导。因此，截至2022年，多数直播间已做到视频与直播两种内容结合的运营模式，以视频内容为直播引流。除直播平台的视频内容外，新媒体领域还有许多内容发布渠道，可供直播间主体注册账号、发布内容，如微博的短微博内容形式、微信的图文内容形式、小红书的笔记内容形式等。新媒体工作者每增加一个内容发布平台，便为直播间增添一种引流的可能性。

因此，基于流量获取及销售的需求，各直播间均会逐步构建新媒体运营矩阵，为直播间流量增长提供更多的可能性。

（3）不同类型直播间的发展方向

1）个人直播间的发展方向。伴随抖音"不准个人入驻小店"政策的推出，个人主体已很难开设销售类直播间。同时，截至2022年，内容类直播的未来仍不清晰，所以个人组建团队，或注册企业，或加入MCN机构为机构店铺服务，以企业主体形式运营直播间是最好的解决方式。鉴于个人直播间与MCN机构之间的矛盾，个人直播间通常会对与MCN机构捆绑产生疑虑，加之政策层面鼓励全民创业，个人注册企业主体，将个人直播间向企业机构直播间转型的可能性更大。

2）企业机构直播间的发展方向。企业机构直播间即不具备自主商品的企业开设的直播间，因商品厂家直播间将崛起，商品厂家与企业机构直播间的供需状况将出现变化：从供大于求到供不应求——商品厂家更倾向于在自主直播间销售商品，因没有中间商，可操作空间大。届时，企业机构直播间如何获得优质商品便成了难题。

不过，商品厂家仅是对企业机构直播间的需求降低，并非完全没有需求。商品厂家也需要找到其他直播间协同销售商品，赚取销售利润的同时为自主直播间增加流量。对此，企业机构直播间必须成为企业厂商眼中的有价值的渠道，才能与其他企业机构直播间争抢商品厂家的优质商品。

要成为有价值的渠道，企业机构直播间必须做到以下三点：第一，严格选品，商品厂家绝不希望销售自主商品的有价值渠道，同时在售商品的质量良莠不齐；第二，赚合理的钱，既不收过高的坑位费（相较同类型、直播间关注用户数相近的直播间），又不提出超商家预期的销售利润；第三，实现高销售转化率，这要求企业机构直播间对自主直播间用户画像有清晰的判断，如此才能与商品厂家的商品画像匹配，实现高转化率。

3）商品厂家直播间的发展方向。由于商品厂家直播间的需求与商品厂家的需求基本一致，其发展需求将在本节"商品厂家主观视角发展判断"中详细讲解。

3. 直播平台主观视角发展判断

直播平台的根本诉求是提升平台价值，包含社会价值与商业价值。截至2022年，多数直播平台更注重商业价值，未来直播平台将有意识地提高社会价值，并优化自身的商业价值，表现为以下三个方面。

（1）扶持企业型直播间　扶持企业型直播间是平台基于政策需求的必然导向。秀场直播与游戏直播是平台创造收益的方式（用户打赏虚拟物品），这是典型的泡沫经济，而国家鼓励推动实体产业发展，无论直播平台可以通过秀场直播与游戏直播赚取多少利益，一旦泡沫破灭，平台收入流水便有枯竭的危险。另外，超市型直播与渠道型直播的利润大多被直播间掌控，压榨企业利润的结果是企业不在该直播平台投放商品，长此以往平台的收益结构也将趋向泡沫。

相反，如果平台大力扶持企业型直播间，为企业创造更多收益，则为推动国家经济做出贡献，因为企业可以创造就业机会，为用户、为社会提供福利。因此，有社会责任感的直播平台必然先行试水扶持企业型直播间，其他平台也将会在政策的引领下纷纷入场。

（2）做小分母，求质不求量　自网络直播行业出现，直播平台对主播、流量的争抢就从未停歇过，因此直播平台对开通直播间的态度是：鼓励一切用户申请平台账号并开通直播功能。直播平台认为，越多人开通直播功能，就代表直播行业越火热，同时用户在自己平台开通直播间，就多了一份与其他直播平台争抢用户流量的可能性。但截至2022年，网络直播行业已足够热门，继续践行这种扩张分母的形式对平台并无好处。因为直播间的基数越大，平台工作人员的监管难度就越高。如果低流量直播间出现直播违规内容，就可能让整个平台付出惨痛代价。

此外，同类直播间如果没有差异化优势，被用户淘汰就是必然结果。既然如此，直播平台不如通过试播审核鉴别优质直播间，以为用户营造更优质的直播环境，让用户形成"平台直播间即精品"的意识。如此降低直播间数量，用户流量对直播平台的黏合度反而更强，而用户黏合度，则是考量直播平台商业价值的重要指标。

（3）优化算法，提高转化率　截至2022年，多数直播平台都使用了依据用户标签、直播间标签匹配的方式，为用户推荐直播内容或短视频内容。从结果看，这种黑匣子算法的效率并不高。例如，用户关注了某碳酸饮料的直播间，平台根据饮料这一标签，为其推荐了某功能饮料直播间，虽然两个直播间都有饮料这一标签，但高价、含有特殊功能性的功能饮料，与价格相对较低、适合日常引用的碳酸饮料所面向的用户不尽相同，这便属于无效推荐。

无效推荐既浪费了用户的时间，又降低了平台的转化率。因此，未来的直播平台必将基于人工智能的深度学习技术，构建更庞大的用户数据表、直播间数据表、商品数据表，让用户更快、更精准地找到适合自己的直播间，继而提高直播平台的销售转化率，这也将是平台提高商业价值的重要里程碑。

4. MCN机构主观视角发展判断

MCN机构本是"专业内容生产机构"，但在直播带货兴起后，MCN机构与签约主播的合作方式，更多变为了主播负责生产内容，MCN机构负责为直播间提供商务合作，因为多数个人主播不具备商务能力。如果缺少了直播带货这一重要收入板块，直播间的运营将举步维艰，MCN机构恰好填补了这类直播间的空缺。

然而，伴随企业型直播间的崛起，MCN机构洽谈商务合作将越来越难，因为作为曾经压榨企业利润的一分子，如果旗下直播间没有高价值流量，很难继续劝说企业投入高坑位费、支付高利润分成。对此，MCN机构的发展方向主要有以下两个方面。

（1）回归内容，提高直播间的流量价值　为旗下账号提供视频内容策划、直播内容策划是 MCN 机构的老本行，但多数直播平台与 MCN 机构签约后，会为其提供高流量的视频题材。这导致 MCN 机构在内容创作上的动力开始显现不足，因为只要按照直播平台要求产出内容即可获得流量。

但随着用户对短视频、直播内容要求的提高，同质化的直播平台推荐视频已不能满足用户的要求，此时 MCN 机构如果想助力旗下主播的视频、使直播间获得更多流量，则须用心策划每条视频、每场直播。通过内容运营积累黏合用户、有价值用户，提高直播间价值，以此作为与商品厂家洽谈商务合作的筹码。

（2）流量中心化，扶持潜力股、绩优股　截至 2022 年，因直播带货"四大天王"的退场，直播带货领域正在进行去中心化的变革。面对各平台散落的流量，MCN 机构恰恰要反其道而行之，做自身体系内的流量中心化，放弃部分直播间，扶持旗下的潜力股、绩优股，以同其他直播间争抢流量。

此外，还有一个客观原因，即企业型直播间的崛起。MCN 机构旗下的直播间多是超市型直播间或渠道型直播间。企业主观能动性变强，MCN 机构可获取的商品品类便呈下降趋势，与其让内部直播间销售同一商品分散收益，不如将流量、收益聚集起来，提高旗下直播间的最优销售数据。

无论基于直播间经营考虑，还是基于 MCN 机构企业价值考虑，上述两个发展方向都将为 MCN 机构的发展提供强助力，有助其提升自身竞争力的同时，还可以促进 MCN 机构之间的良性竞争，为企业、用户带来更好的销售量、消费体验，帮助直播平台焕发新的活力。

5. 商品厂家主观视角发展判断

作为网络直播后半程的主角，商品厂家发展的方向多、空间大，但这也意味着其需填补的"网络直播运营空白"更多。商品厂家如果想抓住网络直播发展带来的红利，达成创造和提高销售额、提升品牌价值等目标，必须从以下四个方面入手。

（1）组建专业的新媒体运营团队　入行网络直播，建设企业自主直播间的前提是商品厂家自上而下的新媒体意识的觉醒，即从企业领导到员工都要有意识地认知新媒体、了解新媒体、利用新媒体。当企业自上而下对新媒体的诸多规律（如新媒体运营是长期过程、任何新媒体内容都需要策划等）有所了解后，企业整体的新媒体观便能达成一致，而后即可组建企业的新媒体运营团队。

此时，商品厂家无论是运营自主直播间，还是运营微信公众号、微博、今日头条，都能在大方向上保持一致，继而讨论更深层次的运营问题，如规划、拟定、磨合调整直播间的人格化运营形象标签。新媒体时代，商品厂家组建专业的新媒体运营团队是必然的结果，但如果没有企业整体新媒体意识的奠基，执行层和领导层的意见便会在多方面出现分歧，产生内耗，阻碍企业自主直播间的建设与运营。

（2）企业自主直播间与新媒体矩阵协同配合　企业自主直播间本应算作企业新媒体矩阵的一部分，如果将网络直播视作独立行业，那么直播间与新媒体矩阵则是协同配合关系。截至 2022 年，所有销售类直播间都存在一个问题，即高频次直播带货，既让用户感觉枯燥，又让用户的钱包难以为继。这种现象在企业自主直播间尤为明显，因为商品厂家的商品品类有限，每日直播势必会增加用户的厌烦情绪。对此，企业须将新媒体矩阵与直播间运营相结合，设定不同类型的内容触达用户的频次，让用户培养收看企业内容习惯的同时，对企业内容保持新鲜感。

具体执行方法为，通过企业新媒体矩阵发布日常图文、视频内容，满足用户的阅读需求，在积累用户的同时，培养用户黏合度。同时，降低直播频次，强化每次直播策划，注重福利设置与玩法设置，将企业自主直播间作为企业与用户共同参与，为用户提供福利的盛筵，最终达成用户关注企业新媒体矩阵与直播间的目的。如此图文、视频、直播相互结合的内容输出节奏，既能缓解商品厂家新媒体团队的运营压力，又给用户以接受不同内容、购买商品的周期，更利于商品厂家和用户双方的长久发展。

（3）渠道投放助力企业自主直播间　截至2022年，虽然许多企业已开始投入运营自主直播间，但多数企业自主直播间均处于起步阶段，那么直播间流量从0到1的过程就显得至关重要。此时商品厂家需要找到长时间运营、有优质用户流量，且用户画像与企业商品画像匹配的直播间做渠道投放，助力企业自主直播间的初期流量积累。

此时，超市型直播间与渠道型直播间不仅是为企业创造销售利润的销售渠道角色，而且是为企业自主直播间提供流量扶持的推广渠道角色。企业可通过出让销售利润的方式，让渠道型直播间在销售商品的同时推荐企业品牌，以求为自主直播间引流。此时，通过渠道型直播间关注企业自主直播间的用户，多是因认同企业商品质量而关注的复购用户，具有较高活跃度与黏合度，是未来企业自主直播间发展初期可依靠的中坚力量。

商品厂家需要意识到，投放直播间是对企业新媒体运营团队能力的重要考量。通过尽可能少的投入，高效率地完成用户从超市型直播间、渠道型直播间至企业型直播间的转化，是渠道投放的终极目标。因此，商品厂家必须先行掌握自主商品定位方法、直播渠道用户画像分析方法，自主商品标签与渠道用户画像标签的匹配程度越高，转化率越高。

（4）企业渠道共享　每个企业自主直播间的流量都来之不易，但这并不意味着企业型直播间的流量不能与他人共享。在市场上，企业之间会经常开展异业合作，以拓宽自主企业的用户画像范围，这种方式同样可应用于不同商品厂家的自主直播间，通过与其他商品厂家直播间的合作，以商品组合、主题场景式销售、共同发放福利的方式，共享流量，增强企业自主直播间的开放性，最终可为企业带来流量增长、业务模式拓展等利好。

上述四个方面的商品厂家主观视角下的发展趋势，均是以商品厂家新媒体意识的觉醒为理论基础、组建新媒体运营团队为行为基础的。这些趋势，是商品厂家在网络直播领域迎接百年未有之大变局的必然选择。

本章小结

本章内容为网络直播前世今生的梳理，网络直播因用户互联网的社交需求而生，在技术与用户需求的相互作用下不断推进。它曾创造了游戏直播平台的巨大经济泡沫，也曾创造出让人为之疯狂、前所未有的单日销售额。然而，无论是泡沫经济，还是财富集中流向没有创造社会价值的大主播，都只是网络直播行业的过往，毕竟试错之后，才知道正确的发展方向。未来，网络直播仍有无限可能。

第二章
网络直播运营规律

本章知识体系

第二章知识体系如图 2-1 所示。

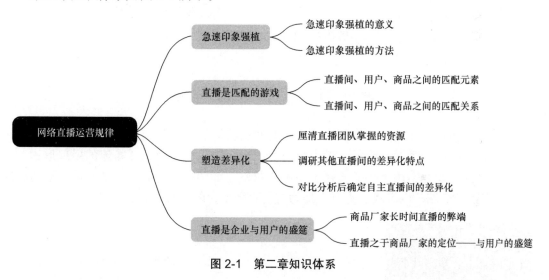

图 2-1　第二章知识体系

所有涌入网络直播行业、运营自主直播间的企业和个人都想成为行业顶流，但并非所有直播团队都有成为顶流的潜质，因为顶流直播间往往具备不可复制的特点。例如，罗××进入直播行业时，带着创业背景与线下粉丝拥趸；东方××进入直播行业时，带着社会责任感与丰厚的文化底蕴。上述直播间的背景是其在网络直播领域迅速攀升的"跳板"。

然而，大多数从零开始的直播间不具备这些突出特点，需要长期运营，逐步积累用户流量，才有机会在反复完成"破圈"的过程中慢慢成为大流量直播间。"破圈"分为两个阶段：一是平台流量的"破圈"，二是全平台口碑的"破圈"。

直播间若想成为顶流，必须得到直播平台的扶持。直播平台扶持直播间的原则，除商业合作外，主要遵循流量导向，即根据直播间流量，提供对应直播间现有流量的流量扶持。这个"破圈"阶段的过程由两个部分组成：一是直播间吸引用户、黏合用户，二是平台根据直播间用户流量基础提供更多陌生用户的流量扶持，让直播间继续吸引并黏合属于自己的粉丝用户。

当直播间流量稳步上升后,"破圈"进入第二阶段,即直播间从某一个或某几个直播平台创造爆点,将直播间名称、直播间口碑、主播等扩散至全平台甚至全网的过程。当"破圈"达到第二阶段,直播间将迎来指数级的陌生用户流量的增长,进而第二阶段的"破圈"过程反复两到三次后,直播间流量便达到了该直播间可能达到的流量"天花板"。

综上,在直播行业中,某些直播间天然含着金钥匙出生,入行后可迅速达到顶点。但对多数直播间而言,直播间的运营只能守住底线,步步为营。本章内容,即是抛去各顶流直播间的不可复制特点,参考、综合所有内容类直播、销售类直播的大流量直播间,给出的网络直播普遍运营规律,帮助直播运营团队守住底线,创造更多可能性。网络直播的运营规律,如图2-2所示。

图2-2　网络直播的运营规律

第一节　急速印象强植

急速印象强植,即通过一切用户可在短时间内获取的直播间信息,让用户记住直播间或留存于直播间。直播平台展现直播内容的形式有两种:一是视频瀑布流的展现形式,将直播内容穿插其中,多用于各类直播平台的手机端,如图2-3所示;二是板块合集的展现形式,多用于PC端和以游戏、秀场直播为主的直播平台的手机端,如图2-4所示。

图2-3　视频瀑布流展示页面

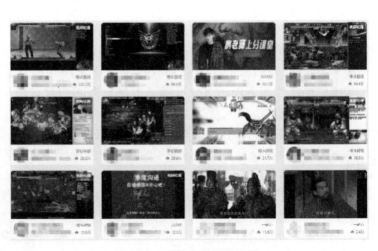

图2-4　板块合集展示页面

对图 2-3 的直播内容展现形式而言，用户可直接观看直播内容，急速印象强植通常以直播间背景、主播人设、特殊道具、背景音乐、直播间标题、直播时间段六点实现。对图 2-4 的直播内容展现形式而言，用户需要先看直播间封面、标题，而后进入直播间观看，因此除上述六点外，还需要注意以直播间封面达成急速印象强植的效果。本节分为急速印象强植的意义、急速印象强植的方法两个部分内容。

一、急速印象强植的意义

急速印象强植的目的在于让用户快速构建对直播间、直播内容、主播人设的认知，让用户尽可能长时间留在直播间观看内容、购买商品。这一过程分为两种方式：一是以冲击力较强的元素刺激用户观感，让用户在接触直播间后的短时间内记住并关注直播间；二是以稳定的输出频率为用户传递信息，让用户在接触直播间后的短周期内养成观看习惯。

早在 2020 年，全网直播账号（直播间）的数量已达 1.3 亿。这一方面表现了直播行业的火热，另一方面也展现出直播间从零开始运营"突围"成为腰部直播间，甚至大流量直播间的难度。面对琳琅满目的直播间，用户本就有随便选择的权利，加之直播发展多年，多数用户见识过各种类型、特点不一的直播间，这让他们的"口味"变得挑剔——面对陌生直播间，如无突出特点，用户停留时间一般不会超过 3 秒。急速印象强植的意义就此凸显。

二、急速印象强植的方法

急速印象强植的核心方法有三种：一是"洗脑"，二是冲击力，三是猎奇。直播间团队需围绕这三种核心方法，对以下七个直播间元素进行设置，如图 2-5 所示。

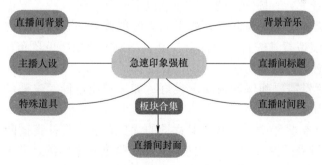

图 2-5　直播间达成急速印象强植效果的方法

1. 直播间背景

直播间背景是直播间内容元素的重要组成部分，通常以"洗脑"为主要强植方式。直播团队根据直播间类型设置与其他直播间均不雷同的背景并长期应用即可。同一直播间背景，可在用户反复刷到直播间后，迅速构建用户对直播间的印象。

此外，直播团队设置带有冲击力的背景时需要慎重，因多数具有冲击力的背景并不适合用户长时间收看。

以图 2-6 为例，左图的背景明显更具冲击力，但用户长时间观看深色背景，会引发视觉疲劳，最终自主离开。在上述两版直播间背景中，"布衣××"直播间最终选择右图作为直播的背景图。同理，猎奇类背景虽易让用户引发联想，但用户也可能会因联想引发不适，或因联想而无法聚焦直播内容，最终让直播间得不偿失。

图2-6 "布衣××"直播间中华书局直播专场背景图片对比

各直播平台都致力于为直播间提供更新的技术手段，比如替换虚拟背景。使用更高级的技术手段在一定程度上会帮助直播间增加流量，但也会因为运营操作问题造成负面影响。

在替换虚拟背景上，直播间运营需要注意以下四个问题。

1）主播与虚拟背景应完美贴合，如果因为虚拟背景的添加，出现了给主播轮廓增加绿色（因多数使用虚拟背景的直播间都会在真实场景中使用绿色幕布作为背景）描边的效果，会使得用户观感整体滑坡。

2）使用虚拟背景需要确保网络状况良好，如果网速过低，主播动作刷新较慢，那么主播的每一个动作都会在虚拟背景上留下类似于马赛克的痕迹。

3）虚拟背景应务求真实，使用虚拟背景的优势在于，弥补直播间在无法实现真实布景的情况时，直播背景的设置问题，同时也有助于降低直播间的运营成本。然而从急速印象强植的效果看，真实布景给用户留下印象的可能性要远远高于虚拟背景，而且被用户一眼就能识破的假背景，会降低直播间的美誉度。

4）急速印象强植需要更稳定的直播间背景，即使虚拟背景会让更换直播间背景变得既简单又廉价，但直播间背景也不能常换常新，应该为用户记住自己提供一种保持更长时间的、相对真实的、美观的、有冲击力的、主题鲜明的虚拟直播背景。

2. 主播人设

主播人设包含语言风格、slogan（口号）、人物形象、"标准版本"动作、价值观塑造、亮点挖掘与匹配、性格标签、主播门槛、差异化九种策划事项，详细内容将在本书第五章"直播间人设塑造"中讲解，本部分仅对语言风格、slogan、人物形象、"标准版本"动作四种最易让用户产生急速印象强植效果的人设策划事项做讲解，如图2-7所示。

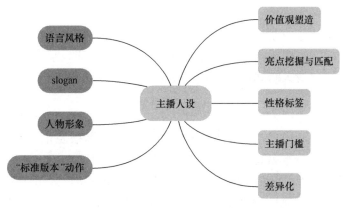

图 2-7　主播人设策划事项

（1）语言风格　语言风格包含主播的音色、音量、音调、语速、语种。无论哪项语言风格，都以"洗脑"为主要设计方向。以语速为例，快语速、慢语速较"洗脑"；以语种为例，方言相对"洗脑"，更易做急速印象强植。

（2）slogan　slogan 即主播经常提到的口头禅，是结合直播间定位、主播语言风格等要素的设计产物。以"oh my god！"为例，这句原本普通的英文短语，结合某主播的高亢嗓音成为直播带货领域最知名的 slogan，不仅让无数用户成功被急速印象强植，还实现了"破圈"，让该 slogan 从直播间蔓延至整个互联网。slogan 的设计除不涉及红线外，仅有"洗脑"一个原则。

（3）人物形象　人物形象即主播外貌，包含主播颜值、妆容、服饰等元素，是以视觉冲击力、猎奇为印象强植的主要方向，方法多种多样。高颜值、低颜值、五官特色、奇装异服通常具有视觉冲击力，特殊妆容则常能引发用户的猎奇心理，均可达成急速印象强植的效果。

（4）"标准版本"动作　"标准版本"动作不仅是指主播的习惯性动作，也包含主播的坐姿、站姿等体态，如"××满哥"不能自已的手势。截至 2022 年，带有"标准版本"动作的主播还是少数。主播可设计诸如抓狂、撩头发、蹲上座椅、"葛优瘫"等动作，以强植主播形象给用户，甚至达成用户对主播展现"标准版本"动作的期待。

3. 特殊道具

特殊道具本是直播间背景的一部分，区别于直播间背景的洗脑印象强植方向。特殊道具往往还可做猎奇方向的设计。例如，"布衣××"直播间有一个标志性道具——磬，每拍卖完成，主播都会敲击磬以表示拍卖结束，如图 2-8 所示。对经常观看该直播间的用户而言，回旋的磬音是该直播间的特色；对陌生用户而言，磬是较为特殊且陌生的道具，可引发用户的猎奇心理。待用户明确磬的作用时，对直播间内容便有了更深入的了解。

图 2-8　"布衣××"直播间的特殊道具——磬

4. 背景音乐

背景音乐主要应用于直播内容的串场，或塑造直播间氛围，并非直播间的刚需。背景音乐的急速印象强植在于构建背景音乐与直播间的联系，例如，某直播间仅以 beyond 的歌曲作为背景音乐，用户多次刷到直播间后，便能构建 beyond 歌曲、直播间背景、主播这三者的联系。

5. 直播间标题

直播间标题在以手机端收看直播为主的直播环境下逐渐被淡化，因用户通常会直接收看内容而忽略标题（部分平台也称其为主题）。然而在少数以秀场、游戏直播为主的平台，或转发直播间链接、预告至群组中时，标题仍起到较重要的印象强植作用。

通常，以直播间标题做印象强植的方法，是将近期热点中的"洗脑梗"加以二次原创为直播间标题，并持续使用一段时间。一方面伴随热点而生的"洗脑梗"原本就有吸引用户关注的效果，另一方面同一直播间以同样的标题出现在用户面前，更易让用户记住直播间。例如，"淡黄的长裙，蓬松的头发"的"梗"成为热点后，秀场直播间可将标题改为"破旧的长裙，稀疏的头发"，在蹭热点的同时匹配直播间主播人设。

6. 直播时间段

设置相对固定的直播时间段，主要目的在于养成关注用户收看直播内容的习惯。对陌生用户而言，有固定的直播时间段也可作为急速印象强植的机会。用户反复在某一时间段刷到同一直播间后，便在短期内形成了对该直播间直播时段的认知。

7. 直播间封面

直播间封面虽然仅能在板块合集的形式下被用户获取（图 2-4），但在急速印象强植中能起到关键作用，因通过板块合集进入直播间的用户，通常是通过直播类型搜索、直播内容标签搜索、兴趣推荐等方式获取某一批直播间板块，用户与直播间的匹配程度更高，如果能在此基础上让直播间封面急速印象强植给用户，则用户成为关注用户、黏合用户的可能性更大。直播间封面属于图片类型，图片的强植以冲击力为主。直播团队可运用撞色、跳色，结合主播外貌、直播内容制作直播海报，作为直播间封面。

上述七个直播间元素不需要面面俱到，但每多一点印象强植的设计，便多一分吸引用户的可能性。

第二节　直播是匹配的游戏

直播间主体运营直播间的目的通常是变现与提高企业、个人口碑，但大流量不等于变现，更不等于好口碑。例如，书籍相关领域的某知名大号，曾被某出版社邀请做直播带货，但销量不太好。而从事古籍、图书拍卖内容的"布衣××"直播间在 2022 年 3 月 25 日当天，仅通过 5000+ 的访客数，就实现了 1000+ 订单、16 万元+ 的销售额，如图 2-9 所示。

"布衣××"直播间与某读书直播间的粉丝相差近千万，但在某出版社的书籍销售上，某读书直播间的销售额却相对较少。究其原因在于，某读书直播间用户的普遍阅读偏好趋于成功学，即读书为了快速提高社会价值；而"布衣××"直播间用户的普遍阅读偏好趋于文化，即读书为了修身养性、增长见识、陶冶情操。显然，某出版社的书籍与"布衣××"直播间的用户更为匹配。这说明，直播间的粉丝数量固然重要，但用户与直播间的匹配、用户与商品的匹配、商品与直播间的匹配程度更为重要。

图 2-9 "布衣××"直播间 2022 年 3 月 25 日直播间销售数据

综上，直播是一场匹配的游戏。直播团队需要从直播间与用户的匹配、直播间与商品的匹配、用户与商品的匹配三个方面入手，以获得更精准的用户流量，提高商品销售转化率。本节内容将首先明确三者之间用以匹配元素的概念，再分别列举三者之间的匹配关系。

一、直播间、用户、商品之间的匹配元素

直播间、用户、商品之间用以匹配的元素，包括直播间基础信息、直播间调性、主播人设、用户画像、用户调性、商品画像、商品调性七种，如图 2-10 所示。

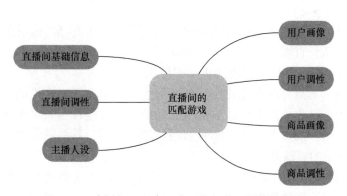

图 2-10 直播间、用户、商品之间的七种匹配元素

1. 直播间基础信息

直播间基础信息包括直播间类型、直播间所属行业、直播间内容方向。例如，刘××直播间的类型属于秀场直播，所属行业为运动健康行业，内容方向主要为健身减脂操。

2. 直播间调性

直播间调性即直播间的风格、属性，是指直播间面向用户传递的一种感受。直播间调性由直播团队先行定义，后通过直播中面向用户的元素，如主播人设、背景设置、所售商品等信息集中展现。例如，同做线上演唱会，崔×与罗××的直播间调性就大相径庭。

崔××从音乐到现场表达都带着狂放不羁的风格，而罗××则展现出沉稳、宁静。

3. 主播人设

主播人设的具体内容将在本书第五章"直播间人设塑造"中详细讲解，这里首先强调主播人设需要匹配的原因。用户在直播间的主要需求为内容获取需求、社交需求、消费需求三种，其中社交需求是由用户与弹幕、主播间的社交完成。因此，主播人设是直播间与用户匹配的要素。

4. 用户画像

用户画像包含三级：一是用户基础信息，二是用户客观信息，三是用户行为信息。基础信息包含姓名、身份证号、手机号、家庭住址。客观信息从一定程度上反映出用户的生活状态，如年龄、收入、家庭可支配收入、客单价（单个订单的消费金额）接受范围、学历、职业背景等。行为信息即用户的内容收看偏好、行为偏好、消费偏好、社交偏好等。其中，用户的客观信息与行为信息通常能更好地展现用户需求，故经常作为直播间与用户、用户与商品匹配的关键项。

5. 用户调性

用户调性即用户的风格和属性，能够展现用户的性格特点、生活状态及追求的生活状态，由用户所受教育情况、生活环境、生活价值观等综合决定。用户调性与用户画像相关但无绝对关联，如同样是25岁热爱运动的男孩，调性也可能不同。

6. 商品画像

商品画像包含商品价格、商品功能和商品卖点。

（1）商品价格　商品价格不仅指商品售价，还包含成本价、供货价、市场价、分销价、活动促销价等多种价格指标，具体概念及差异将在本书第八章"直播间选品"中详细讲解。

（2）商品功能　商品功能是指商品的主要用途，表现了商品可解决的用户需求。为吸引更多用户购买商品，直播领域的许多新商品具备多种功能。以"台灯插座"为例，既能作为手机、计算机电源，又可以在夜间供照明使用。

（3）商品卖点　卖点是指商品相比其他商品更加突出、更有个性的特点。在传统销售中，许多商品的卖点是相比同类商品更优秀的功能，或者是在当时的市场环境下，只有该商品的功能能满足用户的特定需求。随着直播带货的发展，商品的卖点已经逐渐变成了促使用户形成消费冲动的吸睛点。

1）黑科技。黑科技原意是指非人类自力研发，凌驾于人类现有科技之上的知识，引申为人类现有的世界观无法理解的猎奇物。黑科技在成为网络新名词后，含义扩展为一切让人"不明觉厉"的新硬件、新技术、新材料、新工艺等。在传承、功能、工艺、技术等方面，让用户产生"不明觉厉"的黑科技感，成了卖点之一。例如，某口红打印机，内含三大专利"黑科技"，用三管唇釉便可让消费者随时随地解锁上千种唇色。尽管许多人开箱测评证实这是个"鸡肋"产品，但用户仍希望买来试试。这便是利用黑科技噱头，让用户产生"真的能自己调出各种颜色吗"的猎奇心理。

2）高颜值。在这个"看脸"的时代，用户会将商品的卖相列为购物决策的重要指标之一。因为用户审美不同，高颜值没有绝对标准，是与用户画像匹配后的动态指标。

3）话题感。商品话题感是指商品能为购买商品的用户提供与亲朋好友交谈的资本。

商品的话题感一方面来自前文所述的黑科技和高颜值，另一方面来自与商品相关的营销事件，如找明星代言商品，则商品自带话题。

7. 商品调性

商品调性是基于商品的营销表现，给市场留下的印象和评价。商品调性一般由商品价格、功能、卖点等客观信息综合决定。一般而言，外观精致、用以提高生活品质、有长时间历史背景故事的商品调性普遍较高。

二、直播间、用户、商品之间的匹配关系

1. 直播间与用户的匹配

直播间与用户的匹配包括三点：一是直播间基础信息与用户画像的匹配，二是直播间调性与用户调性的匹配，三是主播人设与用户调性的匹配。

（1）直播间基础信息与用户画像的匹配　直播间基础信息包含直播间类型、直播间所属行业、直播间内容方向，主要对应用户行为信息。仍以"布衣××"直播间为例，该直播间的主要内容为日常聊天，拍卖古籍，销售新书、库存书等。对应的用户行为偏好包含内容收看偏好——书籍、行为偏好——看书、消费偏好——书籍和社交偏好——爱书的人。这组匹配关系最基础，是用户关注直播间的底线。

（2）直播间调性与用户调性的匹配　直播间调性与用户调性匹配的最好结果，是让用户在直播间的环境、氛围中感到舒适。"布衣××"的直播间布置简单，没有高大上的背景铺排，仅有牌匾、主播、书架，以及拍卖所需的其他物品，如此匹配的便是趋向朴素、淡雅的用户调性群体。

直播间基础信息与用户画像的匹配是用户收看直播内容、关注直播间的基础；直播间调性与用户调性的匹配是用户关注并黏合直播间的关键。

（3）主播人设与用户调性的匹配　主播人设与用户调性的匹配是指主播性格特点、外貌完全符合用户交朋友的标准。"布衣××"的主播，是一个穿着中式褂子、笑容满面、谦逊随和的专业读书人、卖书人。这一人设在爱书、爱读书的用户画像中，几乎可匹配各类调性的用户。

主播人设与用户调性匹配，可让用户在黏合直播间的基础上达成对主播的信任，最终基于信任达成销售转化。

2. 直播间与商品的匹配

直播间与商品的匹配包括两点：一是直播间基础信息与商品画像的匹配，二是直播间调性与商品调性的匹配。

（1）直播间基础信息与商品画像的匹配　直播间类型是定义直播间商品画像的底线，通常商品厂家直播间仅售卖自主商品或与其他商品厂家合作售卖商品组合；渠道型直播间仅售卖对应行业领域的商品；超市型直播间的商品品类则无限制。

（2）直播间调性与商品调性的匹配　直播间调性与商品调性匹配，可以保证直播间在行业内的口碑，同时还能达成相对较高的销售转化率。以"疯狂小××"的直播间为例，主播小××在用户眼中搞笑、接地气。作为超市型直播间，主播需要挑选物美价廉的实用类商品，以得到用户对直播间调性与商品调性匹配关系的认可。反之，如该直播间销售高端艺术品，用户则会质疑商品品质。

3. 商品与用户的匹配

商品与用户的匹配包括两项：一是商品画像与用户画像的匹配，二是商品调性与用户调性的匹配。

（1）商品画像与用户画像的匹配　商品画像与用户画像的匹配是指商品基础信息与用户画像标签的匹配。例如，商品价格对应用户的客单价接受范围，商品功能对应用户的消费偏好，商品卖点对应用户的社交偏好等。以冰墩墩为例，用户客单价接受范围在 100 元以上，消费偏好是手办、玩具，社交偏好为炫耀。如果用户画像满足商品画像的对应标签，则直播间可选择该商品销售。

（2）商品调性与用户调性的匹配　用户对商品调性的判断主要为三点：使用场景、背景故事、外观设计。其中，用户首先追求的是外观设计与背景故事所展现的商品调性。例如，小型皮卡丘玩偶较为可爱，与初高中女生匹配，适合装扮书包。

在上述三种匹配关系中，直播间与用户的匹配，主要决定直播间吸引用户的能力；直播间与商品的匹配，主要决定直播间可获取的供货渠道；商品与用户的匹配更为重要，因它直接决定了商品的销售转化率，继而展现出直播间是否有潜力成为有价值的渠道。

第三节　塑造差异化

差异化是直播间在直播红海环境下脱颖而出的唯一方式，可通过所有与直播间相关的元素面向用户展现，如直播间调性、主播人设等。塑造差异化的过程，是直播团队"知己知彼"的过程，本节内容将介绍塑造直播间差异化的三个步骤。

一、厘清直播团队掌握的资源

直播间的差异化是指自主直播间拥有，其他直播间没有，或其他直播间拥有但弱于自主直播间的突出特点。因此，想要明确直播间的差异化，直播团队需要先厘清自身掌握的资源，包含企业主体、直播策划团队、主播、商品和福利。

1. 企业主体

企业主体的差异化主要表现为企业主体为知名企业，具有一定的粉丝基础，或企业主体是有一定公信力的企业。此外，直播团队还可以深度挖掘企业背景故事，作为企业主体的差异化特点，如"百年老字号""红色背景"等。

2. 直播策划团队

对中小型直播间而言，好的直播策划是收获高收看量、高销售转化率的关键。如果直播策划团队对于直播内容的整体策划、串联，以及销售类直播间对单个商品的介绍逻辑，能够明显强于其他直播间，那么直播策划团队将成为直播间的差异化特点。

3. 主播

主播是多数直播间塑造差异化的主要环节，因直播的多样性正是源于主播人设标签的丰富性。然而，鉴于截至 2022 年直播行业的现状，以主播性格特点、专业知识、外貌等方面塑造差异化已比较困难，因为各种性格、专业、外貌特征的主播都趋于饱和。因此，主播的差异化难以凸显，主播的人设标签通常仅作为吸引用户的底线，让多数用户不讨厌即可。

4. 商品

在直播带货占据网络直播的主要市场后，商品的差异化已成为所有直播间主要追求的差异化环节。商品厂家直播间可通过企业主体研发的优质商品构建差异化；渠道型直播间、超市型直播间，可通过掌握优质商品的独家线上渠道权来构建商品差异化。由此可见，自主商品、商品上游渠道将是企业构建差异化的珍贵资源。

5. 福利

福利的差异化是指直播间为用户提供的免费赠送物品价值、商品价格优惠高于其他直播间。对多数直播间而言，用户福利往往是通过挤压商品厂家利润后转赠给用户的，因而通常直播间流量越大，能够送出的福利价值就越大。但在直播间运营初期，直播间的用户福利通常由直播团队提供，此时直播团队应量力而行，不要为构建福利差异化而大量支出，最后可能得不偿失。

二、调研其他直播间的差异化特点

调研其他直播间的差异化特点是知彼的过程，需要直播团队投入大量的时间成本，仔细观察其他直播间的运营状况后做出判断。调研过程需注意以下三点。

1. 调研竞品直播间为宜

调研的过程也是直播团队向其他直播间学习的过程。每个直播间都有差异化特点，如果直播团队认为在策划阶段没有想到的，而其他直播间的差异化特点比较好，那么完全可以效仿。因此，调研竞品直播间的收获往往更大。

2. 调研的直播间样本不唯一

调研是浏览百家之长的过程，运营团队如果想保证自主直播间差异化的独特性，就需要调研尽可能多的样本。当确定这些样本直播间没有涉及，或无法超越自主直播间差异化特点时，才可确定应用该差异化特点。

3. 调研的直播间流量大小不一

提及调研，多数直播团队的第一反应是调研大流量账号，这是一种不恰当的思维方式。在调研的样本中，直播团队必须覆盖头部账号、腰部账号、底层账号，将三种直播间的差异化特点整合分析，才能确定最适合自主直播间现状的差异化特点。

> 【运营知识】调研是能力，需注意直播账号的诸多细节
>
> 调研是直播领域甚至整个互联网领域重要的技能，运营团队调研时关怀的范围越广，调研结果对于运营的辅助效果就越强。以直播间调研为例，运营团队不能仅关注所调研直播间每场直播的大致内容、直播数据，还需要关注配合直播间的新媒体矩阵动态、与直播间相关的企业主体动态、直播过程中每个参与角色的行为细节，以及直播弹幕区的评论导向与趋势，从宏观到微观，全面了解直播间样本。

三、对比分析后确定自主直播间的差异化

直播团队完成知己的过程后，通常会定义主播、商品、福利等诸多事项作为差异化特点，但在完成知彼的过程后，就需要依次对照底层账号、腰部账号、头部账号，对先前设

定的差异化特点做调整，去掉其他多数直播间具备的，或研讨后认为不适合做的差异化，填充直播团队未曾想到，但可以尝试的差异化，继而确定自主直播间的差异化特点。

1. 对比底层账号

底层账号能展现的差异化特点并不多，直播团队主要关注的应是长期运营，但直播间流量一直无提升的账号。当直播团队发现，先前自主直播间设定的差异化特点，与这类直播间有相似之处，则需要有意识地做删除或整改，因为这一所谓的"差异化特点"很可能是该直播间流量没有突破的原因。

2. 对比腰部账号

腰部账号的状态，很有可能是直播团队运营自主直播间一段时间后的未来状态，因此有很强的借鉴意义。直播团队需要重点调研腰部账号的过往数据，研究该账号从底层账号成长为腰部账号过程中所采用的运营手段，其中一定有突出的差异化特点。如果直播团队设定的差异化特点与调研账号的雷同，可坚决执行并加以强化。如果直播团队未曾涉及这些差异化特点，可考虑借鉴。

3. 对比头部账号

通常，头部账号的差异化特点基本不具备借鉴的可能性，因为其团队、资源强大，是初创的直播团队无法相比的。对比头部账号，直播团队需要关注头部账号没有的自主直播间差异化的可执行性。一方面，头部账号没有的差异化，并不意味着其做不到，很有可能是该差异化并不能起到吸引用户的作用。另一方面，头部账号做不到的差异化，除企业背景外，运营团队的自主直播间也很难做到，因此不宜将其定义为自主直播间差异化的特点。

第四节　直播是企业与用户的盛筵

截至 2022 年，以头部账号为主的各类直播间几乎保持每日直播，以东方××为例，每日直播时长超 15 小时，更有各类游戏主播一次性直播时长超 24 小时，可谓"用全部时间直播"。因为此时直播市场中主流的直播类型仍为游戏直播、秀场直播、超市型直播、渠道型直播，客观来讲，这样的直播频次与直播强度符合该市场环境下的多方需求。

其一，对直播间（主播团队）而言，直播时长几乎可以等量换取直播间收益。游戏直播间可以通过长时间直播收获用户赠送的虚拟礼物，销售直播间可以通过长时间直播获得销售利润。尤其对企业商品与用户流量聚集的超市型直播间、渠道型直播间而言，少直播 1 分钟就少赚"1 分钱"。

其二，对 MCN 机构而言，旗下主播的直播时长本就是 MCN 机构对平台承诺的运营指标（KPI）之一。此外，直播间所获收益有 MCN 机构的分成。对于旗下相对成熟、不用扶持的直播间，MCN 机构无须费力便能坐享其成，属于躺着赚钱，所以直播时间长有益无害。

其三，对用户而言，他们甚至希望直播间 24 小时直播不间断。因为用户掌握观看直播的主动权，他们当然持"我有需求你必开播"的心理。

其四，对直播平台而言，越多直播间处于直播状态，平台热度就越高，有助于提高平台的竞争力。同时，直播间的虚拟礼物收入、销售分成都有平台的一部分，所以直播平台也鼓励长时间直播。

其五，对商品厂家而言，超市型直播间与渠道型直播间的直播时间越长，自己商品上架直播间的可能性就越大，面向用户的推广时间就越长。2022年，公众号新榜曾爆出"寄送样品成为灰色产业链"的相关内容，内容中提到部分直播间收取厂家寄来的样品后都堆放于仓库，许多商品落灰后仍未开封，部分直播间一个月收取的样品价值可达几十万元。由此可见，截至2022年商品厂家与直播间仍处于不对等的商业状态，直播间可上架的商品少，商品厂家可提供的商品多，如此商品厂家当然希望直播间尽可能长时间直播，为自主商品提供面向用户的机会。

> **【运营知识】何为寄送样品？**
> 寄送样品是直播间作为销售渠道，为商品厂家提供销售服务的先决条件。商品厂家如果想在渠道直播间上架商品并让直播间主播详细介绍，需要先寄送样品至直播团队收货处，直播团队自主检验商品品质达标后，方可推进商品厂家与直播间合作，对销售利润、合作模式等进一步详谈。

综上，长时间直播是截至2022年直播市场现状的多方抉择，但本书在第一章"网络直播概述"中提到，网络直播未来的发展趋势将是商品厂家担纲直播领域C位。从商品厂家的视角出发，长时间、高强度直播并非是明智的选择，这个可以从商品厂家长时间直播的弊端、直播之于商品厂家的定位——与用户的盛筵两个部分进行诠释。

一、商品厂家长时间直播的弊端

众所周知，直播是一种"重"内容形态，相较于图文、音频等，策划所需的时间，执行的难度、压力，复盘花费的精力都成倍增加。因此，直播效果虽好，长时间直播的弊端也十分明显。

1. 每日长时间直播，质量势必下降

长时间直播对直播间运营团队，尤其对主播这一角色是严峻的考验。其一，直播间如果想保持每日直播，直播间团队必须夜以继日地反复做策划、执行、复盘工作，小的直播间团队完全无法胜任，所以每日长时间直播势必导致直播间团队忽略策划或复盘工作，致使直播质量下降或无法提高。其二，主播在直播过程中需要保持精神高度集中，而每日长时间保持紧张状态，会严重影响主播精力，导致主播可能出现各种各样的失误，影响直播效果。长此以往，主播的个人状态将会陷入恶性循环，使直播质量下降。

2. 每日长时间直播，用户期待降低

超市型直播与渠道型直播的商品品类多，可为直播间提供长时间的直播内容，由此这两类直播间将逐渐成为用户的生活方式之一，即代替传统线下商超、电商平台，成为用户主动购物的习惯场所之一。

对比之下，商品厂家的商品品类单一，如果企业型直播间每日长时间直播，则用户会对企业本就不丰富的商品品类产生厌烦情绪，最终对直播间失去期待。

3. 直播福利或影响商品价格体系

多数商品厂家都有线上、线下多条销售通路，作为市场上最火的渠道，直播间理应将商品以全网最低价卖给用户，但如果企业长时间在直播间以低价销售商品，则会影响商品原本的价格体系，使商品在用户眼中的价格定位降低，导致其他渠道难以出货，直播间想提价销售也十分困难，最终将使商品市场价值下降。

4. 商品有固定的使用周期

用户是商品的购买者、使用者，但无论多么优秀的商品，都有其相对固定的使用周期。对黏合直播间的复购人群而言，每日直播没有意义。同时，每日直播能引导陌生用户购买商品的数量有限，因此直播时间越长，商品触达用户的效率就越差。

5. 用户需要"休养生息"

即便企业商品种类相对较多，黏合用户流量大，企业也不该每日向用户销售商品。用户存在购买需求，但不是每时每刻都想买，企业型直播间在短期内强行引导用户购买商品，无异于杀鸡取卵，可能导致过度消费的用户在直播间消失一段时间，继而丧失观看直播的习惯，甚至可能取消对该直播间的关注。

二、直播之于商品厂家的定位——与用户的盛筵

分析上述弊端，商品厂家不应保持每日长时间直播，而应将直播这种内容形态作为企业与用户共同参与的盛筵，如此既可保证直播质量、用户期待，又能确保自主商品价格体系不被破坏，用户也有充足的动力和财力参与企业直播。本部分内容将介绍企业如何将直播作为与用户共同参与的盛筵。

1. 热点话题创造稀缺性

通过直播间销售企业商品，是一种为用户创造商品使用场景的内容导购方式，在商品相对固定的商品厂家直播间，如果想要调动用户观看直播的意愿，则需要变换不同场景、热点，以激发用户收看内容的兴趣。因此，以热点话题创造稀缺性，是商品厂家直播间吸引用户参与直播这一盛筵的有效方式。

商品厂家可通过法定节日热点、消费节热点、突发社会事件热点，为自主直播间创造话题。例如，××雪糕"烧不化"在短期内成为热议话题，售卖夏日消暑类商品的厂家即可根据此热点策划直播内容，售卖自主消暑类商品。

2. 多种内容形式协同配合

直播是新媒体领域较为火热的内容表现形式，但并非唯一的内容表现形式，通过不同新媒体平台图文、视频内容的配合，为直播间造势，是让直播内容成为盛筵的关键。最基础的方式便是通过微信公众号图文、短视频等内容方式发布直播预告，引导用户订阅直播。另外，主播团队还可通过图片、短微博等内容形态，提前透露直播爆点，如邀请明星嘉宾、历史最低价格等，在用户心中创造悬念、期待，使用户对直播翘首以盼。

3. 直播间福利

设置福利是直播间吸引用户参与的有效方式。因此，商品厂家每次直播，必须携用户期待内，甚至期待外的福利出现。直播间可以设置的福利多种多样，本部分内容仅简单讲解几种，具体福利设置内容将在本书第六章"直播间活动及福利设置"中详细讲解。

（1）商品价格福利　购物是用户之于直播间的终极需求，所以商品价格福利是引导用户参与商品厂家直播，购买商品的最有效方法。通常，商品厂家可以通过满减、买赠、优惠券等形式，让用户在自主直播间便宜购得商品。需要注意的是，直播间设置的商品价格福利要有一定的限度，在初期呈循序渐进的趋势，且幅度不能过大。例如，市场价50元的

商品，初次直播可设置为 40 元，而后尝试 39 元、38 元的价格，最终让该商品的福利价格在 36~40 元波动。

（2）内容福利　内容福利是指通过直播间除商品外的直播内容，让用户有获得惊喜的感受。一般而言，邀请明星嘉宾是内容福利的常用手段。

（3）礼品福利　在直播间免费或抽奖赠送礼品，可提高直播间的活跃度，商品厂家可将除商品外的企业周边产品、合作企业商品作为非卖品，赠送给直播间内积极参与的用户，以提高用户对直播内容的期待。但需要注意，赠送商品的价值不应过高，否则会喧宾夺主，影响自主商品的销售。

（4）用户需求福利　商品厂家可在直播前通过问卷调研的方式，主动向用户询问所需福利。如此，用户在直播开始前就已经参与了直播环节，凡得到商品厂家问卷反馈的用户，尤其是意见被采纳的用户，将更有兴趣与企业一同参与直播的盛筵。

本章小结

急速印象强植，直播间、用户、商品的匹配，塑造直播间差异化，将直播作为企业与用户共同参与的盛筵，是运营直播间的通行规律，直播团队需要首先熟悉这四点规律，之后再学习后面介绍的直播间运营方法。

第三章
网络直播平台

本章知识体系

第三章知识体系如图 3-1 所示。

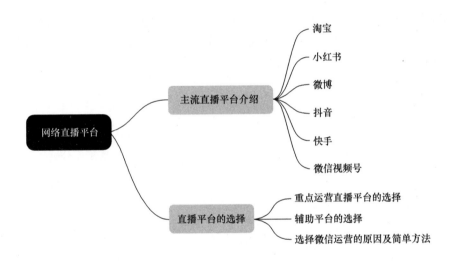

图 3-1 第三章知识体系

自本章起,将逐步展开网络直播平台运营方式的讲解,其中包含直播平台的认知与选择、直播间设置、直播间人设塑造、直播间活动及福利设置、直播间用户交互管理及客服运营、直播间选品、单期直播策划和直播间复盘。本章围绕直播平台展开,包含主流直播平台介绍,以及直播团队选择直播平台的基本方法。

不同直播平台的背景不同,运营团队的目标需求也不同,这使得各平台扶持的主要直播类型也不同。游戏直播、秀场直播以斗鱼、虎牙、B 站等为主要代表,销售类直播以淘宝、小红书为主要代表,其余如微博、抖音、快手、微信视频号,则是依托平台大流量背景兼顾所有类型直播。

基于本书对网络直播领域发展的趋势性判断——未来的直播将以销售类直播为主,企业型直播担纲 C 位,因此本章内容将主要讲解以销售为显著标签的淘宝、小红书、微博、抖音、快手、微信视频号六个直播平台。

第一节 主流直播平台介绍

本节内容对六个直播平台的介绍分为两个部分：平台基本信息、平台核心运营事项。其中，平台核心运营事项是指包含直播在内，所有与直播协同配合的运营工作事项。

一、淘宝

淘宝平台基本信息及平台核心运营事项，如图 3-2 所示。

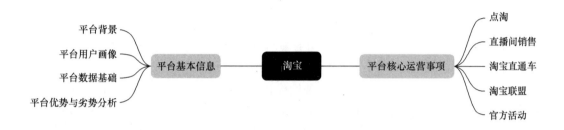

图 3-2 淘宝平台基本信息及平台核心运营事项

1. 淘宝平台基本信息

淘宝平台基本信息分为平台背景、平台用户画像、平台数据基础、平台优势与劣势分析四个部分。

（1）平台背景 淘宝出身于阿里巴巴，是电商平台的鼻祖，电商直播的时代也是以淘宝直播 2016 年 3 月上线宣告开始的。基于电商行业的背景，淘宝直播在初期有大量潜在的可开设直播间的商家，以及收看直播的用户。

淘宝起初推出直播带货，是为了以场景化的新颖卖货模式，对抗同时期崛起的其他电商平台，如拼多多。于是，淘宝将直播的大部分流量灌注于扶持的几家直播间，使他们快速完成全网的口碑拓展，继而吸引全网用户到淘宝观看直播，李××正是在此时崛起的。然而不到 5 年，淘宝就在多方面遭受了直播带来的巨大挑战。

其一，直播带货的形式被众多视频平台吸纳，抖音、快手等平台相较淘宝而言，内容更丰富且平台技术接口更加开放，形成了以流量主导、商品次之的直播带货局面，颠覆了淘宝以商品主导、直播次之的局面。于是，短视频平台对淘宝形成了流量压制，让淘宝直播各方面的增速变缓。其二，淘宝流量中心化严重，已几乎被李××等主播收割，致使在淘宝开设店铺的商家销量下滑。淘宝在未解决这个问题前，只能眼看着商家到其他平台开设直播间卖货。

为对抗上述两种不利局面，淘宝在 2020 年 10 月推出点淘 App，推进淘宝平台的视频内容加电商模式，与短视频平台竞争流量及优质商品厂家。同时，为现有商家、直播间提供了短视频内容的宣传出口，助力他们获取更多流量，以提升淘宝腰部直播间的质量。2021 年，点淘的 MCN 机构入驻数量、达人入驻数量均有所增长，但在李××这样"顶流"的笼罩下，淘宝商家依旧看不到自主直播间崛起的希望。

2022 年 5 月，淘宝两度推出新政策，旨在通过技术、规则、营销等方式留住商家、留住消费者。李××在2022年6~10月的停播，确实给淘宝实施新政策带来了很大便利，但淘宝新政策所奉行的依旧是流量经济，即通过与其他直播平台、电商平台竞争流量提高自身价值，而非通过提高平台商家的商品质量、口碑提高自身价值。不过，淘宝新政策确能吸引部分商家重回淘宝，如果这些商家带有优质商品，那将是平台、商家、用户三方均愿意看到的局面。

（2）平台用户画像　淘宝平台上线初期，用户多为一二线城市中有足不出户购物需求的互联网达人，而后逐渐下沉。截至2020年，淘宝超60%的用户来自三线及以下城市，其中"95后"群体占比最高。

除上述基本信息外，淘宝用户还具备以下五个特点。其一，相较其他平台，打开淘宝时带有购物需求的用户比例更高，因淘宝不具备内容属性，用户打开淘宝多是为了消费。其二，用户客单价接受范围普遍偏低，淘宝曾与拼多多在下沉市场中激烈竞争，这表示淘宝主要面向的用户群体消费能力并不高。其三，用户流量主要聚集于店铺，淘宝用户曾一度聚集于李××等主播的直播间，但在他们停止直播的阶段，淘宝用户又归于理性，在寻找新直播间的同时，将关注点转移到了拥有优质商品的店铺。其四，用户的复购率高于其他直播平台。截至2022年，其他直播平台用户还未养成在该直播平台商城搜索商品购物的习惯，而淘宝作为电商平台，用户大多习惯于主动搜索已使用过的优质商品。其五，用户观看直播时关注点聚焦于商品，淘宝用户购物的需求更加纯粹，主要关注商品功能、品质、优惠等信息，不会将关注点放在商品背景等增值概念上。

（3）平台数据基础　截至2022年3月，淘宝直播依旧是销售类直播的龙头，平台累计观看人次已超过500亿，2021年平均月活跃用户数达8亿以上，日活跃用户数达3亿以上，商品交易总额（Gross Merchandise Volume，GMV）超4000亿。相较2020年，2021年度，淘宝直播的用户观看时长、直播成交商品件数，以及全平台单种商品都在上涨。

（4）平台优势与劣势分析　淘宝相较其他直播平台，主要展现出两点优势和两点劣势。

优势一，淘宝电商平台有一定的背景。淘宝平台用户流量大、普遍有较强的购物需求，并且用户的购物需求广泛，可满足各类直播团队的销售需求。优势二，淘宝经过了李××等主播的流量垄断时代，更愿意将流量引导向腰部账号，这为所有新步入直播领域或想步入直播领域的企业厂家提供了更优质的运营环境。

劣势一，淘宝平台有封闭性，商家入驻淘宝平台在达成销售时，无法通过ERP系统管理合并用户订单表格，这为平台商家销售后的订单整合制造了困难。劣势二，从淘宝2022年5月推出的新政策看，淘宝平台依旧认为用户流量属于淘宝、商家归属于淘宝，这并不利于平台发展。

2. 淘宝平台核心运营事项

淘宝平台核心运营事项包括点淘、直播间销售、淘宝直通车、淘宝联盟、官方活动五项。

（1）点淘　点淘是淘宝2020年推出的App，用户可通过点淘进入直播间，同时可在点淘浏览商家发布的好物推荐视频。点淘的出现顺应了短视频助力直播带货的主流趋势，为淘宝直播间、淘宝商品增加了更多面向用户的可能性。淘宝商家可将点淘视为如抖音一样的短视频发布渠道，通过短视频内容关联自主店铺、自主直播间，助力直播间运营与商品销售。

（2）直播间销售　淘宝直播间销售包含两个部分：一是自主直播间的运营与销售，二是寻找其他直播间渠道销售。其中，自主直播间的运营应是淘宝商家持之以恒的运营工作，也是本书后续章节重点讲述的内容。寻找其他直播间销售自主商品，可视作一种市场营销手段，即通过大流量直播间渠道达成商品销售、品牌口碑建设，甚至引流等目的。

（3）淘宝直通车　淘宝直通车是淘宝平台为所有商家提供的推广渠道，采用点击计费方式，类似于微信的广点通，可展现于淘宝搜索结果的醒目位置，如图3-3所示。淘宝直通车的投放需要商家自主设置价格，价格越高，投放效果越好，但商家需要自行衡量投入产出比例。

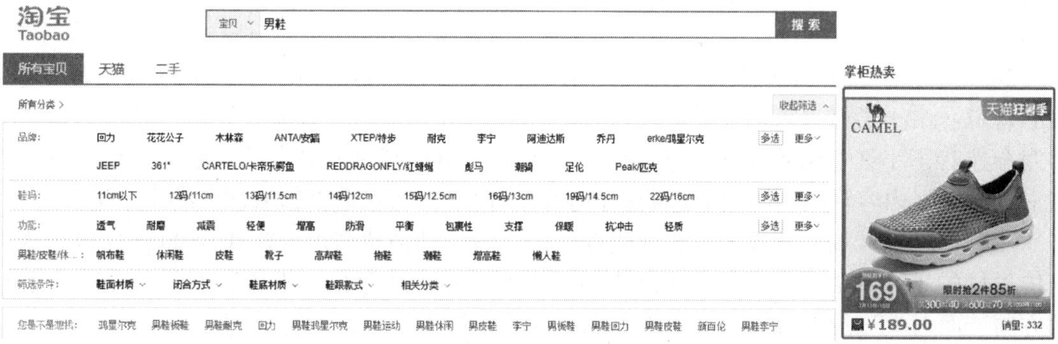

图3-3　淘宝直通车展示页面

（4）淘宝联盟　淘宝联盟是淘宝为所有商家提供的商品互通平台，商家既可以在淘宝联盟上架自主商品，又可以在淘宝联盟中挑选其他商家的商品销售，双方以销售后的利润分成模式达成合作，高利润商品、优质商品通常能在淘宝联盟中有较好的表现。

（5）官方活动　官方活动泛指淘宝平台不定时推出的帮助商家达成销售的各种福利活动，如淘宝的"天天特卖"活动。商家可主动为符合活动品类的商品报名参与活动，由淘宝平台筛选其中优质的商品。淘宝的目的是达成尽可能多的销售，因此选择活动商品的标准通常是好口碑、高质量、低促销价格。

二、小红书

小红书平台基本信息及平台核心运营事项，如图3-4所示。

图3-4　小红书平台基本信息及平台核心运营事项

1. 小红书平台基本信息

小红书平台基本信息分为平台背景、平台用户画像、平台数据基础、平台优势与劣势分析四个部分。

（1）平台背景　2013年6月，小红书在上海成立，同年12月推出了海外购物分享社区。这个阶段，小红书通过平台内容创作者高质量的购物攻略分享，积累了第一批高黏性、具有境外购物需求的国内女性用户。随后，小红书为了满足用户因收看购物攻略而产生的境外购物需求，加入了电商板块，帮助用户解决跨境购买商品的难题，自此小红书平台基本定调——社区加跨境电商。

2015年和2016年，小红书开始着力引入品牌，丰富产品品类。2017年开始，小红书大力邀请明星入驻并重金赞助爆款综艺，仅在一年间，小红书的日活用户数就翻了4倍，达到8000万以上。

2020年，小红书月活用户过亿，总用户量超3亿，但这一阶段小红书也面临老用户流失的窘境。由于尝试追求商业化，小红书的许多内容也开始尊崇流量导向，炫富等低俗内容完全违背了小红书精致生活的平台调性，这让许多小红书的黏合用户脱离平台。好在小红书及时加强内容管控，回归通过购物体验分享内容，构建垂直领域社区的主干道。

小红书的社区加电商模式具有前瞻性，以内容带动消费需求的模式至2022年已成为新媒体领域的主流。更可贵的是，小红书秉持着平台精致生活的高调性，坚持流量去中心化的方向，面对大流量平台的竞争屹立不倒，成为直播平台中较为特殊的存在。

（2）平台用户画像　小红书的用户群体有两种基础属性：一是以女性用户为主（"她经济"），二是年龄层较小。2020年，小红书用户中女性用户约占88%、35岁以下人群约占96%。此外，小红书用户中，"北上广"用户占36%左右。

2021年上半年，小红书推出了"男性内容激励计划"，明确对数码、潮流、运动和汽车等男性用户更喜好的内容提供20亿元流量扶持。截至2021年11月，小红书官方数据显示，男性用户比例已经升至30%。

小红书用户群体的两种基础属性，结合小红书主打社区内容的形式，逐渐培养出了小红书用户的三个显著特点。

1）追求精致、个性化。小红书用户对商品的品质要求较高，但他们眼中的品质不限于高端品牌，还包括看起来精致、符合需求的商品。这是部分冷门商品在小红书平台上成为爆款的原因——满足了匹配用户的个性化需求。

2）用户搜索导向性较弱。小红书致力于成为用户的生活方式，事实上用户也一直被平台朝着"小红书成为一种生活方式"的方向牵引，结果是小红书用户往往忽视自主搜索商品，更容易受平台推荐影响，对内容推荐商品产生短时间的兴趣偏好。

3）有强交互性，且交互更有价值。在用户社区框架内，每个小红书用户都是具有独立思想见解的关键意见领袖（Key Opinion Leader，KOL）。用户面对具有优质内容或价值观与自己匹配的小红书账号，会毫不犹豫地关注、点赞、评论内容，并探讨商品使用经验。因此，运营者更易通过分享商品使用感受，聚集高黏合度的粉丝。

（3）平台数据基础　截至2022年，小红书有超2亿月活用户，用户总量突破3亿，其中72%为"90后"，50%分布在一二线城市。2022年上半年，经历"三八妇女节""520""618"等各大营销节点，累计种草笔记7593万篇，创造出近265亿次互动总量。2020—2022 年，小红书美食内容爆发，家居内容数据也在快速增长。

（4）平台优势与劣势分析　小红书相较其他直播平台，主要展现出四点优势和两点劣势。

优势一，小红书所有内容都更贴近生活。例如，以笔记种草为代表的内容是根据该账号创作者的切实经历产出的，相较其他平台，用户对小红书种草内容的信任感普遍更高。优势二，小红书用户画像清晰且消费能力强，小红书的主要用户群体为年轻且具有中高消费能力的女性用户，更易让运营团队找到与用户匹配的商品，达成高销售转化。优势三，小红书能更好地实现线上与线下打通的内容＋销售模式，通过内容线上种草，更易促成用户到线下店面体验消费，对于有实体店铺的商家，基于优质的商品与服务，线上种草与线下体验的结合可达成良性循环，推动线上与线下的共同发展。优势四，基于去中心化的平台规则，初创账号更有机会通过优质内容吸引黏合粉丝。

劣势一，小红书达成销售转化的门槛相对较高，因小红书用户普遍对生活品质有更高要求，并非所有商品品类、内容创作团队都与小红书的调性适配。劣势二，小红书平台用户调性决定了平台在内容审核上应有更高的标准，但小红书的机器加编辑审核的方式，曾让平台出现劣质内容泛滥的问题，导致优质用户流失，因此小红书平台的内容审核问题易导致平台不稳定。

2. 小红书平台核心运营事项

小红书平台核心运营事项包括直播运营、群组运营和种草笔记发布。

（1）直播运营　小红书基于平台用户的高黏合度，推出了直播间投票功能，让用户在主播设置的诸多主题中选择直播内容，大大加强了直播的丰富性，同时也增加了直播运营团队策划直播的难度。其他运营方式，将在后续章节按统一方法讲解。

（2）群组运营　除微信群组外，小红书平台群组的价值最高，因群组是小红书兴趣社区的具体表现形态，平台用户更愿意加入感兴趣的群组分享内容、获取内容。因此，建设群组邀请同好者加入，分享日常笔记与直播内容，可以让更多用户助力分享笔记与直播间，在小红书体系内快速破圈。

（3）种草笔记发布　小红书平台运营的核心方式即笔记种草加直播，通过笔记内容吸引并黏合用户，有粉丝基奠后通过直播进一步黏合粉丝并达成变现，因此小红书笔记相较其他平台视频、图文内容的地位更高，本部分将简述发布小红书笔记的注意事项。

1）无论视频或图文内容，笔记都应保持高度的原创性，如复制其他账号的内容，被平台检测到，将造成内容不予推荐，甚至封闭账号后续的其他内容等后果。

2）小红书用户注重内容真实性，笔记要"有图有真相"，推荐商品须有实际体验，推荐网红打卡地也应有自主拍摄 Vlog（视频日志），相关内容应在笔记封面中有所展现。

3）笔记的标题、正文，视频主题中应加入与内容主题相关的关键词，以增加推荐内容面向用户的匹配程度。

4）笔记应加入热点话题，小红书用户对喜爱的话题关注度高，加入话题能显著提高内容数据。

三、微博

微博平台基本信息及平台核心运营事项，如图 3-5 所示。

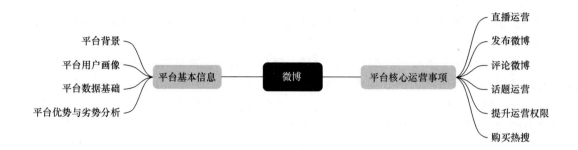

图 3-5 微博平台基本信息及平台核心运营事项

1. 微博平台基本信息

微博平台基本信息分为平台背景、平台用户画像、平台数据基础、平台优势与劣势分析四个部分。

（1）平台背景　微博起初作为信息资讯类平台出现，为满足用户的信息获取需求，微博热搜这一核心功能就是对微博功用的最好诠释。但微博真正成为全民使用的 App，是因为它满足了追星族用户的社交需求。

起初，明星线上粉丝聚集地是 QQ 群组，微博推出了群组功能后，便逐渐接手明星粉丝群体，原因在于微博的产品形态相较 QQ 更加开放。对明星这一群体而言，QQ 属于较为私密的个人网络空间，而微博是开放的、面向所有用户的，粉丝很难添加明星的 QQ，却可以关注明星微博。此外，鉴于微博的开放性，明星更愿意在微博建设粉丝群组，并与粉丝交谈，这就为追星用户创造了一种线上"追星成功"的场景。同时，明星在微博也避免了用户反复添加好友的情况，双方既拉近了距离，又保持了一定的距离。如此让粉丝与明星的关系在微博体系内达成了双向满足，微博也就奠定了"追星族"这一基本用户群体。

追星用户的显著需求是让自己喜爱的明星尽可能获得更大知名度，于是他们通过微博热搜展开行动，促使微博形成了支柱商业模式——买热搜。自此，微博便不仅是一个信息资讯获取平台，也是成功的社交平台，因热搜的形式让互联网用户津津乐道，围绕热搜的买卖、话题讨论让微博生态圈变得更加活跃，用户之间的社交属性越来越明显。

微博于 2016 年推出微博直播功能，加入了网络直播生态圈，但彼时微博仅有秀场直播，且直播功能仅对部分账号开放。在平台的鼓励、追星族群体的催促下，许多明星在微博开通直播功能，这让微博平台进一步聚合了追星族群体。直播带货兴起后，微博于 2020 年 3 月上线微博小店，给所有个人、企业微博账号提供了销售变现的通路。

微博是流量经济的典型代表，充斥着大量"水军"，微博平台也曾多次因热搜内容被网友、监管部门提醒。直播带货的出现，为微博带来了全新的商业模式——通过销售盈利，微博也正在尝试深入直播带货领域，通过为低流量微博账号免去销售佣金的形式，引导更多微博账号开通直播带货功能。截至 2022 年 8 月，微博还没有自主商城，但微博小店可链接淘宝、拼多多、有赞、微店等其他平台商城。

（2）平台用户画像　围绕追星族用户群体，可拆分出的微博用户行为信息如下。

其一，阅读偏好以娱乐八卦信息为主，兼顾所有微博的评论区。由于微博用户热爱社交，经常在评论区对热点事件展开激烈讨论，这就意味着微博用户对微博评论区的阅读意愿较高；其二，社交偏好以关注点相似的用户为主。微博属于陌生人社交平台，用户聚集、产生社交的原因有两种，一是喜爱同样的公众人物，二是关注同样的热点事件，综合两种原因，用户更愿意与关注点相同且意见较一致的用户保持社交关系；其三，行为偏好以刷微博、评论微博为主；其四，消费偏好以新商品、明星周边为主。微博用户中年轻群体居多，部分微博用户并不会通过网络购买生活必需品，因此微博用户更偏爱没有见过的"黑科技"、高颜值商品。

除上述行为信息外，还需要提及的是微博中相对特殊的一部分群体，即追星女孩。她们在微博的活跃度最高，超话打卡、明星微博评论、发布微博等操作的次数，以及消费能力都远超其他微博用户。

（3）平台数据基础　微博用户相对年轻，超过80%的用户为"90后""00后"群体，2021年年末微博的月活用户数达到了5.73亿，日活用户达2.49亿。受"清朗"行动影响，微博在2020年将娱乐热搜的占比从40%下调至25%，致使微博用户活跃度下降，但受东京奥运会影响，微博用户活跃度有所回暖。

此外，微博平台超80%的营收是广告收入，2021年是微博自2017年起广告营收最高的一年。

（4）平台优势与劣势分析　微博相较其他直播平台，主要展现出两点优势和四点劣势。

优势一，微博用户画像较明确，利用微博用户画像，直播团队可更有针对性地安排运营工作，如发微博时加入明星话题、超话。优势二，微博的直播带货领域仍有较大空缺，微博小店对在微博做直播带货内容的账号有福利扶持。例如，凡开通直播功能、通过微博小店达成销售的直播间，如账号主体粉丝数不超过10万则不收取佣金；如超过10万粉丝，微博小店上架的前8种商品不收取佣金，其余商品收取6%～15%的佣金。

劣势一，微博用户画像过于明确，能够销售的商品品类有限，不能满足所有商家的需求。劣势二，微博营收大多是广告收入，这种收入形式受企业厂家需求影响较大，并非一种稳定的营收模式。劣势三，微博虽然向直播带货领域发展，但仍在主推秀场直播，因这类直播对微博用户画像吸引力更强，短期内变现能力也更强，而秀场直播在微博的火热会阻碍直播带货的发展，尤其是中小型微博账号的直播带货发展。如此，即便微博的直播带货被部分"大V"或明星拉动起来，也要走淘宝的老路，即平台被大主播的流量裹挟。劣势四，微博小店虽然具有开放性，但也被动地将用户信息与其他平台共享。

2. 微博平台核心运营事项

微博平台核心运营事项包括直播运营、发布微博、评论微博、话题运营、提升运营权限、购买热搜六项。

（1）直播运营　基于微博用户画像，无论是销售类直播或内容直播，都可增加娱乐八卦属性。例如，企业型直播不仅可以销售自主商品，也可以专门开设直播与用户聊天、送福利，甚至策划与"大V"主播的连麦PK，因为微博用户不仅会根据自身消费需求购买商品，也会因支持关注明星的合作伙伴而下单。此外，微博直播运营没有相较其他平台的特殊规则，具体运营方式将在后续章节按讲解。

（2）发布微博　相较直播运营，发布微博内容是微博运营更为日常的工作。运营人员通过日常发布搞笑类、账号主体相关类、热点述评类内容，可快速积累微博账号粉丝，为直播间运营提供用户基础。在发布微博时，运营人员可通过增加热点话题（图3-6）或@相关人物，以获得更多流量。

图3-6　在微博中增加热点话题

（3）评论微博　评论微博是指在热搜话题的置顶微博下留言。对于微博用户而言，一条热门微博的评论区才是微博的"核心主体"。相较发布微博内容，追踪热搜发表评论的吸粉效率更高、可能性更多，在微博体系内是一种更巧妙的运营手段。

（4）话题运营　微博话题运营包含两个部分：一是上述发布微博中提到的在短微博中加入话题，二是在超级话题内发布专门面向超话对应用户的微博内容。后者经常应用于自主微博账号与明星微博有商务合作的情况，此时微博账号在明星的超级话题下发布相关内容可提高粉丝好感度，继而达成引流效果。微博账号在运营一段时间后，如果具备一定的影响力，还可以同其他微博账号一起创建超级话题，在超级话题下提高粉丝的黏合度。

（5）提升运营权限　微博平台非常看重入驻账号的主体背景，对于在其他新媒体平台有大量粉丝的账号，或在社会面有影响力的公众人物，微博平台都会高度重视该账号，引导其进行"加V"等提升账号权限的操作。对于普通微博账号，想在微博深度运营就必须主动提升微博账号的运营权限，其中包含开通微博会员、为账号"加V"、开通商业服务包等。

微博会员，每月缴费即可开通，提供的功能包括在评论区发布图片、营销推广折扣等；不同账号主体"加V"的条件不同，个人账号为"黄V"，包含兴趣认证、身份认证、视频认证、超话认证、文章/问答认证五种形式。本书不具体展开，如有微博运营需求的工作者可在平台查阅相关要求。企业账号为"蓝V"，按平台要求进行企业资质认证即可通过。商业服务包针对企业微博，只有开通了商业服务包的企业，才可在微博举办转发抽奖等品牌推广活动，服务包包含5000元/年和9800元/年两个档次。

综上，提升微博运营权限的核心目的是让微博运营人员在微博实施运营操作时不被规则所阻碍。

（6）购买热搜　购买热搜并非以引发关注为目的而购买，这里主要是指企业商家在微博购买热搜引导用户关注品牌的行为。如图3-7所示的热搜是微博为企业提供的销售类热搜，通过热点事件引导用户点击，内含导购内容。

图 3-7 微博热搜中的销售类热搜

四、抖音

抖音平台基本信息及平台核心运营事项，如图 3-8 所示。

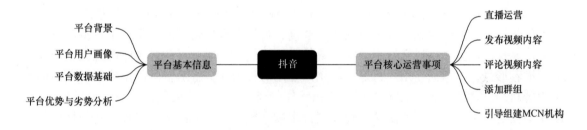

图 3-8 抖音平台基本信息及平台核心运营事项

1. 抖音平台基本信息

抖音平台基本信息分为平台背景、平台用户画像、平台数据基础、平台优势与劣势分析四个部分。

（1）平台背景 抖音由字节跳动孵化而来，起初被定义为音乐创意短视频社交软件，于 2016 年 8 月上线。2018 年 4 月，抖音流量开始呈现爆发增长趋势，因许多年轻人热衷的"内涵段子"被要求下架，此时无处安放有趣灵魂的年轻人在字节跳动运营团队的引领下进驻抖音。为避免重蹈"内涵段子"的覆辙，抖音在流量快速上涨阶段重视宣传正能量。2018 年 6 月，25 家央企集体入驻抖音，借助抖音这一新型内容传播形式，拉进央企与用户之间的距离。

抖音继承了字节跳动旗下产品算法推荐的优良传统，将用户、视频分别划分关键词标签，采用算法将用户与视频匹配，使用户在抖音刷到的视频都是感兴趣的内容，进一步推动了抖音用户的增长。抖音在发展过程中，运营团队采用了下沉的发展策略，以尽可能将用户群体基数做大、覆盖范围做广，最终抖音实现了用户年龄与用户地域的下沉。

其中，用户年龄的下沉是指用户年龄层不断提高，抖音在2016—2018年的快速上升期，用户年龄相对年轻。2018年的统计数据显示，那时的抖音用户几乎80%都是30岁以下的年轻人。随着视频内容的普及，抖音的用户年龄层不断下沉，向30岁以上人群发展。2019年，30岁以下用户仅占抖音总用户数的50%左右。用户地域下沉是指用户群体从一二线城市向三四线乃至五线城市下沉。2017年，抖音一二线城市的用户占比约60%，2018年，这项数据变为了45%。自抖音下沉策略开始，抖音广告席卷各种屏幕，并将slogan从"让崇拜从这里开始"变为"记录美好生活"，明显更贴近大众。

（2）平台用户画像　抖音平台用户流量巨大，位居全网视频平台首位。平台流量属于未被细分的流量，无论运营团队需要哪种用户群体，都可在抖音平台通过直播内容、视频内容与用户的标签匹配找到。因此，对抖音用户画像不做重点分析判断，仅对平台数据报表中展现的用户种类与基本偏好做简单介绍。

截至2021年，抖音平台经历了市场下沉后，30岁以下用户占比已退至43%，其中男女用户比例均衡，三线城市用户成为抖音用户主力军，超越了一线、新一线、二线城市。抖音男性用户的偏好为军事、游戏、汽车，女性用户的偏好主要聚焦美妆、母婴、穿搭。

（3）平台数据基础　抖音用户总量超8亿，日活用户数可达6亿。截至2021年，抖音的用户平均使用时长达70分钟以上。与往年相比，抖音晚高峰时间有所提前，在晚8点左右。抖音直播带货数据在2022年实现了快速增长，东方××成为抖音顶流直播带货直播间后，周GMV达到了3.4亿元，堪比罗××顶流时期周GMV前三账号的总和。

（4）平台优势与劣势分析　抖音与其他平台相比，存在五点优势和三点劣势。

优势一，抖音流量基础大、日活用户数高，可供所有运营团队在平台上挖掘属于自身的细分流量。优势二，抖音继承了字节跳动的算法优势，通过兴趣标签匹配加人工干预的视频推荐形式，牢牢抓住用户喜好，高用户使用时长为在抖音运营的团队提供了更多触达用户的机会。优势三，抖音善于平台话题炒作，经常创造爆款话题供所有运营团队参考，因此即便是从零开始运营的团队，也有通过爆款话题在抖音爆红的可能性。优势四，抖音重点扶持正能量、具有特色的小众内容，如民族工艺、非遗文化等，这些在其他平台不易引发陌生用户关注的内容，可在抖音平台通过大流量关注，达成激发潜在用户的效果。优势五，抖音在2022年推出的新政策中，明确了仅企业可申请小店，且对店铺销售假冒、劣质商品持零容忍的态度，进一步保证平台商品品质，提高平台在用户与运营人员中的口碑。

劣势一，抖音平台流量重点向头部账号倾斜，流量中心化严重，与初创账号、腰部账号相比，经常出现在用户屏幕中的头部账号更权威，在直播这一基于信任的销售模式中，头部账号更易达成变现，而当头部账号将用户消费能力收割完以后，腰部与底部账号则难以完成变现。劣势二，抖音自主创造话题导致内容同质化严重，虽然抖音话题为更多低粉丝量账号提供了提高内容数据的机会，但抖音账号过多，许多账号仅是模仿其他账号内容，导致同一话题、背景音乐、视频主题重复出现的状况，继而影响该话题中优质内容的数据。劣势三，抖音主张"兴趣消费"，即通过直播、视频等内容达到兴趣导购效果，这让许多品质差但富有猎奇感的商品进驻抖音。如果平台不对入驻平台的商品做进一步审核，抖音用户的消费体验将会降低。

2. 抖音平台核心运营事项

抖音平台核心运营事项包括直播运营、发布视频内容、评论视频内容、添加群组、引导组建 MCN 机构五项。

（1）直播运营　2020 年，罗××入驻抖音后，抖音直播的天平开始向直播带货倾斜，但截至 2022 年，抖音直播间仍以秀场直播、游戏直播为主。抖音直播运营没有其他平台的特殊规则，运营方式将在后文讲解。

（2）发布视频内容　在抖音发布视频内容主要有两种方式：一种是直接在抖音 App 内拍摄发布，另一种是用专业拍摄工具拍摄完成并剪辑成视频作品后导入手机，再上传至抖音平台。

两种视频发布方式没有优劣之分，在抖音 App 内发布的方式，更适合参与抖音提供的活动玩法，这是平台提供给所有运营者尝试的视频玩法，优点在于拍摄时间短，且易于在平台传播，帮助内容和账号获得更多曝光。

而拍摄后上传视频，则更适合有明确内容方向，具备策划、脚本、分镜、拍摄、剪辑能力的团队。例如，知名暖男抖音号"七舅××"，每个视频都是经过策划的男女朋友生活片段，可以看出是经过完整视频策划执行流程完成的。这种方式虽然操作流程复杂，但与直接从抖音 App 内发布视频相比，显得更加精致，这类账号被用户关注的可能性也更高。

抖音发布视频内容分为 15 秒、5 分钟、5~15 分钟三个级别。5 分钟以内的视频，可以点击抖音主界面底部的加号直接发布。5~15 分钟的视频，在 2021 年 4 月 30 日起需要登录抖音网页端发布。

（3）评论视频内容　评论视频内容，从形式上与评论微博热门内容类似，并且可操作性更强，吸粉效率更高。抖音用户基数大，粉丝流动性强，如自主账号在其他抖音视频下留言，一方面自己的粉丝可能会追随到其他账号评论区发表评论；另一方面该抖音账号也会通过回复评论的方式，引导其粉丝关注自主账号。不同抖音账号的相互沟通，可以达到共同涨粉的目的。

（4）添加群组　抖音群组功能于 2019 年上线，其形式类似微信群组，用户可将抖音平台好友，以及 QQ、微信好友拉进群组。

抖音平台开发群组功能基于三个方面考虑：第一，提供类似微信、微博的用户即时通信工具，以延长用户使用抖音的时间。第二，为抖音号运营者提供相互交流的平台，或为平台运营人员管理优质视频内容创作者提供方便。第三，使以销售为主的账号，方便管理已完成下单购买的用户，形成购买用户群，在日常维护中发布销售信息，促成复购。

抖音账号的运营团队应想方设法加入各类群组，将抖音号发布的内容转到群组中让用户看到，每多进一个群组，账号内容就多了一批可能观看内容的用户。

另外，如果运营团队加入的是运营者交流群，群组可能会规定账号之间需要互相关注，如此自主账号就可以实现粉丝增长；如果进入的是销售群，群组活跃度大多较强（用户已出现了主动购买行为），运营团队可以通过发红包的形式，推送视频内容、销售内容或吸引关注。

（5）引导组建 MCN 机构　抖音对 MCN 机构提供全方位支持。其一，抖音签约 MCN 机构，会按合同约定支付产出内容的费用，旨在解决 MCN 机构的运营成本。其二，抖音将日活用户分为两个部分：一部分流量直接供给 MCN 机构，另一部分完全执行智能算法推荐，这样做的原因是为签约的 MCN 机构提供流量保障。其三，抖音会加速 MCN 机构的变现流程，直接联系上游厂商，将抖音市场团队选择的优质商品提供给 MCN 机构，让其根据商品定制视频内容，完成销售转化。

因此，个人主体的抖音账号应尝试加入 MCN 机构以寻求更好的发展机会。对于企业而言，抖音账号的内容策划、商务合作等事项都应掌握在企业主体手中，不能被 MCN 机构控制，所以企业不宜加入 MCN 机构，但可以尝试组建 MCN 机构。例如，同是北京本地的旅游账号、美食账号、汽车账号，三个账号的主体共同组建 MCN 机构，与平台签约并约定独自运营、共享平台收益，如此既可享受抖音平台对 MCN 机构的扶持，又可以以企业主体为核心自主运营抖音账号。

但企业需要注意的是，抖音对签约 MCN 机构的账号数量、内容产出数量均有要求，需要联合多家具备稳定内容生产能力的企业抖音账号协同，才可实现 MCN 机构的组建与签约。

五、快手

快手平台基本信息及平台核心运营事项，如图 3-9 所示。

图 3-9　快手平台基本信息及平台核心运营事项

1. 快手平台基本信息

快手平台基本信息分为平台背景、平台用户画像、平台数据基础、平台优势与劣势分析四个部分。

（1）平台背景　快手的前身为"GIF 快手"，是一款于 2011 年上线的制作、分享 GIF 图片的 App。2013 年，快手正式踏入短视频领域。同为短视频平台，抖音上线时间晚于快手 3 年，但在用户规模上远超快手，这是由快手前期的发展策略所致。

一直以来，快手都在努力规避流量中心化，尽可能通过算法将所有创作者的内容根据标签均摊给平台用户，想要尝试构建类似小红书的社区环境。但在这样的环境下，优质内容创作者的视频数据并不突出，与粗制滥造的视频内容没有拉开数据差距，这让许多内容创作者感到失望，继而离开快手。相反，抖音推崇流量中心化，扶持了属于抖音平台的一批"大 V"后，越来越多的创作者入驻抖音，越来越多的用户慕名来抖音收看视频内容，抖音与快手的流量差距就此拉开。

2020 年 6 月，快手邀请黄××推出视频，尝试模拟 B 站的视频演讲形式，突破以"老铁"为代表的下沉市场群体，向年轻用户群体、一二线城市用户群体发展。由此可见，抖音与快手这两个典型的短视频平台，一个实行下沉策略尽可能扩张用户群体，一个尝试从下沉市场向上突破以提高用户群体质量。从结果来看，两者达成了一定程度上的妥协，抖音一直占据大份额用户流量，而快手流量虽不及抖音，但截至 2022 年，直播带货收益一直在抖音之上。

2022年3月，快手开始尝试斩断快手小店与其他商城的链接功能，建设自主商城，以保证用户的消费信息不与其他平台共享。

（2）平台用户画像　快手平台的用户主要呈现出四个特点。其一，接地气。2019年，三四线城市用户占总用户的61%，这展现了快手用户普遍接地气的特点，也因此形成了快手特有的"老铁经济"。其二，收看的内容以娱乐类为主，以内容消磨时间的意图明显。几乎所有新媒体平台，尤其是视频平台的用户都有看内容消磨时间的需求，但快手的下沉市场用户多，该需求展现得更加旺盛。其三，消费偏好注重性价比。快手用户的普遍消费能力不强，但他们对导购、团购的接受程度大，主播作为（KOL）对用户消费的引导能力强，凡用户认为有用、高性价比的商品，都能在快手平台达成不错的销量。其四，消费需求空间大。快手的年轻用户群体居多，随着时间的推移，这些年轻用户在婚嫁、家装、汽车等方面的购物需求开始显现，这将是快手平台未来提升GMV的重要方向。

此外，从娱乐八卦角度出发，快手平台的用户对明星的认知较为滞后，与"新生代"相比，他们对老一代明星更为了解。

（3）平台数据基础　截至2022年，快手的日活用户数已达3.2亿。快手用户中约60%为男性用户，约40%为女性用户，直播带货的消费中超50%为女性用户。2021年的GMV达到6800亿元。据抖音官方报道，快手与抖音在2021年的GMV不相上下。

（4）平台优势与劣势分析　快手与其他平台相比，包含五点优势和两点劣势。

优势一，快手坚持去中心化的流量分配方式，在短视频、直播的红海环境下为更多内容创作者提供了被用户发现的机会。优势二，快手平台构建了较为和谐的网络环境，"老铁"概念的出现消除了用户与用户、用户与主播间的距离感，平台的社交环境更融洽。优势三，快手用户年龄普遍较低，年轻用户以收看内容为主，但未来消费潜力大。优势四，快手的视频推荐方式偏向用户关注（与抖音的算法推荐相比，快手更注重将用户关注账号的内容推荐给用户），这让用户的关注对账号更有价值，也有助于提高关注用户与账号间的黏合度，继而提高平台整体的销售转化。优势五，快手签约明星在快手独家直播，这展现了快手未来的商业路线——签约口碑较好、粉丝群体为"70至95"的用户，以该明星粉丝的黏合度，为快手平台吸引有高消费能力的社会中坚层，这将让快手用户的整体消费能力更进一步。

劣势一，快手在进军短视频领域初期，没有通过扶持大V的方式让平台"破圈"，错过了积累平台流量的最佳时期，导致平台流量一直被抖音压制。劣势二，截至2022年，快手平台可销售的商品有限，鉴于快手的用户主要来自下沉市场，消费能力不强，直播间带货的客单价范围受到限制。

2. 快手平台核心运营事项

快手平台核心运营事项包括直播运营、封面设计、直播间"串门"、熟人社交关系转发四项。

（1）直播运营　与其他直播平台相比，快手的直播连麦功能更加重要，这是由快手的"老铁"文化导致的，无论快手直播间的运营情况如何，都不应脱离快手的平台文化独立运营。因此，即便是销售型直播间，也应策划主播与其他主播的互动连麦，增强直播的趣味性，以及用户对直播内容的期待。其他运营方式，将在后文讲解。

（2）封面设计 不同于抖音的视频瀑布流方式，快手"发现"板块的每个视频都有封面，给用户以选择的空间，因此快手在抖音发布视频内容的基础上，还需要注重视频封面的设计。与小红书用户不同，快手用户更追求猎奇感，因此封面可设置悬念，吸引用户点击。

（3）直播间"串门" 直播间"串门"是大主播辛×在快手走红的重要运营手段，他通过到各个直播间"串门"刷礼物，在全平台构建了"有钱大佬"的人设，之后直播便有平台用户慕名而来。截至2022年，这种用钱砸出名气的方式已不如以前效果显著，但基于快手直播间的"老铁"氛围，以主播身份与其他主播刷礼物、互动，仍是在平台积累口碑的可行方式。

（4）熟人社交关系转发 快手本身属于陌生人社交平台，但因其平台流量相对较大，与熟人社交的微信平台有许多流量交集。与此同时，快手用户构建的"老铁文化"为熟人用户提供了更强烈的转发理由，因此，快手账号内容发布后，运营团队应在熟人社交圈积极"刷脸"请求在快手转发内容、直播间。

六、微信视频号

微信视频号平台基本信息及平台核心运营事项，如图3-10所示。

图3-10 微信视频号平台基本信息及平台核心运营事项

1. 微信视频号平台基本信息

微信视频号平台基本信息分为平台背景、平台用户画像、平台数据基础、平台优势与劣势分析四个部分。

（1）平台背景 微信视频号孵化于微信，于2020年1月上线，是视频内容成为主流后，微信团队入局竞争视频内容流量的产物。起初微信视频号同微信小程序一样，虽然微信投入很大精力宣传、改善，也在微信体系内增加了入口，但由于用户已经养成微信社交，抖音、快手看视频的习惯，微信视频号初期的流量并不理想。但由于主流媒体，部分全网知名播主的入驻，微信视频号内容开始在朋友圈传播，部分个人用户开始申请视频号并投入运营。微信视频号在2020—2022年快速发展，已成为可以与抖音、快手相抗衡的视频平台。

（2）平台用户画像 微信视频号用户画像即微信用户群体，几乎覆盖所有互联网用户，他们的核心特点是以熟人社交需求为主，在意自己在微信朋友圈中的人设，这是他们收看内容、点赞内容、转发内容的第一考量要素。此外，与其他直播平台不同，微信视频号用户通过视频内容消磨时间的目的偏弱，主动获取优质内容的意愿更强。

（3）平台数据基础 截至2022年，微信平台用户超12亿，这同样是微信视频号的用户数量基础,其中微信视频号的日活达 5 亿、月活达 7.5 亿,超越快手且已逼近抖音,但微信视频号的平均用户使用时长仅有 35 分钟,与抖音、快手等平台相差甚远。这是由于微信视频号处于微信体系内,是用户日常工作、生活的必需品,用户收看微信视频号内容时经常会被工作信息打断,致使用户日均使用时长无法突破。

(4)平台优势与劣势分析　微信视频号平台与其他平台相比,包含四点优势与三点劣势。

优势一,微信之于用户的刚需性,无论何时用户都需要通过微信满足社交需求,因此所有微信用户均是微信视频号的潜在用户,微信视频号流量被挖掘的潜力巨大。优势二,微信视频号链接的第三方商城有赞是传统的新零售商城,与微博、快手、抖音等平台相比,微信视频号商城已有多年运营经验,商家入驻、售后等环节体系更为成熟。优势三,微信属于熟人社交平台,通过微信视频号将关注用户引导至微信群组内,无须跳转 App,更易将关注用户转化为黏合用户。优势四,微信的推荐算法以朋友圈推荐为主,兴趣推荐为辅,如此增加了微信视频号、直播间通过熟人社交破圈的可能性。

劣势一,微信用户人均观看时长较短,这使微信视频号的视频、直播内容接触用户的整体时间较短。劣势二,微信视频号的"不感兴趣"算法相对迟缓,需要屏蔽多条同样类型、标签的内容后才可以彻底拒收该类内容。劣势三,微信用户过于注重自己在朋友圈中的人设,对于传播能量较大的用户而言,黏合并自主帮助账号转发内容的可能性较低。

2. 微信视频号平台核心运营事项

微信视频号平台核心运营事项包括直播运营、发布视频内容、运营群组和私域流量转发。

(1)直播运营　微信视频号直播时需要注意,直播内容可以涵盖除垂直领域外的生活类内容,但应与平台明确的违规内容保持距离,如铺张浪费、浅层次涉政、涉黄、血腥暴力等。因微信视频号平台监管异常严格,即便直播主体内容与上述内容仅是存在交集的可能性,也有可能直接被平台限流,甚至封禁直播间。其他运营方式,将在后文讲解。

(2)发布视频内容　发布视频内容是诸多直播平台吸引用户的普遍手段,微信视频号发布内容可以通过手机拍摄后直接发布,也可以将手机中保存好的视频上传发布,还可以通过第三方软件"秒剪"制作视频后发布。运营团队需要注意,微信视频号的主要传播路径是朋友圈与微信视频号内部的好友关系推荐,对以熟人社交为主的视频号而言,初期直接通过视频内容销售商品变现并非不可能,但这会削减后期所有视频内容的传播效果。因此,在没有黏合用户积累的前提下(例如,首个微信用户群组活跃用户不足 50 人),不宜在视频中简单粗暴地销售商品。

(3)运营群组　微信视频号所属微信平台的群组、用户使用率,以及信息触达率,是所有直播平台中最高的,因此微信群组的运营与其他平台群组功能相比更重要,也更复杂。除将发布的视频内容、即将举办的直播预告、直播开启后的直播间链接发布至群组外,运营团队还需要注重群组的日常话题运营。

群组日常话题运营,是通过分享运营团队日常经历、与群组用户讨论近期出现的热点事件的方式,活跃、黏合群组用户的运营手法。通常,微信群组中仅有 10% 的用户日常活跃,20% 的用户浅层潜水,70% 的用户深层潜水,几乎不发言。通过日常话题的运营,运营团队可让浅层潜水的用户参与讨论。参与用户数较多的话题,甚至可能激发深层潜水用户参与讨论。此外，许多热点话题伴随价值观的讨论，虽然这可能造成群内不同用户之间的冲突，运营团队与用户的冲突，但正是通过价值观的讨论，才能在群组中筛选出价值观与运营团队一致的用户，成为深度黏合用户甚至群组的 KOL。

（4）私域流量转发　私域流量转发即运营团队将直播间、视频内容转发至微信群组、运营团队成员朋友圈，以及好友私信。鉴于微信用户注重个人标签的特点，除关系紧密的亲朋好友或兴趣偏好与直播间、视频内容相近的用户外，其余用户很难帮助运营团队点赞、转发、评论，但其余用户点开视频收看完成后退出，或在直播间收看一段时间直播内容，依旧会增加平台将内容推荐给该用户微信好友的权重。

> 【运营提示】
> 　　上述直播平台以电商平台衍生，或以视频平台衍生，或以社交平台衍生，是截至 2022 年直播带货赛道通行的主要平台。除上述通行直播平台的核心运营事项外，运营团队可基于在不同平台的运营情况，根据平台的指引，解锁更多适合账号类型的差异化运营手段。
> 　　此外，直播平台基本拥有自主体系的商城，运营团队需要在直播平台申请商城并上架商品。至此，直播平台的基本情况与运营事项已讲述完毕，运营团队可在此基础上选择不同平台投入运营。

第二节　直播平台的选择

如果运营团队想在直播平台达到好的直播效果，必须与直播平台签约，获得平台的流量扶持。这就意味着运营团队只能选择一个直播平台投入直播间的运营。直播领域的运营不仅有直播间运营，还有原创视频的发布、直播平台商城的搭建等，运营团队可选择多个平台投入运营，但仅在自主选择的重点平台做直播运营。

由此，本书给出的直播平台选择框架为 1+3+1，即一个直播平台重点运营直播间，三个平台做辅助运营事项，微信作为熟人社交平台，承接其他平台高度黏合用户的个性化需求，并以图文内容为所有直播平台做直播预告、视频内容预告等支撑。

一、重点运营直播平台的选择

重点运营直播平台的选择有三个参考指标：一是直播类型与平台的匹配，二是商品与平台的匹配，三是人格化运营形象与平台的匹配。

1. 直播类型与平台的匹配

直播类型与平台的匹配分为以下两个部分。

1）直播整体类型的匹配，即运营团队直播所属类型应是该直播平台的核心直播类型或正在重点扶持的直播类型。例如，斗鱼平台均为秀场、游戏直播，淘宝平台均为销售类直播，运营团队则应选择对应平台入驻，诸如抖音、快手、微信视频号等兼顾多种直播类型的平台，运营团队无须过度纠结，因为这些平台几乎都处于以秀场直播、游戏直播为主，且努力发展销售类直播的进程中，均可被列入选择范围。

2）直播细分类型的匹配，即超市型直播、渠道型直播、企业型直播是否有较强的对应关系。截至 2022 年，所有可承载直播带货功能的平台都适配渠道型直播与企业型直播，其中微信视频号平台与小红书平台较为特殊。微信视频号平台由于入行视频、直播带货领域较晚，没有大流量超市型直播间在平台扎根，微信也无意扶持，因而微信视频号平台的销售类直播间多为企业型直播或小而精的渠道型直播；小红书平台拥有精致生活平台调性的基础，使得像美妆、数码等垂直领域或中高端企业品牌易在平台获得较高流量。

2. 商品与平台的匹配

商品分为自主商品与渠道商品，运营团队需要在选择平台前明确商品的选择范围，后将与销售商品调性不符的平台排除出选择范围。例如，文史书籍、古籍的渠道型直播间，不宜在快手、抖音、微博、淘宝等平台开设，因快手、抖音、微博等平台偏向娱乐，淘宝平台偏向日用品，用户的消费需求均不是文史书籍与古籍。又如，平均客单价较高的化妆品企业，不宜在抖音、快手等平台开设直播间，因上述两个平台用户的客单价接受范围普遍较低。

运营团队需要注意，所有直播平台的用户之间都存在交集，即便商品调性与平台不符，也可能产生销量，但商品与平台的匹配方式，目的是让运营团队规避大量与自身商品调性不符的用户，找到更精确的用户群体。

3. 人格化运营形象与平台的匹配

人格化运营形象，应与平台的文化氛围、用户习惯等达成匹配。如此，直播平台将更为重视该直播间，平台用户也更易被其人格化运营形象吸引。例如，快手平台存在"老铁文化"，性格开朗大方、粗犷、大嗓门的人格化运营形象比较符合其调性；微博平台娱乐八卦属性较重，爱看剧的追星女孩比较符合其调性；小红书平台用户普遍崇尚精致生活，高颜值或着装打扮精致的人格化运营形象比较符合其调性。

上述匹配关系仅为本书创作团队举例，并非限制各平台直播间的人格化运营形象标签。在此基础上，运营团队还需要将自主直播间的人格化运营标签进一步细化，才能达成更好的运营效果。

二、辅助平台的选择

运营辅助平台的目的是在全网为直播间、直播间主体品牌积累口碑，进而为直播间引流，提升视频内容、直播带货转化率。选择辅助平台需要从以下三个方面考虑。

1. 平台属性

对辅助运营平台而言，平台甚至可以没有直播功能，但必须具备一个基础属性——内容属性。辅助运营平台用以积累口碑、提升转化率的主要方式是原创内容发布，诸如斗鱼、CC 等专为游戏、秀场直播而生的平台，没有视频、长图文等内容方式的明显展示出口，因此不适合作为辅助运营平台。相反，上述提到的抖音、快手、小红书等平台均具备内容属性，即便是淘宝平台也推出了点淘来强调内容带货，也可作为辅助运营平台。

2. 匹配关系

确定平台具备内容属性后，运营团队需要考虑账号内容方向与平台及平台用户的匹配关系。例如，点淘几乎仅支持商品露出的视频内容，如果运营团队的主要内容方向是以吸引流量为主的日常内容或搞笑策划内容，则不宜在点淘发布；若账号的核心内容高调性、多典故，便不适合在用户普遍接地气的快手平台发布。

此外，运营团队还需注意两点。其一，平台不会因账号而改变，但账号可以因平台政策适时调整，如平台出现了爆款话题，则运营团队可尝试根据爆款话题策划账号未曾涉及的内容方向；其二，不要妄想成为平台"清流"，在新媒体平台的历史舞台上，出现过零星的因为内容与平台主调性不同而成为"清流"的账号（如曾在斗鱼直播考研学习的数学老师张×），这些账号往往红极一时，但不可作为其他账号学习的模板，因账号成为"清流"而破圈的概率本就较低，且热度过后，也将被互联网用户遗忘。

3. 平台流量

平台流量分为广义流量与精准流量。在新媒体早期，新媒体运营团队更愿意追求小而精的流量，因其具备高转化价值，可以节省运营团队的鉴别成本。随着直播带货的发展，在"兴趣消费"的引领下，许多运营团队发现，通过视频内容、直播带货的方式可以激发广义流量的潜在需求，达成销售转化，因此广义流量的价值在逐步提高。

综上，运营团队可以根据备选辅助运营平台的用户内容收看偏好，决定运营哪些平台，但平台整体日活、月活用户量也该纳入考量范围。本书创作团队认为，抖音、微信视频号两个平台应是必选的辅助运营平台。

三、选择微信运营的原因及简单方法

直播带货是一种基于信任的销售模式，如果想让用户达成高黏合、高销售转化，必须与用户在熟人社交平台形成私域关系，在所有具备内容属性的平台中，仅有微信属于熟人社交平台，可与有需求的用户一对一沟通，满足用户的个性化需求。因此，微信是较为特殊的用以辅助直播运营的新媒体平台。此外，选择微信平台运营的原因还有以下四点。

1. 微信是互联网用户的刚需

作为培养黏合用户的阵地，微信平台核心的优势在于其属于互联网用户的刚需。无论何时，用户都需要打开微信达成工作、生活上的社交，这为运营团队黏合用户打下了重要基础。

2. 微信是用户出现社交需求后的第一反应

电话、QQ都曾作为用户社交需求的第一选择。2015年前后，微信逐步接过社交大旗。基于用户养成的社交习惯，当用户出现某领域的内容获取需求或消费需求时，第一反应是寻找身边该领域的专业人士，此时账号以微信订阅号、微信服务号、人格化运营形象的个人微信号出现在用户的微信列表中就显得尤为重要，这让账号主体企业不再一直主动联系用户，增加了用户主动联系账号的可能性。

3. 微信公众号的服务功能为用户提供便利

微信公众号具备自定义菜单功能，可承载多内容出口，具有强拓展性，可作为账号主体的"微官网"。基于自定义菜单，运营团队可设置往期内容、售后客服、近期活动、自主商城等交互页面，快速满足用户对账号的内容、消费和社交需求。

4. 微信群组可提升用户归属感

从用户角度出发，当用户与账号的交互内容被账号运营团队发现并回复时，用户会产生被关注的感受，甚至出现一定的优越感，最终变为对账号的归属感，而达成这一过程的最好场景便是微信群组。

通常，用户通过视频、直播内容加入微信群组几乎无门槛，但依旧有关注用户不加入群组。随着运营团队账号的全网关注用户数逐步增加，微信群组内的小福利、私密话题就成为群组内用户表达优越感的方式，继而吸引更多关注用户加入群组，通过群组运营人员群内解答用户问题、添加私信解答用户问题，可提升更多用户对于账号的归属感。

> 【运营方法】微信作为辅助运营平台的核心运营工作
>
> 发布视频内容、运营群组、私域流量转发是微信视频号的核心运营工作。区别于微信视频号运营，微信作为辅助运营平台的核心工作聚焦于直播内容的图文预告，以及精彩直播内容的图文复盘。
>
> 在第二章"网络直播运营规律"中提到了直播应作为企业与用户共同参与的盛筵，既是盛筵，就应有预告、开场、高潮、回味四个环节。通过微信公众号的图文内容预告，可为即将开始的直播制造悬念，激发用户的猎奇心理，吸引更多关注用户参与直播；直播后的精彩内容复盘，既可通过视频形式展现，又可通过图文内容展现，是运营团队给没有时间看直播的用户提供的"要点速览"，主要目的则是以折扣、活动、直播精彩环节让用户产生"痛失一个亿"的感觉，提升用户下次参与直播的动力。

本章小结

上述直播平台的简述与平台的选择方法，是所有想入行直播领域的运营团队必须了解的直播基础知识。曾经，选择一个合适的直播平台运营直播间至关重要，各运营团队对直播平台的抉择也相对困难。但随着直播带货的发展，各直播平台相互取经，平台之间已没有决定性的优势与劣势，相比选择一个最精准的、重点运营的直播平台，采用1+3+1的多平台联合运营直播间的方法显得更为重要。

第四章 直播间设置

本章知识体系

第四章知识体系如图 4-1 所示。

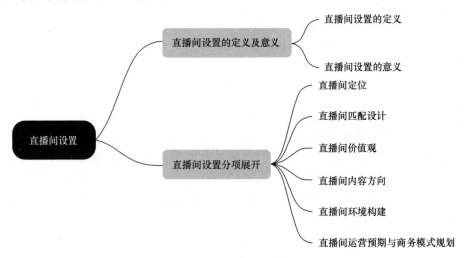

图 4-1 第四章知识体系

直播是一项长久的、可为个人或企业带来有价值流量、流量收益、销售收益的运营工作，一旦开启，就须按一定频率持续输出内容。破坏直播运营节奏，轻则使直播间掉粉、运营进度倒退，重则被大量用户取消关注，直播团队前功尽弃。因此，凡想要开展直播运营的个人或企业，须先做好长期运营准备，直播间设置即是开展直播前必须做的运营规划。

第一节 直播间设置的定义及意义

一、直播间设置的定义

直播间设置是以完成直播间所属主体的运营需求为目的，开展的一系列运营筹备工作，包含直播间定位、直播间匹配设计、直播间价值观、直播间内容方向、直播间环境构建、直播间运营预期与商务模式规划六个分项。

直播间定位是根据直播间所属主体的需求确定的直播间类型及调性，运营团队不仅要明确直播主体的终极需求，还要挖掘隐性需求，并在直播间设置中为未来满足直播间主体需求的运营事项做好铺垫。

直播间匹配设计是根据直播间定位，思考与直播间匹配用户的过程，运营团队要尽可能达成直播间、商品、用户三者之间相互促进的匹配关系。

直播间价值观是直播间在直播环境下的立身之本，守住正确的价值观底线可使直播间远离封禁的风险，同时用户接受度高的价值观可提升直播间吸引流量、变现的效率。

直播间内容方向是直播团队的内容向导。规划好内容方向，直播团队即可按频率稳定输出直播内容，保证不断播。

直播间环境构建是对直播内容呈现的有力支撑，包含直播过程所需硬件的配置整合及团队人员分配。

直播间运营预期与商务模式规划包含两个部分：一是明确运营团队对直播间运营成果的期待，最终通过运营成果检视运营效果，如运营结果反馈较差，运营团队则须即时调整直播间设置的诸多内容；二是规划直播间在不同直播阶段的投入、产出模式。

二、直播间设置的意义

直播间设置是直播运营团队基于直播客观规律的运营方法论，是直播间主体制作"直播运营白皮书"的过程。它为直播团队描绘"1.0 版本"的运营方向，每当运营团队迷茫时都可以根据直播间设置的指引继续向前。同时，运营团队在直播运营的实践过程中积累的经验、教训，也将反哺直播间设置，让其变得更加完善。

第二节　直播间设置分项展开

本节将分别讲解直播间设置的六个分项，明确不同分项的意义及设置的基本方法。

一、直播间定位

直播间定位的整体是一个知己知彼的过程，包含直播间主体需求的明确及挖掘、直播间主体资源的明确及挖掘、竞品直播间的深入调研、明确直播间的稀缺性优势。

1. 直播间主体需求的明确及挖掘

直播间主体的需求分为两大类：一是终极需求，二是隐性需求。终极需求通常较为明确：一为变现，二为口碑建设；隐性需求则因直播间主体类型不同存在差异。本部分内容将分别介绍直播间主体需求对应的直播间定位细节。

> 【运营提示】本章的直播间分类前提
> 截至 2023 年 1 月，知识直播样本较少，本书暂不讨论。秀场直播与游戏直播主体为 MCN 机构与游戏工会，它们的本质相似，本章仅以秀场直播做讲解。

（1）变现需求　直播间变现的方式有两种：一是流量变现，二是销售变现。流量变现对应秀场直播，销售变现则对应超市型、渠道型、企业型三种销售类直播。2022 年 1 月以前，部分大流量直播间存在兼顾流量变现、销售变现两种变现形式的状况，因这类直播间的主播通过才艺成为头部主播后，直播间聚集了大量黏合用户，具备了销售变现的可能性，随后便开启了超市型直播。

秀场直播起步早，本就占据了直播行业的半壁江山，在销售类直播崛起后又直接"开挂"式携流量入场，如此流量为王的直播行业状况显然阻碍了销售类直播的发展，让后步入直播带货领域的企业型直播、渠道型直播被挤压。因此，自 2022 年 8 月起，以抖音为代表的综合直播平台开始划分直播赛道，将秀场直播与销售类直播区分开，这样做让超市型直播的形式受到了抑制，具有优质商品的企业型直播、严选优质商品的渠道型直播则具备了更好的发展前景。

因此，针对直播间主体的变现需求，运营团队需要先在销售变现、流量变现中做出抉择。以实体企业、垂直领域专家为主体的直播间通常选择销售变现，以传媒、娱乐企业为主体的 MCN 机构通常选择流量变现。因具备才艺的个人最终将并入传媒、娱乐企业，故本书不讨论。

（2）口碑建设需求　不同直播间主体所需要的口碑不同，通过运营建设口碑的方式也不同。

企业型直播构建企业口碑的方式通常有三种：一是企业型直播内容，二是企业型直播相关服务（如售后服务），三是企业通过直播传播商品质量。截至 2023 年 1 月，企业商品质量与直播相关服务是每个企业型直播必须坚守的底线，可用于维护企业口碑，但很难达成全网口碑的突破。真正能够让企业、企业商品"破圈"的是直播内容。以东方××为例，知识型的直播内容是他们捕获全网用户流量的重要手段。为建设企业口碑，运营团队可定义内容带货的直播方式，以知识、商品故事等有特色的直播内容尝试"破圈"，建设企业口碑。

以垂直领域专家为主体的渠道型直播所需要建设的，通常是垂直领域的专业性口碑。除商品质量与直播相关服务外，需要重点塑造主播的人格化运营形象，包含专业领域形象与日常生活形象。人格化运营形象塑造将在本书第五章"直播间人设塑造"中重点讲解。

以知名人士、大流量主播为代表的超市型直播建设口碑的方式通常有两种：一是直播相关服务，二是商品质量。这里需要重点体现超市型直播的选品标准，即在保证商品质量的同时，在直播过程中向用户反复渗透直播间的选品理念，如此可在商品质量与直播服务保障的加持下，让用户自觉传播直播间，继而达到全网口碑建设的目的。

以 MCN 机构为代表的秀场直播较为特殊，主播、直播内容与直播间主体之间有较强的割裂感。因此，本部分内容将直播间主体分为两个部分——MCN 机构与主播个人。其中，MCN 机构主体无须面向用户塑造口碑，仅需要面向直播行业的个体从业者塑造专业、实力强大的形象，而且通过流量运营的手段即可完成。主播个人建设口碑的方式则主要通过人格化运营形象的塑造。

（3）直播间主体的隐性需求　本书提到的直播间主体的隐性需求，特指直播间主体普遍存在，但不重点在直播间运营环境下展现、达成的需求。通常，隐性需求的触发源自第三方对直播间、直播间主体的需求。本部分内容将介绍不同直播间主体的主要隐性需求类型，运营团队可在此基础上，对自主运营直播间的主体做隐性需求的进一步细化。

1）企业型直播。企业型直播的隐性需求，一般包含商务合作、商品迭代两种。

商务合作需求，通常出现在直播间运营一段时间后，其他企业、直播间发现双方合作契机点而主动联系直播间运营团队。区别于企业在线下通过市场部门自主寻找商务合作，直播环境下商务合作的枢纽是直播运营团队，因此运营团队需提前规划商务合作需求触发后，通过直播运营达成合作的系统化流程。

商品迭代需求，通常出现在企业型直播达成销售后，新媒体用户对企业商品的意见反馈。区别于企业自主的产品迭代，用户对企业商品展现出的需求普遍更具有市场指导意义；区别于传统零售环境下的用户反馈，新零售环境下企业接受用户反馈的通道更多。因此，直播运营团队必须协同商品研发部门，规范用户对商品的优质意见反馈处理流程，同时提前策划"企业与用户的良性交互"营销话题，该部分内容将在本书第七章"直播间用户交互管理及客服"中重点讲解。

2）渠道型直播。渠道型直播的隐性需求，主要是指渠道的拓宽。在直播环境下，渠道型直播拓宽渠道分为两种情况：一是渠道型直播间引发了行业内渠道商的关注，主动寻求合作；二是部分用户对直播间提出需求，直播运营团队尝试主动联络渠道合作。

由于渠道型直播间通常不具备自主商品，而是基于人格化运营形象在垂直领域的专业程度与口碑销售渠道商品，因此渠道拓宽对渠道型直播间的主体而言，一方面意味着销售可能性的增加，另一方面也代表着人格化运营形象口碑的提升。综上，渠道型直播间的运营团队应把握好直播间的渠道拓宽机会，规划让利、推流等一系列商务手段、运营手段，尽可能实现渠道的拓展。

3）超市型直播。超市型直播与渠道型直播的隐性需求类似，但其隐性需求并不强烈，因多数超市型直播的主体是明星团队、大流量主播团队，其渠道资源本就广泛，在2022年之前甚至展现出渠道商品过多、供大于求的状况，故无须对其重点讲解。

4）秀场直播。秀场直播的隐性需求，通常是MCN机构旗下优质艺人的挖掘和拓展，对此MCN机构有专门的部门负责，直播间能够起到的作用较小，故本部分不做重点讲解。

除上述提及的四类直播间的隐性需求外，所有直播间均存在平台为其推流的需求。但除与平台签订流量协议的MCN机构外，平台推流通常是在直播间运营一段时间后，由平台主动联系运营团队，以花钱买流量的形式实现，多属于直播平台"割直播间的韭菜"的行为，故本书不建议。

2. 直播间主体资源的明确及挖掘

直播间主体的资源是指一切可被直播间利用的人、事、物，诸如主播、企业商品、渠道等。明确、挖掘直播间主体的资源，一方面是为了确定直播间调性，继而明确直播间设置的诸多基础信息，另一方面是确定竞品直播间的范围，并基于对竞品直播间的调研确定直播间的稀缺性优势，最终提高运营效率。

企业型直播间的主体——企业，其资源一般包含企业商品、企业合作伙伴、企业线下渠道。运营团队可重点挖掘的资源包含企业故事——辅助直播间内容策划，实现企业口碑建设；商品新媒体化潜力——辅助商品迭代，实现更高的销售量；企业合作伙伴的渠道、用户——辅助直播间推广传播，获得更多的曝光与用户流量。

渠道型直播间的主体——垂直领域专业团队，其资源一般包含垂直领域商品渠道、垂直领域专家团队。运营团队可重点挖掘的资源包含渠道的优惠价格——辅助直播间获得更高销售分成；渠道的稀缺性商品——稀缺商品销售的形式可获得更多的用户关注，以及相对更高的销售量；专家故事——辅助直播间内容策划，以故事塑造专业口碑、提高商品销量；主播朋友圈——辅助直播间推广传播，以提高直播间的用户流量。

超市型直播间主体的资源与渠道型直播间主体的资源类似，区别在于商品的垂直度不同，且超市型直播间可操作渠道更广泛，故此处不再赘述。

秀场直播间的主体——MCN机构，其资源通常为平台，区别于销售类直播，秀场直播间所属的MCN机构会同平台签订内容产出协议，即MCN机构须保证有足够的主播数量、单个主播每日直播时长、单次直播中直播互动内容的插入等，对应的平台也将为MCN机构旗下的直播间分配流量。因此，运营团队可重点挖掘平台推流资源，以求为直播间获得更高的流量。

基于上述工作，运营团队可整合直播间主体资源后定义直播间调性。其中，企业型直播以企业商品为核心参考项，渠道型直播以行业类型、专家主播人设为核心参考项，超市型直播与秀场直播以主播人设调性为核心参考项。

> 【运营提示】直播间设置通常在主播人设塑造前完成
>
> 通常，直播间设置应在主播人设塑造前完成，但部分直播间例外。其中，多数超市型直播投入运营的基础是大流量主播或知名人士的黏合用户流量，为保证用户不流失，大流量主播、知名人士须维护好在投入直播运营前就已塑造的人设形象，以此为标准定义直播间调性。同理，以大流量垂直领域专家为人设的渠道型直播间也是如此。此外，由于秀场直播缺少商品这一元素，MCN机构通常会先根据主播本人的特点确立人设形象，再根据人设确定直播间调性，以让主播在直播时更加得心应手。
>
> 以泸州老窖和李××为例。泸州老窖作为高端白酒品牌，核心商品国窖1573的品饮场景定义为国宴，直播间的主播人设就应是穿搭精致的中老年人，以适配商品调性；李××作为"口红一哥"，性格活泼且女性黏合用户较多，直播间选品渠道就应适配其人设，注重女性用户群体。

3. 竞品直播间的深入调研

调研竞品直播间的第一步是明确竞品直播间的范围。通常，运营团队需要选择类型相同、调性相近的直播间调研，因为直播间调性在一定程度上决定了直播间用户调性。调性相似的直播间用户交集更大，竞争关系更强烈。

调研直播间的核心方法是观看该直播间某一时间周期的直播，对其优势、劣势加以总结。时间周期不能太短，至少应包含10次以上的直播内容，如此基本可以明确直播间价值观、直播内容方向、直播环境、商务模式等直播间设置细节，以及主播人设。通过每次直播观看人数、点赞数、礼物（热度）值等客观数据（平台可见）的横向对比，便可分析出该直播间用户画像相对感兴趣的内容、活动、商品等。同时，运营团队须将多个直播间调研样本做横向对比，总结分析不同直播间的优势、劣势，这就要求调研样本中包含头部直播间、腰部直播间和底部直播间。

但运营团队需要注意，数据不能作为评判直播间优势、劣势的唯一标准，并非头部直播间所有的直播环节都完美无缺，而小直播间就一无是处。运营团队需要让团队成员从用户角度出发主观感受直播内容，重点总结用户关注的优势，同时明确用户体感上的不足。调研竟品直播间的主要目的是集百家之长，尽可能学习其他直播间已存在但自主运营团队尚未发掘的直播优点。

4. 明确直播间的稀缺性优势

在调研竞品直播间后，运营团队已基本可以通过学习让直播间运营水平达到80分以上，剩余分数需要通过直播间的稀缺性优势实现。

明确直播间的稀缺性优势，是用直播间主体资源对比竞品直播间资源，总结表现突出的项目并在运营中重点利用。直播间的稀缺性优势应是竞品直播间没有，但自主直播间有，或竞品直播间有，但自主直播间相较多数竞品直播间更强的特点。商品质量、商品价格、主播人设、企业合作伙伴等都是常见的直播间的稀缺性优势。

但运营团队需要注意，竞品直播间，尤其是头部直播间运营层面存在的不足，不宜作为自主直播间的稀缺性优势。因头部直播间运营团队实力普遍强大，不采用某种直播间运营手段多是因为运营效果不佳，即使自主运营团队尝试实施，也一定不能取得很好的运营效果。

至此，直播间定位工作已完成，此过程中明确的直播间类型、调性、稀缺性优势，将作为后续直播间设置步骤的参考标准。

二、直播间匹配设计

本书第二章第二节已讲解了直播间、用户、商品达成匹配的方式，本部分内容将重点讲解不同直播类型的匹配源头与终端，并明确匹配设计的路线。

1. 企业型直播间

企业型直播间匹配关系的源头是商品，终端是用户，匹配设计的路线有两种：一是通过商品功能直接对应用户需求完成匹配，二是通过直播间调性吸引调性相近的用户，后基于用户黏合度及对用户隐性需求的挖掘实现商品与用户的匹配。

因此，企业型直播间的匹配设计，是根据商品功能对应的用户需求，描绘出用户的行为信息后，通过行为信息的总结，提炼出用户可能的客观信息，或基于直播间调性，描绘出可能关注直播间的用户调性，根据用户调性分析用户行为偏好，获得用户可能存在的行为信息，继而通过分析行为信息得出用户的客观信息。

【运营提示】用户画像包含三级信息标签

用户画像分为基础信息、客观信息、行为信息三级标签。基础信息即传统行业用户列表，包含姓名、手机号等，新媒体时代这类信息的重要性降低，在直播间达成销售发货时可自然获取；客观信息反映的是用户的生活状态，如收入、家庭可支配收入、学历层次、客单价接受范围、职业背景等；行为信息即用户的阅读偏好、行为偏好、消费偏好、社交偏好等，通常由用户调性决定。

运营团队在描述用户画像时，应重点描述用户的客观信息与行为信息标签，因直播平台的算法几乎是基于用户的客观信息与行为信息完成推荐的。

---

2. 渠道型直播间

渠道型直播间匹配关系的源头是直播间调性，终端是商品与用户，匹配设计的方式较简单,即根据直播间所属行业与直播间调性寻找垂直领域商品,同时根据直播间调性描绘用户调性,根据用户调性分析用户的行为偏好,获得用户可能存在的行为信息,继而通过分析行为信息得出用户的客观信息。

运营团队须注意,部分渠道型直播间调性由垂直领域专家的个人调性决定,但专家调性与直播间用户调性并不一定相同,因此直播间匹配设计仅需要实现直播间对用户的单向吸引。

3. 超市型直播间

超市型直播间匹配关系的源头是主播人设,终端是用户。超市型直播间的商品与用户匹配关系并不强,原因在于用户通常直接与主播达成了匹配。以罗××直播间为例,直播间多数用户消费的动机是某款商品在罗××的背书下,同时满足了该用户的需求。因此,超市型直播间的匹配设计路线为根据主播人设调性确定直播间调性,后明确用户调性。运营团队甚至不需要细化用户标签,因超市型直播间的运营路线是无限扩充与直播间调性相符的用户,通过用户数量的累积解决用户需求与商品功能不一定匹配的问题。

4. 秀场直播间

秀场直播间匹配关系的源头是主播人设,终端是用户,过程中没有商品参与。运营团队仅需要根据主播的人设标签,分析该标签可能吸引的用户客观信息或行为信息,即可描绘出具体的用户画像。

【运营提示】用户画像的分析研究是运营团队永恒的工作

在描绘用户画像标签时,无论通过用户需求描绘用户调性,还是根据用户调性分析用户行为信息,都是一种经验主义的用户分析方法。例如,某企业做高端家装品牌,对应的用户需求是豪宅装修,用户则必然在短期内有购房行为或准备购房,所以用户就应具备轻奢、精致生活的调性,可能热爱网球、高尔夫等运动。

上述用户画像描绘路线看似顺理成章,但仅是运营团队主观分析的一部分用户画像的可能性,与未来直播间开始运营后吸引的用户画像或多或少存在偏差,运营团队应在运营过程中根据直播间的用户反馈不断收集用户群像的行为信息,分析用户的客观信息,最终达到尽可能掌握直播间用户画像的结果,如此既能直接提高直播间的商业价值,又能在未来面向用户举办活动、策划内容时更加有的放矢。

三、直播间价值观

价值观是指直播间的观点主张,是约束直播运营过程中所有行为的准绳。明确直播间的价值观的目的有两点:一是守住观点底线,在直播行业开始发展的 6 年间,许多直播间因出现各种价值观不正的行为而被封禁,如讨论敏感话题、售假等,树立正确的价值观,即可守住运营直播间的底线;二是更好地黏合用户,无论直播间决定通过流量变现,还是销售变现,前提都是能黏合用户,而黏合用户的根本是价值观的黏合,树立正确、用户认可、与用户相近的价值观,可为直播间吸引黏合用户流量打下基础。

本部分内容将讲解不同类型直播间的基础价值观、价值观的塑造方法。

1. 不同类型直播间的基础价值观

价值观分为三种基础类型:一是朋友型,二是引领型,三是用户至上型。朋友型即主播、直播间以朋友的身份与用户相处；引领型即主播、主播团队天然具备KOL效应，可引导用户的行为与价值观；用户至上型是极端的服务型价值观，主播与直播间须尽可能满足用户的需求。直播间类型不同，适用的价值观类型也不同。

（1）企业型直播　企业型直播间的基础价值观应选择朋友型，因为站在用户角度出发，企业做直播本就是为了赚钱，如果企业以引领型价值观俯视用户，则会给用户强烈的不适感，继而使用户远离直播间；如果企业选择用户至上型价值观，则会在运营过程中处处受用户裹挟，丧失运营主导权。

此外，企业型直播间还应树立带有一定社会责任感的价值观与积极服务用户的价值观，如此可获得多数用户认可，辅助建设全网口碑。

（2）渠道型直播　渠道型直播间可采用朋友型或引领型价值观，因为渠道型直播间的主播人设多为垂直领域的专家，专家既可以与用户交朋友，又可以在为用户提供专业知识、专业服务的同时，指点、引导用户。另外，直播间要有看待自己所属垂直领域的鲜明价值观，该价值观要能够引人深思，具备一定的稀缺性，如此才能更好地塑造专家主播的人格化运营形象。

（3）超市型直播　超市型直播间可采用朋友型价值观或引领型价值观，因为超市型直播间的主播通常已拥有较大的用户流量，具备KOL效应，因此无论是与用户交朋友或引领用户都有较大的空间。

（4）秀场直播　秀场直播间通常采用朋友型价值观，如此在直播间聊天、展示才艺，或与其他主播连麦PK时直播间氛围才会更好。但截至2023年1月，多数秀场直播间的价值观并不明确，即在朋友型价值观与用户至上型价值观之间徘徊，具体表现为对待普通用户与打赏用户态度不一。如此直播间便只能成为短期"割用户韭菜"的工具，不具备黏合用户的潜力，也不具有长期发展前景。另外，秀场直播间运营团队需要注意，主播频繁引导用户打赏也属于价值观不正确的行为，在"清朗"行动的背景下，这类行为也被明令禁止。

除上述提及的基础价值观外，运营团队还需要思考直播间专属价值观，明确以下三点内容：第一，直播间价值观应求大同存小异，须具备一定的稀缺性，运营团队可根据直播间匹配设计分析得出的用户画像，推测用户更愿意接受的价值观作为直播间的价值观；第二，直播时对待热点事件、垂直领域事件均须有主播团队的价值观，且价值观不能偏离直播间整体价值观；第三，价值观一旦确定便不能变动，价值观的崩塌会导致直播间及主播全网形象的崩塌，以致直播间长期运营成果毁于一旦，这也是本书建议所有运营团队选择朋友型价值观的原因。因为朋友型价值观拓展性更强，不会出现如用户至上型价值观崩塌时两级反转的情况。

2. 价值观的塑造方法

价值观是指直播间一切相关元素的行为准绳，因此价值观须在面向用户展现的运营事项中得以表达，这也代表着价值观塑造是一个过程，须在直播间长期运营的过程中慢慢渗透给用户，展现价值观的主要方式包含以下四点。

（1）主播对直播间用户的态度　主播对用户的态度能够展现直播间的基础价值观，朋友型价值观对直播间用户的弹幕反馈积极，语言风格应保证不卑不亢；引领型价值观对直播间用户表现应较为冷淡，对用户提出的优质问题应展现出积极的态度；用户至上型价值观应尽可能照顾所有主动与直播间交互的用户，对购物、流量消费的用户应表现得较为亢奋。

（2）直播的核心内容　　内容对直播间价值观的展现主要分为两种形式：一是表达对直播内容策划中热点事件的价值观，对各类热点事件的价值观集合，便塑造了直播间团队的整体价值观；二是根据内容策划中分享的行业故事、企业故事，表达直播间团队的行业价值观与企业自主价值观。

（3）主播口头禅/直播间 slogan　　价值观必须反复向用户提及才能达到印象强植的结果，主播口头禅或直播间 slogan 是最好的强植手段。主播在直播过程中反复提到的"洗脑"口头禅，或作为直播标题、直播间背景板的 slogan，都常应用于强调直播间价值观。

（4）直播间客服　　无论是销售类直播或是秀场直播，都应有直播间客服人员。销售类直播间客服主要负责解决用户对商品的疑问或售后问题。秀场直播间客服主要解决直播间消费相关的问题，无论哪种类型，都应以梳理、解决用户问题为第一导向，如此才能构建积极服务用户的价值观。

四、直播间内容方向

直播间内容方向，是直播间投入运营后，运营团队最常回顾的直播间设置项。根据直播间内容方向策划单期直播内容，可让直播内容显得更加系统、有条理，运营团队可围绕直播间主体资源展开内容方向规划。稀缺的直播间主体资源、独特的主播可为直播间提供独特的内容方向。本部分内容将讲解各类直播间的基本内容方向。

1. 企业型直播

企业型直播的变现方式为销售变现，但并不意味着每一场直播都要做销售。丰富的企业型直播间内容既可以缓解因商品品种过少而造成的用户购物疲倦，又能拓宽接受直播间内容的用户范围，为销售变现提供更多的可能性。常见的企业型直播间内容方向包括以下五种。

1）基于商品功能的企业商品销售。通过介绍商品核心功能，尝试戳中用户痛感，引导用户购买商品。

2）以传统法定节日、消费节为背景，在直播间举办线上促销活动。区别于日常商品销售，促销活动更注重价格优势及节日活动氛围。

3）企业商品研发故事。基于商品研发的故事，或探班商品生产基地，拉近用户与商品、企业的距离。

4）企业故事。视频日志形式探班企业员工、领导，为企业日常工作纪实内容。

5）企业茶话会。基于企业合作伙伴，组织多企业、企业与 KOL 的圆桌会议，以话题形式引导用户参与，提升直播间用户的活跃度。

2. 渠道型直播

渠道型直播的优势在于主播的专业程度，以及商品、用户的垂直度，区别于努力与用户拉近距离的企业型直播，渠道型直播一般主打垂直领域专业度。常见的渠道型直播间内容方向包括以下四种。

1）对渠道商品的专业解析、售卖。结合垂直领域知识、渠道商品的客观介绍、同类渠道商品的试用对比，给出商品的客观描述，为用户精准推荐商品。在该直播间内容方向下，单次直播内容一般包含多种渠道商品。

2）与渠道商座谈售卖。区别于主播自主售卖，主播与渠道商负责人一起聊天，能深入挖掘商品故事，展现主播的专业形象、凸显渠道商品匠心。在该直播间内容方向下，单次直播内容一般仅包含一至两种商品。

3）主播专业日常。主播在直播时间段外研究垂直领域内容、探讨垂直领域话题，以输出垂直领域专业知识为主，塑造主播人设。

4）主播生活日常。主播生活日常通常在朋友型价值观的直播间使用，在塑造主播专业人设的同时，打造主播亲民的一面。

3. 超市型直播

超市型直播的商品品类多且杂，直播间几乎会保持日播，且由于超市型直播的主播天然具备高流量，无强烈的用户增长需求，故超市型直播间内容较单一，即面向用户介绍各类商品功能，引导用户购买。但如果直播间秉持朋友型价值观，日常视频日志、团队工作室探班也可作为内容方向。

4. 秀场直播

秀场直播的内容核心是才艺，运营团队必须根据主播的才艺水平、性格特点规划直播间内容。直播间内容方向一般分为三种：一是才艺展示，二是日常聊天，三是连麦 PK。

五、直播间环境构建

直播间环境构建包括两个部分：一是直播间背景环境建设，二是直播间人员安排。

1. 直播间背景环境建设

直播间背景环境必须保证以下四点。

1）直播间背景必须符合直播间调性。无论何种直播类型，用户进入直播间后第一眼看到的都是主播形象与背景环境。在视频流推荐的场景下，用户通常会在收看到上述视觉信息的 3 秒内决定是否划入下个视频或直播间。直播间背景符合直播间调性，便更能留住调性相符的用户。

2）直播间背景环境必须让主播感觉舒适。主播在开启直播前通常需要试镜，这是为了让主播熟悉在直播环境下镜头前的感受。熟悉且令主播感到亲切的直播环境能让主播发挥更加自然，这也是许多直播间定在主播公司、主播家的原因。

3）满足直播过程中所需的一切硬件条件，包含直播用的计算机、手机、麦克风、小黑板、计划销售的商品等。硬件主要由内容策划决定，同时，如果主播有习惯性拿在手中的物件，或主播人设塑造时必须用到的道具，也要提前准备好。

4）直播间背景必须在一定程度上保持稳定。直播间背景稳定，将更易对用户形成印象强植，从而吸引陌生用户，黏合关注用户。保持稳定的同时，运营团队可根据单次直播的主题内容、直播间活动修改部分直播间背景。例如，企业型直播间在国庆节期间销售商品，可在直播间背景调性不变的前提下加入中国红元素。

2. 直播间人员安排

直播间人员安排是指直播场景下运营团队的人员分工，不同角色协同配合，可保证直播自策划阶段起顺利完成。直播间人员分工包含五类——选品、内容策划、主播人设、场控和客服。

1）选品这一角色通常适用于渠道型直播与超市型直播。对企业型直播而言，如果企业商品品类丰富，也可让选品介入，基于热点主题策划选择适配的企业商品。选品人员的基本工作是了解所选商品的优势、劣势，以供策划人员针对商品策划内容。同时，选品人员需要掌握直播间匹配的方法，尽可能选择与直播间调性、用户调性匹配，能够满足直播间用户画像需求的商品。此外，选品人员很可能兼职商务对接工作，因此也必须具备一定的谈判沟通能力。

2）内容策划一般由多人团队组成，是直播间的"大脑"，决定直播效果的核心要素。直播策划不仅要将直播流程梳理清楚，还必须为直播的不同环节安排内容细节，甚至要策划主播口播稿。此外，直播策划还必须基于选品信息、直播所涉热点事件等元素，推演可能出现的用户反馈，提前为主播预备解决方案。

3）主播人设是直播间定位后策划的产物，因此除已具备用户流量的 KOL 或 IP 形象，主播这一角色可由任何一个符合人设定位的成员扮演。对主播的最基本要求是能够符合主播的人设标签，在此基础上，具有优秀的镜头感、"飞急智"能力强等都是作为主播这一角色的加分项。

4）场控负责直播过程中所有相关元素的协调，通俗的解释便是"打杂"。场控工作包括提点主播直播内容、提醒主播与弹幕互动、帮主播"端茶倒水"，以及封禁违规弹幕等。场控人员没有专业能力方面的要求，只需要了解直播间设置的所有基础事项，具备一定观察细节的能力即可。

5）客服的主要工作是用户购物前的答疑，以及用户购物后的问题反馈。客服人员必须细心、善于倾听、有耐心，能够理解用户的问题并给出有针对性的解答，因为客服人员对用户的态度，最能够展现直播间积极服务用户的价值观。客服人员必须掌握所有直播间在售商品的核心功能、优点、缺点，以及商品物流体系，如此才能覆盖用户提出的大多数问题。

六、直播间运营预期与商务模式规划

直播间运营必须遵循结果导向，无论策划、直播过程、用户交互过程有多么精彩，没有达成用户增量、销售增量便是失败。因此，直播间设置的最后一步，便是运营团队先期制定直播间运营各类数据的预期指标，一方面用来检测直播运营效果，另一方面则作为直播间投入、重点盈利方向的参考指标。本部分内容包含运营预期设置、商务模式规划。

1. 运营预期设置

运营预期是指直播间展现的数据结果，不同类型的直播间必须关注的数据指标不尽相同。分别设置不同类型的数据的预期结果过于复杂，因此本书将给出以关注用户数为核心参考数据的运营预期设置方法。

将关注用户数作为核心参考数据，是因为用户是所有直播间的消费者及内容传播者，真实的关注用户是实现直播间主体需求的核心。

运营预期设置的时间节点，通常定为一个月、三个月、半年、一年。运营团队可先行定义这些时间节点的关注用户数，后按一定比例定义其他预期数据。

（1）关注用户数　运营初期，关注用户数的预期目标与直播间阶段时间内的投入有直接关联，直播获客成本虽比 App 获客成本低许多，但直播间获取真实的、可激活的关注用户成本也应超过5元/人。因此,在直播间主体有运营预算的前提下,运营首月关注用户数可定为预算金额除以5。如果无运营预算或预算较低,500个关注用户是较合理的预期目标。

(2)直播间消费用户数 直播间消费用户包含在直播间购买商品或在直播间赠送虚拟礼物的用户。这类用户在直播间表现活跃,是直播间用户价值的基本体现。不同类型直播间的消费用户在关注用户中占比不同,超市型直播间与秀场直播间的消费用户占比应超过5%,企业型直播间的消费用户占比应超过10%,渠道型直播间的消费用户占比应超过15%。

(3)直播间观看用户数 直播间观看用户数是指单次直播观看直播的用户总数,会随着直播时长的增加而增长,但应至少达到关注用户的20%。

(4)单次直播消费人数 单次直播消费人数是指在销售类直播间单次直播购买商品的用户数,通常达到直播间观看用户的5%。

(5)直播收益 直播收益是指通过直播变现的税前盈利。在运营过程中,直播间收益预期应完成少赔钱→不赔钱→少赚钱→多赚钱的转变。直播收益预算的基本制定方法应为,下一运营周期内的直播场次,乘以当前直播间消费人数,乘以直播间用户画像的均客单价。

上述数据指标,已经能基本反馈直播间运营情况,供运营团队根据数据分析调整直播间运营工作(具体调整方法将在本书第十章"直播间复盘"中详细讲解)。其中,以首月关注用户目标预期为准绳,运营团队可计算出其他四项数据指标的预期值。运营三个月、半年、一年的关注用户指标在首月指标基础上不断翻倍即可。

运营团队必须注意,直播运营过程中存在意外,即直播间因某次直播内容而爆红"破圈",运营团队可基于运营现状提高目标预期。

2. 商务模式规划

商务模式规划分为两点:一是投入规划,二是收益比例规划。

(1)投入规划 运营团队为直播间投入的费用基本分为两种:一是直播间福利,二是直播间推广。直播间用户增长过程通常如图4-2所示,即从平台期到快速增长期,再到下一个平台期。其中,快速增长期让新媒体号实现快速拉新,平台期则是让新关注的用户沉淀,成为更加活跃的用户。

因此,直播间投入规划并不复杂——在快速增长期侧重直播间福利,用福利吸引陌生用户的同时,让新关注的用户快速沉淀;在平台期侧重直播间推广,通过推流、合作推广等方式在更多用户面前展示直播间。

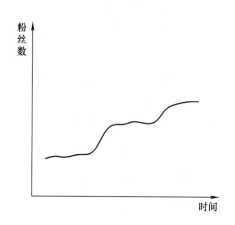

图4-2 直播间用户增长过程

(2)收益比例规划 直播间收益比例是指变现时收益的组成结构。对销售类直播间而言,收益比例通常是指不同商品销售额在总销售额中的占比;对秀场直播间而言,收益比例是指直播间每个消费金额层次的用户数占比。

无论哪种销售类直播,直播间运营半年内一定有一款或几款商品(不超过总商品款数的 10%），占收益总额的 50% 以上。对企业型直播来说，保持这种收益比例不利于企业其他商品销售；对渠道型直播与超市型直播而言，这将让直播间过于依赖某个或某几个渠道。销售类直播较为健康的收益比例是直播间主打商品销售额占比约为整体的 30%，其他商品共同支撑起 70% 的销售额。如此才能在保证直播间有收益支柱的同时，拓宽商品的可能性。直播间最长应在运营一年后达到上述收益比例。

对秀场直播而言，起初收益的 95% 以上都应是"榜一大哥"，即消费榜断层式领先的一名或几名用户。无论直播间运营多久，消费榜的断层都会存在，但运营团队不应让断层上部用户占比超过 80%。因"榜一大哥"的打赏多出于冲动消费，用户本身与主播的黏性并不高，一旦"榜一大哥"对其他的秀场直播间产生消费冲动，运营团队直播间收入将一落千丈，甚至达到无法支撑团队运营的境地。相反，普通打赏用户消费金额、频次或许不高，但对直播间黏性更强，可伴随直播间走出低谷。因此，秀场直播间运营超一年后，普通用户的打赏收入应超过 20%。

本章小结

直播间设置是以长期运营为目的，为直播间做出完善的先期准备。其中，直播间定位让运营团队更了解自身情况，直播间匹配设计让运营团队明确自己寻找的商品与用户，价值观奠定直播间与用户链接的基础，内容方向指引运营团队制定内容策划，直播间环境构建为直播间铺设硬件基础，商务模式规划为直播过程中出现的计划外合作提供解决方案，运营预期可检验运营团队的工作成果。完成上述工作，直播间已初具雏形，待完成主播人设的塑造后，即可投入实际运营。

第五章
直播间人设塑造

> 本章知识体系

第五章知识体系如图 5-1 所示。

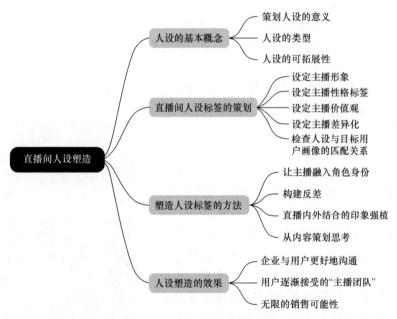

图 5-1 第五章知识体系

传统的新媒体矩阵策划方法包含了人格化运营形象的设计与塑造。与之对应,直播间人设塑造理应包含在直播间设置的分项中。本书将其作为独立一章的原因有三:第一,区别于传统图文、视频内容,直播间主播与用户距离更近,用户对主播的直观感受更强,因此主播人设在运营中起到的作用更重要;第二,直播作为实时交互的内容展现形式,为运营团队提供了更多可塑造人设的空间——不仅能通过内容策划塑造人设,还能通过主播个人的表现力塑造人设;第三,主播与用户的接触过程并不能完全依照内容策划,变数更多,因此人设的展现与语言表达含有更多细节。

综上,本章将从人设的基本概念、直播间人设标签的策划、塑造人设标签的方法、人设塑造的效果四个部分进行讲解。

第一节 人设的基本概念

人设即人物设定，最初应用于所有不需要真人表演的形象设计中，多应用于游戏、动漫。后来人设的概念开始泛化，广泛应用于娱乐圈，意为展现在观众面前的人物形象。直播间人设与娱乐圈人设类似，即直播运营团队自主设计的，符合直播间调性，能够吸引直播间目标用户画像的人物形象。

本节内容分为策划人设的意义、人设的类型，人设的可拓展性三个部分。

一、策划人设的意义

直播属于新媒体，新媒体的本质是一种满足用户需求的工具。随着新媒体及新零售的发展，用户已形成了在新媒体领域的信息获取、购物、社交三种核心需求。用户在信息获取及购物需求的表现上更直接，如阅读公众号文章、收看主流媒体的直播、在直播间内购物。相反，用户不会直接表现自己的社交需求，而会在行为中映射出一定的社交意识，这种社交意识便是直播间必须策划人设的根本原因，具体展现为以下三个方面。

1. 人设可为用户提供丰富的直播间社交话题

互联网及新媒体的发展让传统线下行业受到了抑制，2015 年起用户基本已同手机绑定，2020 年起用户工作、学习、购物、娱乐的方式快速向线上转移，线下社交的场景越来越少，而用户本质上是群居动物，线下社交的缺失，使线上社交需求急剧增加，并且相较于知根知底的熟人社交，用户更期待能够展现自己的陌生人社交。

满足用户线上社交需求的主要场景有四种：一是各类网络游戏，二是兴趣群组，三是各类新媒体内容的评论区，四是直播间弹幕，如图 5-2 所示。网络游戏社交的核心是游戏，兴趣群组社交的核心是兴趣爱好，评论区社交的核心是话题，弹幕社交的核心是主播。在一对多的直播环境下，社交意识会引导用户做出能够吸引主播、其他用户关注的行为，典型的便是围绕主播形象造"梗"。因此，直播间如果无鲜明的主播人设，弹幕区的互动话题便会不足，就很难创造出能够让直播间"破圈"的"梗"。

2. 相较直播间主体，用户更愿意和主播交朋友

直播间主体多为企业，而新媒体用户对企业的态度并不和善，如果主播角色仅是企业用来带货的"工具人"，用户对直播间的认知就无异于摆地摊卖货。同理，如果主播仅是才艺展示机器或游戏机器，就和线下卖艺没区别。

如果主播人设鲜明，直播间便可能聚集一批

图 5-2 "布衣××"直播间弹幕展示页面

愿意与主播交朋友的用户，他们或许不如对直播间商品、才艺、游戏技巧有需求的用户消费意愿强，但他们出于对主播人设的社交需求，更易养成观看直播内容的习惯，如此直播间便有长期激发这类用户的隐性需求，达成变现的机会。

3. 直播间销售是基于信任的销售模式

因网络直播环境下的商品质量良莠不齐，用户初次进入直播间便购物的可能性并不大，用户在直播间购物多是因为已形成了对直播间的信任。让用户信任直播间的方式有三种：一是商品质量好，二是主播具有社会公信力，三是主播与直播间用户的关系亲密。

其中，主播公信力仅有垂直领域专家、明星具备，对多数直播间而言，让用户信任直播间的第一步都是让主播与用户成为朋友。商品质量是根源性要素，无论主播形象如何，只要直播间商品质量出现一次问题，就会造成大量用户取消关注。

由此可见，直播间人设能够与调性匹配的用户成为朋友，从而让用户基于对朋友的信任提高在直播间购买陌生商品的可能性。而后，用户才会基于好的购物体验（商品质量好、客服态度好、发货快等均能提升用户体验）更加信任直播间。如此，销售类直播间便与用户达成了良性循环——用户信任直播间让直播间口碑提升，口碑提升后则有更多陌生用户选择信任直播间。

综上，无论哪种类型的直播间，都必须存在性格特点鲜明，能够与用户达成信任关系的人设形象。

二、人设的类型

新媒体账号的人设有两种：一是真人形象，二是动漫形象（虚拟形象）。动漫形象一般是由运营团队自主设计的二次元 IP。在直播领域，动态可交互的视频流形式让人设无法存在于二次元，取而代之的是更为立体的虚拟形象。以下将讲解这两种形象的概念及优缺点。

1. 真人形象

真人形象即由真人出演的人设形象，是截至 2023 年 1 月多数直播间的人设选择。但由于 2023 年以前渠道型直播、超市型直播占据销售类直播市场的主流，以真人性格标签定义直播间人设、直播间调性的情况十分广泛。对企业型直播来说，这种直播间人设塑造方法是错误的，企业必须从商品、企业形象、调性出发设计直播间人设，并选择最与之适配的员工担任。

真人形象的优点有三：一是能够接受的用户范围广，随着直播市场中用户年龄的下沉，越来越多的"70 后"甚至"60 后"收看直播、在直播间购物，这部分用户对真人形象的接受程度显然更高。二是可拓展性更强，即构建朋友圈、炒 CP 更容易，具体内容将在下文"人设的可拓展性"中讲解。三是门槛低，多数直播间主体都能在自主体系内找到符合要求的员工担任主播工作。

真人形象的缺点有二：一是存在翻车的隐患，人无完人，并且人设形象与主播本人之间必然存在或多或少的差距，一旦直播间做大或主播人设出圈，主播就可能因生活中存在与人设不符的行为而翻车。二是真人主播有离职风险，由于用户是先黏合主播后黏合直播间的，当真人主播因各种问题从直播间离职时，直播间会遭遇粉丝与销售额的双重滑铁卢。

2. 虚拟形象

虚拟形象区别于真人，是运营团队专为直播间设计的，更符合直播间调性，与目标用户匹配的建模形象。在我国，虚拟形象的鼻祖是虚拟歌手洛天依，如图 5-3 所示。

图 5-3　洛天依 3D 形象

【概念解析】虚拟形象与元宇宙是否存在关联

　　虚拟形象出现的时间比元宇宙早，洛天依的出道时间甚至早于微信上线时间（2013年），因此二者出现的原因并无直接关联，但元宇宙概念的提出让虚拟形象市场涌入了大量投资。

　　元宇宙是通过数字技术构建的可与现实世界交互的虚拟世界，因此将虚拟形象写入元宇宙，让用户进入元宇宙与虚拟形象产生交互，从而创造虚拟形象在现实世界中的价值，就成了虚拟形象研发团队为投资人讲的故事。但截至 2023 年 1 月，无论是数字世界的集成、虚拟形象的 AI 研发、用户的接受程度及下沉速度都是未知数，因此将虚拟形象与元宇宙建立联系，从较长一段时间来看是不实际的。

【运营提示】截至 2023 年 1 月，虚拟形象技术仍在发展

　　截至 2023 年 1 月，虚拟形象技术还在发展，市场上的虚拟形象也并非虚拟形象的最终形态。2022 年，字节跳动与乐华娱乐共同创造的虚拟女团 A-soul 翻车，原因是虚拟女团成员实际上是由中之人扮演，而中之人与企业产生了劳务上的纠纷，导致用户对虚拟女团 A-soul 完美形象的期待破灭。由此可见，截至 2023 年，虚拟形象并不能做到完全由 AI 驱动，只能由研发公司建模，通过中之人的动作、声音驱动。本书将重点讨论基于 AI 驱动的虚拟形象优缺点。

　　虚拟形象的优点有四个：一是不存在主播人设崩塌的情况，基于 AI 驱动，虚拟形象可能会有因情绪波动造成的过激行为，但不会到人设崩塌的地步。二是虚拟形象与直播间主体产生纠纷的情况几乎不存在，仅可能出现虚拟形象研发公司与使用公司的冲突。三是虚拟形象能够承担更大的直播强度，接触用户的时间较长。四是虚拟形象直播效果更有保障，因为虚拟主播能更好地执行策划内容。

　　虚拟形象的缺点有三个：一是造价过高，仅是靠中之人驱动的虚拟形象就需要投入动辄数百万元的成本，实现 AI 驱动的成本将更高。二是直播形式受限，截至 2023 年 1 月，虚拟主播所在的直播间主要是秀场直播，通过虚拟主播带货的形式较少，带货效果并不理

想。三是天然隔离了部分用户，对虚拟形象接受程度较高的用户是"90后"，其余用户可能会因不能接受虚拟主播概念而放弃接触直播间。

三、人设的可拓展性

主播人设虽是运营团队设计的，但在用户眼中主播应是真实的人。因此，主播应有朋友圈，以及偶然出现的行为偏好，这两个元素为主播的人设提供了丰富的拓展性。但运营团队必须注意，拓展人设的前提是主播的基础人设已相对稳定，即直播间的关注用户对主播人设已熟悉，存在一定的信任关系，达到此标准，运营团队才能尝试主播人设的拓展。

1. 主播的朋友圈

"我有一个朋友"是互联网的经典"段子"，也是新媒体领域常见的叙事手法，通常应用于叙述不符合创作者人设的故事。在直播领域中，主播的朋友圈经常应用于以下场景。

1）企业型直播商品较新，或内容策划注重商品研发相关内容。主播或许将企业所有商品的研发都看在眼里，能够描述诸多细节，但相较商品研发人员，主播往往会欠缺对新商品的期待，不能展现商品研发心路历程的情绪。因此，在此场景下，主播请来研发同事、好友向直播间用户输出内容，更容易引发用户的通感。

2）渠道型直播的专场内容。渠道型直播的主播多是垂直领域的专家，而许多垂直行业存在细分领域，比如同是武者，有人练习刀，有人练习棍。主播应至少做到在垂直领域的一专多能，运营团队在塑造完主播的"专精"后，即可让主播邀请自己的朋友，提高直播间所属垂直行业的其他细分领域的专业程度，最终可实现直播间在垂直行业的口碑提升。例如，直播间主打艺术培训，主播擅长丙烯画，在做水粉画、油画专场时，可邀请专业朋友一同直播。

3）超市型直播不符合人设的商品。超市型直播的商品多且杂，经常会出现一些高利润且优质，但不符合主播调性与直播间调性的商品。此时，主播须找到身边专业的朋友共同售卖，否则对商品的解读并不能让用户信服。例如，某直播间就曾卖过不粘锅，这与他"口红一哥"的人设完全不符。

> 【运营提示】为何超市型直播可售卖不符合主播调性的商品
> 超市型直播的用户流量普遍较大，用户在直播间购物多出于明星主播的公信力。因此，只要直播间的商品够优质，主播为其背书，便可实现销售。

4）秀场直播炒CP。当直播间人设稳定后，关注该直播间的用户基于对主播人设的喜爱与关心，会期待主播找到自己的幸福，这也是自2020年起荧幕CP、直播间CP激增的原因。但运营团队在为主播设置CP前，必须先明确直播间当前的核心用户画像，如所谓"女友粉""男友粉"居多，炒CP可能会造成大量用户脱粉。

2. 主播的行为偏好

行为偏好区别于行为习惯，是人在生活中因偶然事件形成的短期兴趣爱好，长期坚持的行为偏好可能成为一个人的行为习惯。例如，音乐家雅尼在中学时期是游泳健将，在大学接触音乐，形成了玩乐队的行为偏好，后来将音乐作为一生的事业。主播人设的行为偏好一般可基于两种情况进行设计。

（1）运营团队准备推出某系列商品　无论哪种类型的直播间，主播在直播间提及自己的行为偏好时必须得到用户认可，即用户能理解且有一定的兴趣。因此，运营团队在设计主播行为偏好后，要让主播在正常直播过程中提及与偏好相关的话题，观察用户的弹幕反馈，反馈良好才可在后续直播中继续扩展偏好话题，然后销售与偏好相关的商品。例如，飞盘运动从2021年开始风靡，当时多数用户都"听说过""感兴趣""未接触"，如果直播间以年轻女性用户为主，就可以设计飞盘这一运动偏好。但如果直播间都是铁血直男，尤其是存在大量热爱足球的用户，则不宜提及飞盘。

（2）多数用户均表现出某一兴趣偏好　不同用户可能存在相似的经历，因此直播间的弹幕中经常会出现用户之间"接梗"的交互。例如，在做饭的直播间，出现了"颠勺""猛犸"等弹幕的用户交互。

"颠勺""猛犸"是Dota2第十届国际邀请赛决赛的"梗"，由此运营团队可明确关注用户中存在大量Dota2游戏玩家，并且这部分用户有较高活跃度。此时主播团队可设计人设由不懂梗到了解梗，从了解梗到接触Dota2游戏，形成玩Dota2游戏的兴趣偏好，扩展出"游戏小白"的人设标签。

上述两种行为偏好的设计，即是多数用户所说的"主播人设跨界"。主播人设跨界是常见的直播间运营手段，拓展后的人设可吸引更多用户，通常主播人设跨界的方向有两种：一是跨向大流量聚集的领域，比如飞盘、王者荣耀手游等，许多用户在谈及该话题时能发声，直播间将更活跃；二是跨向小众，但能击中用户情怀的领域，如××的摇滚乐，只要主播谈及正在听××的摇滚乐，一定有一批摇滚乐粉丝认可主播。

主播人设跨界是塑造朋友型价值观的重要手段，主播不仅要具备用户不掌握的专业知识、才艺技能，也应有一些其他领域的爱好，并且在这些领域的专业知识不如直播间的部分用户，如此将使主播人设与用户更加亲近。

> 【运营提示】主播行为偏好不可过多，须谨慎选择
> 在通过行为偏好拓展主播人设标签时，运营团队须先明确短期内最需要吸引的用户画像，针对该用户画像设计行为偏好。一旦选择某种行为偏好并执行，就必须持续较长一段时间，切不可同时策划多种行为偏好，如此既会造成新人设标签对用户的吸引力不足，又可能造成不同偏好所属用户在直播间形成冲突。

第二节　直播间人设标签的策划

人设标签的策划虽然是运营团队根据运营需求进行创作的过程，但也有系统的策划方法。本书给出的人设标签策划方法包含设定主播形象、设定主播性格标签、设定主播价值观、设定主播差异化、检查人设与目标用户画像的匹配关系五个步骤。

一、设定主播形象

主播形象是用户进入直播间后第一时间获取的视觉信息，是直播间留住用户的有力手段。主播形象由主播外貌、主播声音、主播装扮三个部分构成。

1. 主播外貌

互联网超 50% 的用户都对帅哥、美女有更多的包容心，这就意味着主播如果是帅哥、美女，便已经与目标用户达成了一定的匹配关系。但截至 2023 年 1 月，在秀场直播占据主流的直播背景下，直播领域的主播颜值普遍偏高，这让用户对普遍认知下的美与丑的关注度有所下降，对主播形象中突出特点的关注度有所上升。较容易展现的形象特点包含面部特征、身体特征、动作特征。

（1）面部特征　面部特征属于主播的先天性条件，如大耳朵、国字脸、高鼻梁、大胡子、位置鲜明的痣，甚至青年严重脱发，都属于较为突出的特点。除此之外，观感较自然的特殊发型也可作为面部特征的突出特点，如某著名脱口秀演员的刘海。

（2）身体特征　身体特征是指主播的体态特点，一般而言，主播面向大众的是上半身，因此较纤细的肢体会更有记忆点。此外，体态是精神状态的外在表现，如无特殊的直播间调性及主播人设标签，主播应尽可能抬头挺胸，以展现积极的直播状态。

（3）动作特征　动作特征是指主播在不经意间展现出的习惯性动作，或根据直播策划，在直播过程中的特定环节表现的肢体动作。动作特征是运营团队策划的结果，如"压手掌""指知识点""挠头"等动作已较为普遍，不足以成为主播的动作特征。视频号"布衣××"主播手拿木槌倒数敲磬就是容易强植的动作特征，如图 5-4 所示。

综上，主播的外貌是直播间向用户做印象强植的关键因素，而设计主播外貌的核心在于有记忆点。

2. 主播声音

自二次元市场崛起后，以年轻用户为代表的用户对声音的喜好程度甚至超过了外貌，这使配音行业快速发展，同时也引导更多互联网用户产生了对优质声音的追求。不同用户喜欢的音色不同，截至 2023 年 1 月，市场偏主流的声音取向是沉稳风格，即男中低音和互联网用户惯称的"御姐音"。除音色外，运营团队还必须为主播设置语速、音调、语种，以适配主播人设的外貌、性格等标签。

这里要重点强调语种这一元素，它指的是全国各地的方言，而不是不同国家的语言。直播初期，东北口音因其洗脑的特性成为宠儿，但后来因为东北口音在全国范围内普及程度过高，且以快手为代表的直播平台中东北口音的主播过多，所以东北口音已不具有优势。"川普""天津话"等更具特色的口音变得更能吸引用户。

图 5-4　主播倒数敲磬来结束拍卖的经典动作

由于科技进步，声音条件已不属于主播的先天性优势了，因为市场上存在的各类变声器几乎能满足主播对声音的所有要求。如果主播本身声音条件不佳，运营团队只需要选择与主播更加适配的、用户喜爱程度高的变声器，让主播在直播过程中逐渐适应即可。

> 【运营提示】尖锐的声音不适合做直播
> 在视频领域，许多账号选择用尖锐的声音营造视频的热烈氛围。但对直播间的主播而言，声音不能过于尖锐，因为声音尖锐意味着音调较高，无论用户的声音取向如何，长时间接受高音调一定会造成不适，继而导致用户平均观看时长降低。

3. 主播装扮

主播装扮在人设塑造过程中处于承上启下的地位。承上是指协同主播的外貌与声音，如果将主播的外貌与声音比作红花，主播装扮则是绿叶，是以辅助的形式塑造主播形象；启下是指对主播性格标签有一定的展现作用，因装扮包含穿衣、打扮、手头玩物三个元素，含有大量主播性格信息。

主播装扮的基本要求是干净整洁，在此基础上，运营团队可根据直播间的需求设计主播的穿衣、打扮、手头玩物。

主播衣着一般有两种设计方式：一种是万年不变的色调风格，用于强植主播形象；另一种是每次直播均穿着不同服装。两种设计方式的原理相同，都能激发用户对主播下次直播着装的好奇心，但对比而言，同一色调的印象强植效果更好。

在互联网高科技——美颜摄像头的加持下，化妆的重要性已明显降低，但对于秀场主播、美女人设主播、美妆商品主播而言，化妆仍是必不可少的一部分，除与美妆领域相关的直播间外，建议主播淡妆出镜。

手头玩物的基础功能是印象强植。水杯、钥匙、手办等主播人设习惯拿在手中的物件，都可以作为直播过程中的手头玩物。作为主播形象的一部分，有记忆点、已对用户构成印象强植的手头玩物具备强大的话题塑造能力，可活跃直播间氛围，拉进主播与用户的距离，甚至可作为未来直播间送出的用户福利。

主播外貌、主播声音与主播装扮的结合，构成了主播的基本气质。基于主播气质，用户在不了解主播的情况下会产生对主播的合理想象。主播人设塑造的核心，即是基于用户对主播的合理想象，想方设法造成主播人设与用户想象之间的冲突。因此，主播外貌与声音形成的主播气质，是人设塑造的"地基"，必须稳固。

二、设定主播性格标签

对新媒体用户而言，高颜值、高业务水平的主播已是司空见惯，他们更希望找到"有趣的灵魂"以满足自身的社交需求。因此，性格是多数用户黏合直播间人设的初步动机。运营团队必须注意，通过主播性格黏合用户，并不意味着将目标用户画像性格标签与主播性格标签画等号，而是要达成主播性格标签对用户的吸引。本部分内容将对常见的主播性格做简要概述，并对应介绍其吸引的典型用户画像。

1. 张扬

张扬本应是做主播的基本性格标签，即在外向的标准上更加奔放，张扬到极致就是我们常说的无所顾忌。由于多数用户看直播的目的是获得快乐，直播初期性格张扬的主播更易渲染气氛，让用户融入直播间的快乐氛围。随着直播的发展，直播间、主播数量的增加，张扬已成为行业内多数主播的"标准版本"性格，很难成为性格中的加分项。

张扬的性格与超市型直播、秀场直播、游戏直播匹配度较高。在超市型直播中，通过语音、语调展现出的张扬性格容易快速构建用户的信任。在秀场直播、游戏直播中，张扬则更易展现出"小丑"的直播效果，是多数用户喜闻乐见的。

综上，几乎没有用户会拒绝性格张扬的主播，他们通常更能吸引看直播取乐的用户。

2. 闷骚

闷骚是指外表冷静沉默，内心狂热。该性格的突出优势在于自带反差，容易引发用户对主播行为的期待。闷骚的性格能够为直播内容策划提供更广阔的空间，因其能容纳无限深的"脑洞"、各种品类的商品，最终提升各类直播间的直播效果。

由于闷骚性格的本质是反差，是一种先抑后扬的展现形式，该性格标签触达用户的速度较慢，这就对主播人设的外貌形象提出了一定要求，即主播外貌特点鲜明，使用该性格标签的效果将更好。此外，闷骚是早期流行于互联网的词汇，"网生代"人群更容易接受该性格标签。

3. 细心

细心属于主播的优秀品质，该性格标签最适用于销售类直播间。细心这一标签可供运营团队围绕商品细节展开内容策划，同时可策划算账类内容，将折扣力度、制作成本等数据化信息直观展现给用户。细心的主播更易在用户准备消费时将用户与主播归于一个阵营，共同对抗商品厂家，继而构筑用户信任。

由于细心的主播往往展现出超人的观察力，以及强大的逻辑能力，故容易引导消费意愿较强，但无目标商品的用户，尤以将消费作为取乐手段的用户为主。

4. 低调

每个直播间、主播都需要触达更多用户，因此低调的性格对主播而言没有帮助。但在全网哄抢流量的网络直播环境下，"小富即安"也是一种主播的处世态度——不推广、不营销，珍惜直播间的用户。如此，直播间现有用户的黏合度会更高，同时易保持和谐的交流环境。此外，低调的主播往往能够吸引高调的用户，故直播间黏合用户更愿意协助主播推广直播间。

5. 可爱

可爱是最复杂的主播性格，因为用户对可爱的理解分为许多层次，凡主播展现出与外貌形象不符的行为举止均可能被用户冠以可爱的标签。这里仅讨论因行为呆萌而致使用户感受的可爱性格，与天真类似。

可爱性格多应用于长相干净或年龄较小的主播，用于吸引"妈妈粉"或"爸爸粉"，是诸多性格中较难塑造的。因直播环境下多数主播自身并不存在可爱这一标签，必须通过执行内容策划主动扮演，一旦火候掌握不好将被用户冠以做作的标签，人设瞬间崩塌。

6. 宅

宅本身是一种行为偏好，但由于宅已经成为多数互联网用户的行为习惯，故演变成一种用户认可的性格标签。通常，主播性格标签与吸引的用户画像标签存在一定的反差，但宅属于例外，相较一般用户，宅男宅女之间吸引力更强。

宅这一性格标签对各类直播间均有益处。对游戏直播、秀场直播的主播而言，宅是主播与部分用户达成的通识，这一性格在宅的用户心中可加分，在不宅的用户心中不扣分；对销售类直播而言，宅性格可加强部分领域的用户信任度，如二次元用户。同时，宅性格的主播推荐的日常生活商品将更容易触发用户通感。

7. 稳重

相比张扬的主播，稳重的主播更能散发出成熟的气息。从用户角度而言，也更愿意相信稳重性格的主播，因此稳重性格非常适用于销售类直播间的主播人设。此外，稳重性格男女老少皆宜，对各类用户画像都有着较好的吸引效果。

8. 吃货

吃货也是从行为偏好转为性格标签的典型案例，是指爱以美食享受生活的性格特点。由于"干饭"成了不同年龄段用户排解压力的主要手段，吃货这一性格标签也完成了全年龄段用户的普及。该性格标签可完美应用于各销售类直播间，因其不仅有较为宽泛的带货空间，还对两类用户有强吸引力：一是"肥宅"，二是精致少女。这两类用户都有较强的消费能力，涵盖二次元、化妆品、美食等多种商品品类。

上述八种性格是主播常见的性格标签，但人物性格远不止这八种，诸如急躁、杠、刻板，均可用作主播性格标签，但鉴于其他性格标签面向的用户群体范围小、负面效应明显等特点，本部分不再讲解，运营团队可根据自身的特殊运营需求做面向用户画像标签的主播性格标签拆分。

三、设定主播价值观

主播价值观是主播人设的核心，因主播颜值、性格被吸引的用户最终会因价值观而黏合主播人设、直播间。主播价值观并非直接根据人设的外貌、性格想象，而是必须从直播间价值观出发，结合主播与直播间、直播间主体的关系，定义主播的专属价值观。本部分内容分为主播人设价值观与直播间价值观的关系、主播人设价值观底线、主播人设常见价值观三点。

1. 主播人设价值观与直播间价值观的关系

主播人设应在直播间定位后塑造，故主播价值观应在明确直播间价值观后，以直播间价值观为核心，延展出个人价值观。鉴于主播与直播间主体企业多是从属关系，主播作为企业员工首先应具备直播间价值观，然后基于个人性格表现出脱离集体的个人价值观。

> 【运营提示】主播人设价值观与直播间价值观的作用区分
>
> 直播间价值观来自企业，企业的价值观应是提高用户的消费体验。因此直播间价值观的作用是让用户在接触企业这一角色后，愿意相信企业、达成消费。主播人设价值观来自直播间价值观，是在认同企业价值观的基础上拓展，用以吸引用户、黏合用户。因此主播人设价值观的作用是将主播作为跳板，让用户顺利接触到直播间价值观。
>
> 此外，由个人主播注册企业成为直播间主体的（如"布衣××"直播间），或主播个人在直播间影响力远超企业主体的（如李××直播间），可将个人价值观作为直播间价值观。

2. 主播人设价值观底线

主播价值观的底线必须坚守三个方面的原则：一是做好自己，二是不能打破直播间价值观，三是不能违背直播平台价值观。如此，主播人设的三条价值观底线就比较清晰了。

1）不以其他人作为话题展开讨论，凸显自我价值观。谈论是非是许多主播扩充直播话题、吸引粉丝的手段，但这类话题在多数情况下仅能吸引没有判断力、看热闹的用户。这类用户对直播间的运营帮助不大，但这类话题却可能给直播平台中的其他主播、其他陌生用户以较差的观感。例如，快手某知名主播攻击某音主播商品价格太贵，过程中虽有不同用户分别站队，但最终舆论还是将快手主播定义为"蹭热度""恶意竞争"。

2）不能颠覆直播间价值观。直播间价值观是稳定的，也多是积极正向的，但主播人设一定不是完美的，基于主播个人的认知范围、情绪波动，对待不同事件、不同行业时会产生价值观的波动。无论直播间内容策划使然，还是主播情绪使然，在直播过程中主播都不能"砸自己的招牌"，即颠覆直播间价值观。

3）不能违背社会主义核心价值观。对此主播应至少做到两点：一是莫论国是，即不讨论敏感话题；二是不造谣、不信谣、不传谣。做到上述两点，基本可以保证直播间不被平台封禁。

除上述三个方面外，对销售类直播间而言，主播与直播间应共同守住的价值观底线是不售假。

3. 主播人设常见价值观

价值观是一种思想主张，也可以是一种行为意图。对主播人设而言，常见价值观是表现对用户、世界的善意。本部分内容将介绍四种普遍价值观，以及一例较特殊的价值观案例。

（1）为用户带来快乐　为用户带来快乐是秀场直播的最重要价值观。伴随着销售类直播地位的提升，不少销售类主播也将快乐消费作为自身价值观。该价值观易展现，用户认可度高，也是首选的直播间价值观。

（2）引导用户的健康消费理念　在直播环境下，用户的消费冲动总能被放大。作为销售类直播间的主播，引导用户购物是自己的天职，但在与用户交朋友的前提下，引导用户的健康消费理念这种有些"唱反调"的价值观就能派上用场了。例如，"布衣××"直播间，当两位或多位用户在竞拍某件商品，出现高频次反复加价的情况时，主播就会拿出请书法家手写的"冷静"书法作品，提示正在竞拍的用户不要冲动，守好自己健康消费的底线。

首先，在全网疯狂引导用户消费的背景下，劝用户理性消费本身就是一股清流，无疑更容易拉近主播与用户的距离。其次，引导用户的健康消费理念仅是一种建议，在商品介绍详尽的前提下，用户并不会因这类建议而压制自己的购物需求，反会相信该直播间商品品质优秀、不愁卖。

（3）自我提升　自我提升是一种个人价值观取向，本身与他人无关，但在直播环境下，主播的自我提升能够直接影响用户收看直播的体验，自我提升的价值观便与用户实现了连接。主播的自我提升可以表现在多方面，用户更关注的是业务水平与弹幕互动，前者展现的是主播在垂直领域的深度挖潜，后者展现的是主播基于用户提出的内容，扩充自我认知面。

（4）扩大行业影响力　扩大行业影响力是垂直领域主播常见的价值观，许多小众垂直领域的用户基数不大，直播运营的上限不高，因此作为某垂直领域从业者兼主播，无论本着对该垂直领域热爱、负责的心态，还是更好的直播运营效果，都应以扩大行业影响力为己任。该价值观不仅能让垂直领域用户感受到主播的热忱，同时也能带动用户主动为该垂直领域及该直播间发声。

（5）特殊的价值观案例　相较上述常见的价值观，较为尖锐、容易引发用户讨论的价值观，更易吸引价值观相近的用户，同时也会隔离一部分价值观相差较远的用户，例如，"年轻人应拼命工作"这一价值观。"躺"与"卷"的心态没有对错，纯属个人选择。积极、热爱生活的年轻人选择"卷"，较"丧"、入职即等退休的年轻人选择"躺"。在接收到主播价值观后，前者会产生与主播志同道合的感受继而更加黏合主播；后者也不一定会直接离开直播间，因为从期待躺平的用户角度讲，他们也期待看到如此价值观的主播躺平的一天。

综上，在不违背价值观底线与直播间价值观的前提下，主播的个性化价值观对直播间吸引用户的整体效果是正向的。

四、设定主播差异化

主播差异化与直播间差异化类似，是运营团队通过调研直播行业其他直播间主播人设后，为主播定制的差异化特点，可展现在主播外貌、主播性格、主播价值观上。主播差异化与直播间差异化的不同点在于，主播差异化的调研样本范围更大，不应仅限于某垂直领域。例如，国产服装品牌直播间的运营团队不仅要调研服装企业型直播间人设，更应兼顾所有销售类直播间具有差异化的人设。

在调研其他直播间主播，设定主播差异化时，运营团队必须注意以下三点。

1. 以形象、性格作为优先考虑项

以形象、性格作为优先考虑项的原因在于，与约束性较强的价值观相比，主播的形象、性格可塑性更强。本部分内容将对上述两种类型的差异化分别举例。

（1）形象差异化　每个主播的外貌都独一无二，因此主播形象天然具备差异化，但不同用户对外貌的取向不同，并且很难根据用户画像标签拆分，因此运营团队应重点在动作特征及装扮入手打造差异化，以实现用户接受外貌前提下的印象强植。

主播动作特征差异化的典型案例，可参考"布衣××"直播间拍卖达成后主播敲磬的动作，或游戏主播曾××的喝水动作；主播装扮差异化的典型案例，可参考视频账号"新来de×××"手中的水杯，或秀场主播天天为遮盖光头而戴的帽子。

（2）性格差异化　性格标签较少，而新媒体领域的主播成千上万，因此性格标签的差异化并非靠创造，而是需要靠对比完成。性格差异化的对比塑造分为两个方面：一是对比同类型的其他主播，二是对比主播形象。

对比同类主播的性格特点，在于明确该类型多数主播存在的性格标签，后选择与之不同，但同样具备竞争力的性格标签。例如，销售类直播间的主播性格大多较张扬，运营团队完全可将自主直播间人设性格定义为低调、细心，在具备差异化的同时，竞争力也不会下降。

2. 差异化可借鉴腰部主播

就主播差异化这一元素而言，运营团队最忌讳的是借鉴头部主播的差异化优势，因为头部主播影响力较大，即便跨领域用户也可能了解部分头部主播的差异化特点。此时，如果运营团队借鉴了该主播的差异化特点，则一定会被用户定义为"抄"，继而让用户丧失兴致。这也提醒运营团队，在制定主播人设差异化时，一定要多调研头部账号，避免撞车。

与头部主播相比，腰部主播用户基数小，不存在短期"破圈"的可能性，如果有具备特色的差异化特点，运营团队可以大胆借鉴。

五、检查人设与目标用户画像的匹配关系

主播人设价值观源于直播间价值观，必然能与用户达成匹配，但主播人设的差异化特点，是基于市场调研结果由运营团队二次创造的，不一定与用户完美契合。此时，运营团队必须列举主播人设差异化，并面向直播间设置阶段的用户画像群体对比匹配关系。

例如，销售书籍的主播大多稳重细心，运营团队想尝试一种性格张扬、积极亢奋的主播性格。此时，就须对比直播间目标用户画像，如果用户画像具备强烈的读书兴趣偏好，即读书为了陶冶情操，则该主播差异化不宜实施；如果用户画像读书的目的性较强，即为了完成工作或恶补专业领域知识，则可以尝试该主播差异化。

至此，主播人设策划标签部分已结束，下面将讲解具体塑造方法。

第三节　塑造人设标签的方法

本节包含长期直播过程中塑造人设标签的方法理念，以及单次直播过程中可应用于塑造人设标签的技巧。

一、让主播融入角色身份

运营团队首先应明确一个概念，即塑造人设标签是一个过程，必须让主播在长期直播中将人设慢慢渗透给用户，在这一过程中主播不能有面向用户时违背人设标签的行为展现。因此，要想将人设更好地传递给用户，主播本人就要先行融入角色身份。融入角色身份不仅是单纯理解人设形象标签，还应达到浸入的效果，具体执行层面应注意以下三点。

1. 观察类似性格标签的人设

浸入人设的本质是学习，学习的基本方法是多听多看。每个在直播间讨喜的人设标签，都在现实生活中有所映射。因此，如果主播本身不具备强烈的直播间人设标签，最好的精进方式就是找到身边的类似人设观察学习，其中主播应重点了解该人设面对社交关系的态度与处理方法，因为其最能展现一个人的性格标签。

2. 在人设扮演时隔离生活

在直播发展初期，秀场直播与游戏直播占据主流，许多个人主播或MCN机构培养的网红主播不做人设标签设计，仅展示自我，同时规避一些容易让用户反感的个人标签。在这种情况下，主播会在直播中带入自己的日常生活，尤其是分享生活中容易引发用户兴趣，或让用户共情的事件。但在主播个人与人设标签不同的情况下，主播在面向用户时带入生活内容，则有可能引发人设塑造上的乌龙。因此，在未经运营团队策划的前提下，主播不应在任何与直播相关的环境下提及个人生活，要做到"戴着面具洗脸"。

3. 学习人设形象的缺点

人无完人，无论主播本人，还是主播人设都应存在缺点。学习人设形象该有的缺点，不仅能够更好地塑造人设，还是一种保护人设形象的方法。高处不胜寒，越是完美的人设就越有人挖掘其"黑历史"。在直播间发展壮大的过程中，主播的完美人设很可能为主播带来用

户、竞品直播间对主播本人的生活关注，继而引发一系列主播本人与人设混淆的相关讨论。

相反，如果主播人设存在鲜明缺点，在不违背价值观、主播性格标签的前提下，缺点可以被目标用户画像接受。同时，也给了其他用户、竞品直播间根据主播人设缺点造"梗"、攻击的空间，所有用户对主播的探索便可止步于人设。

二、构建反差

构建反差是塑造主播人设的核心方法，应用于人设性格标签面向用户的初次亮相。通过反差塑造人设的原理，在于颠覆用户潜意识的认知，给予用户冲击力继而达到印象强植。如果构建反差达成的效果良好，将为后续其他人设塑造方法提供便利，巩固人设塑造成果。构建反差的基础是用户对主播人设的了解程度不深，因而反差主要构建于主播形象与主播行为之间。

1. 形象之间的反差

人设形象包含多种元素，不同元素之间均可存在反差关系。例如，外貌与声音，一个长相"鲜嫩"的男孩发出了中年男人的成熟声音；外貌与装扮，一个中年大叔直播时习惯在怀里抱一个玩具熊。形象之间的反差构建不为突出其中的任何一项，而是为了让反差结合，从而让用户在提及其中任何一项时想到主播人设。

2. 形象与行为之间的反差

形象与行为之间的反差包含两种。一是形象与行为之间的反差，以淑女气质的主播为例，主播开直播遇到意想不到的状况时突然"爆粗口"，便与自主形象形成反差，继而凸显了主播直爽的性格；二是形象与才艺之间的反差，以某胡子拉碴的光头大叔为例，主播是某学院的老师，直播过程中随手就画出好看的素描，便与自主形象形成反差，继而凸显不修边幅的状态及洒脱的性格。

形象与行为之间的反差不仅能够达成上述的反差结合效果，还能基于反差凸显人设性格标签，进一步塑造主播人设。

3. 行为之间的反差

行为之间的反差构建是基于用户对主播人设性格的了解。当主播行为与用户默认的主播行为不符时，行为之间的反差成立。行为之间的反差看似不合理，会打破用户对主播人设的认知，但实则是为了塑造人设的价值观。

例如，酷爱八卦的主播在面对某热点话题时展现出漠不关心的态度，甚至阻止直播间用户讨论该热点事件，这便是行为之间的反差。主播不关注该热点的原因很可能是由于其涉及敏感信息，为守住直播的价值观底线，只能一反八卦的性格标签。

运营团队无须担心某些价值观的展现太过沉重而影响直播效果，因为在用户了解主播人设性格标签的前提下，沉重的反差构建更能让用户黏合于主播人设。

三、直播内外结合的印象强植

本书提到的直播间运营规律中包含"急速印象强植"，是指在陌生用户接触直播间的有限时间内快速让用户记住主播及直播间。在人设塑造这一长时间过程中，主播必须通过直播内外的结合，巩固要传递给用户的人设标签。具体行为包括设定人物习惯、人设的新媒体号运营。

1. 设定人物习惯

印象强植的方式分为两种：一是给予用户极具冲击力的信息，即急速印象强植；二是反复执行同一种行为，这便是人物习惯。在直播过程中，人设可面向用户展现的习惯有如下三个方面。

（1）"标准版本"动作　"标准版本"动作即人设在面向用户过程中下意识展现出的行为，通常需要运营团队设计好后由主播反复练习，形成条件反射。由于印象强植的目的是让用户记住主播人设，故主播"标准版本"动作必须具备差异化，诸如撩头发、比心、托下巴等动作不适合作为"标准版本"动作。

（2）语言风格　语言风格不仅包含主播的音色、音调等声音基础信息，也包含主播人设的内容表达方式与口头禅。有趣、"洗脑"的语言风格不仅能够让用户记住主播人设的声音，甚至能让用户在看到类似文字的时候就仿佛听到主播的声音，强植效果极佳。

语言风格与主播人设性格相辅相成，性格首先约束语言风格的空间，而后语言风格的展现能强化主播性格。本书建议运营团队重点从特殊名词称呼、语气词两个方面设定语言风格。

特殊名词称呼即对待常见的物品、称谓，用不同的名词指代。例如"我"这个第一人称的代词有许多其他叫法，"俺""吾""鄙人""哥们儿""在下"。语气词即语气助词，通常情况下是用以传递语言中重点表达的情绪。互联网普及后，越来越多的网友创造出各类语气助词，如"妈耶""龟龟"，此外还可以在句尾加上"哦""嘞"等语气助词以构建语言风格。

当主播已形成特殊的语言风格后，不仅能够向用户强植人设形象，而且可能引发用户自主学习并在其他网络环境中使用，最终实现主播人设的破圈。

（3）固定环节　无论哪种类型的直播，运营团队都可以在直播中设置固定环节，以达成强植效果。销售类直播的固定环节通常是抽奖等福利活动，可以在印象强植的同时增强用户对直播内容的期待；秀场直播、游戏直播的固定环节可以在最常见的内容方向上做文章，例如抖音主播××会在连麦PK阶段给自己加上橘子头的特效。

2. 人设的新媒体号运营

人设的新媒体号运营，即在直播环境外，主要面向关注主播人设的用户所做的运营事项，主要是指主播人设的个人账号运营和群组运营。

为人设申请开通微信账号、微博账号，作为主播人设更私密的展现自我的空间，早已不是什么新鲜事了。微信、微博中发布的内容需要基于主播人设的价值观、性格标签做进一步放大，如此可让用户从直播间到主播朋友圈、粉丝群组的过程中感受到距离主播更近，对主播性格、价值观的印象也就进一步强化了。

四、从内容策划思考

塑造人设标签的主要环境是直播间，直播间的核心是每次直播过程中的内容，因此塑造人设标签最重要的是学会从内容策划的角度出发，通过多维度的直播内容塑造人设，主要包含热点、生活经历、行为偏好三个部分。

1. 热点

热点是直播内容中不可或缺的一部分，秀场直播、游戏直播、销售类直播都需要热点内容。一方面，热点可在直播的内容结构中起到关键性作用（该知识点将在本书第九章"单期直播策划"中详细讲解），另一方面，对热点事件的分析、表达可为主播塑造鲜明的人设。

通过热点塑造人设必须从两个方面入手：一是对热点事件的基本分析，二是对热点分析的表达。

（1）热点事件分析　热点事件分析主要展现人设的价值观，其中最基础的价值观应是实事求是的态度。面对突发热点事件，有的网络用户往往以偏概全，坚持己见。此时，主播人设不应顺应用户节奏煽风点火，而应秉持客观态度寻求事实真相，以守住正确的价值观底线。

此外，不同热点事件可反映的价值观不同，如消费类热点反映消费观、教育类热点反映教育观。这些不同领域思想主张的表达可以展现主播人设零散的价值观，当用户长期接触主播，与主播讨论的热点事件数量、种类变得丰富，用户便能了解主播人设的整体价值观了。

（2）热点分析表达　分析是想，表达是说，想的结果只有一个，但说的方式有千万种。因此，对热点事件分析的表达为主播塑造人设提供了开阔的空间。热点分析表达主要展现主播人设的性格。性格耿直的人语言直爽，在用户看来不顾后果；性格保守的人说话总要留余地，性格开朗的人在表达善意观点的同时还会引导用户。

通过上述方法塑造人设性格的时间短、效果好，因为热点本就是用户生活中的谈资，类似的与不同性格的朋友讨论热点的生活场景较多，因而用户可快速带入主播性格。

2. 生活经历

前述内容已明确，主播不宜将自己的生活带入直播。本部分提到的生活经历是指内容策划团队拟定的生活经历，或主播本人在生活中经历的与人设相符的事件。生活经历分享是热点事件分析的"进化版"，因为热点事件分析主打用户"吃瓜"的心理。如果用户没有这种心态，则活跃用户、塑造人设的效果一般。但生活经历主打用户通感，即通过生活场景的传递让用户感觉身临其境，再通过主播人设在该场景的反应塑造人设。

生活经历的策划必须重点考虑用户画像，因为用户如果没有类似经历或不能想象主播描述的场景，直播则会陷入尴尬的境地。如果用户能够理解主播描述的场景，一般会产生如下三种反应。

一是爆笑，即主播讲述的生活经历如"段子"一般引发用户爆笑，如此能够塑造主播搞笑的人设；二是认同，即用户在生活中也经历过类似的事，做出了类似的反应，如此能够拉近用户与主播人设的距离；三是震惊，即用户惊诧于主播在该场景下的反应，如此更能鲜明塑造主播的某方面性格特点。

无论用户产生了上述哪种反应，都是主播人设塑造的成功，因为该生活经历已在用户脑海中留下深刻印象，每提及该生活经历或遇到该生活场景，用户都能想到主播，也就达成了人设的印象强植效果。

3. 行为偏好

主播行为偏好是指主播人设因兴趣偏好产生的短期行为，运营团队可以自主为主播设计行为偏好，或根据用户的弹幕交互尝试某行为。行为偏好主要塑造主播人设的性格标签，例如飞盘的偏好可以展现出主播热爱社交、性格开朗，看偶像剧的偏好可以展现出主播情绪化明显，下围棋的偏好可以展现出主播性格沉稳。

此外，行为偏好对主播人设的价值观塑造也有一定的作用。以读书这一行为偏好为例，阅读的书籍类型能够在一定程度上展现主播的价值观。

第四节 人设塑造的效果

人设塑造的效果是指人设塑造对直播间整体运营达成的帮助，在本章第一节的"策划人设的意义"中已提及，本节将系统介绍人设对直播运营的帮助，用来作为运营团队检验人设塑造结果的标准。

一、企业与用户更好地沟通

成功的人设是企业与用户之间的桥梁，一方面，用户无须通过客服这一环节联系企业，通过弹幕互动的方式提出问题、建议将更便捷，前提是用户与人设已达成朋友或引领关系；另一方面，企业对用户"难言之隐"的表达将更加顺利，出于用户对企业的防范心理，企业很难主动表达对关注、销售、转发等需要用户协助的行为期待，但这种行为期待可以顺理成章地出现在与用户成为朋友或引领用户的人设口中。

二、用户逐渐接受的"主播团队"

主播人设具备拓展性。为增加直播内容的广度，主播经常需要与自己朋友圈中不同领域的好友一同直播，以保证内容的专业程度。但用户接受主播人设本就是一个过程，直播初期频繁加入新角色会分散用户对主播的关注度，影响主播的人设塑造及直播效果。因此，拓展主播人设的前提便是用户对主播人设已有了深刻认知，能够接受主播的兴趣爱好及朋友圈的拓展，继而逐步接受直播间的"主播团队"。

三、无限的销售可能性

直播间销售是基于信任的销售模式，人设的成功塑造，将为直播间带来首批黏合度高且活跃的用户。这部分用户一方面可以基于黏合度购买主播推荐的商品，另一方面还可以通过弹幕的活跃引导陌生用户滞留直播间，增加陌生用户关注、消费的可能性。在以人设为核心的用户关注、用户活跃、用户黏合的循环中，直播间用户必然呈增长趋势。

此时，直播间关注用户数及关注用户对主播人设的黏合度将合力构建主播人设在整个直播平台，甚至全网的用户信任，直播间也就具备了全权选择商品的权力。在保证商品品质的前提下，直播间将获得无限的销售可能性。

本章小结

学习本章内容，直播运营团队应先了解主播人设对直播间运营的重要意义，而后学习主播人设标签的策划方法及塑造方法。在人设标签策划过程中，必须重点突出主播形象、性格标签、价值观的差异化塑造。在塑造人设标签的过程中，要让主播努力融入人设身份、构建反差。直播间设置与直播间人设塑造已为直播间开展运营做好了充足准备，后文将对具体直播运营事项做详细讲解。

第六章
直播间活动及福利设置

> **本章知识体系**

第六章知识体系如图 6-1 所示。

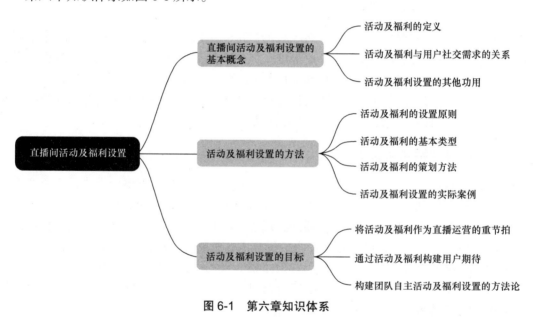

图 6-1 第六章知识体系

直播行业的发展与火热现状，很大程度上源自用户的社交需求，因此直播间运营的首要工作是满足直播间用户的社交需求。其中，直播间活动及福利设置、直播间用户交互及客服管理是满足用户需求的主要运营方法。通过学习这两种运营方法，运营团队首先可以明确满足用户社交需求的重要性及基本方法，然后便可以将这两种运营手段融入每期的直播内容策划中，达成吸引用户、活跃用户、黏合用户的效果。本章内容包含直播间活动及福利设置的基本概念、活动及福利设置的方法、活动及福利设置的目标三个部分。

第一节 直播间活动及福利设置的基本概念

本节分为活动及福利的定义、活动及福利与用户社交需求的关系、活动及福利设置的其他功用三个部分。

一、活动及福利的定义

直播行业早期，活动与福利的目的均是为直播内容增色，因此它可有可无，后来由于直播间之间的"内卷"，用户对直播间活动的要求是尽可能有参与感、有趣，必须有福利，还要尽可能丰厚、新颖。在用户需求的推动下，直播间活动、直播间福利变成了直播内容的刚需，并且部分直播间的运营团队已无法合理掌控直播间活动组织，以及福利发放规模和节奏，运营团队必须先明确活动及福利的定义，再合理使用。

1. 直播间活动的定义

直播间活动即运营团队自主策划，以直播间为主要传播载体、用户为核心参与者的交互型活动，用以吸引陌生用户、活跃直播间用户。大到邀请用户参与线下活动，小到直播间用户连麦互动，均可算作直播间活动。直播间活动吸引的主要是直播间关注用户，故直播间如果无用户基础，单纯举办用户交互活动并不能达成良好的用户参与效果。

> 【运营提示】运营团队自主参与或组织的团队内部活动不属于直播间活动
>
> 在以秀场直播为代表的部分直播中，主播会参与线下活动。这部分活动并不属于直播间活动，因为直播间活动的必要条件是有一定量的直播间用户参与。

2. 直播间福利的定义

直播间福利即运营团队自主发放或由合作渠道发放，使直播间用户获得切实好处的奖品或规则，用以吸引陌生用户、活跃直播间用户、达成商品销售。从用户角度出发，没有人会拒绝"捡来"的便宜。无论是陌生用户或关注用户，对各直播间的福利都有一定的渴望，但用户对福利的需求并不仅在于它的价值。截至2023年1月，如果直播间无巨额福利，用户除福利尺度外也关注福利类型、福利发放形式等，以满足自身的猎奇心理。

3. 直播间活动与直播间福利的关系

首先，直播间活动与直播间福利之间存在三个相同点。其一，两者存在的意义均为了吸引用户、活跃用户；其二，两者均以用户为核心参与者；其三，两者均需要提前策划以保证流程缜密，吸引、活跃用户的效果优良。

其次，直播间活动与直播间福利之间存在三个不同点。其一，活动有门槛，吸引用户的效果欠佳，但活跃关注用户的效果好。福利通常门槛较低，相对活动，福利吸引陌生用户的效果更好；其二，活动中的用户参与感较强，得到的更多是精神上的愉悦，福利对用户而言参与感普遍较弱，得到的则是实打实的物质奖励；其三，活动策划过程相对复杂，福利设置与发放过程相对简单。

我们对比直播间活动与福利的异同后不难看出，作为目的相似的两种直播间元素，两者可形成良好的互补关系，故在直播过程中，活动与福利常常同时出现，活动作为发放福利的手段，福利作为帮助活动吸引用户参与的方式。

二、活动及福利与用户社交需求的关系

提及福利、活动，许多运营者会下意识地联想到"薅羊毛"，认为尺度越大吸引用户的效果越好。但这是一种错误的思维模式，原因有三。

其一，如果运营团队仅将活动及福利的尺度作为吸引用户的标准，在直播间运营过程中，会把运营效果不佳的原因归于活动、福利尺度不够，而忽略了直播间内容策划、活动及福利策划上的不足。如果运营团队在没有提升策划能力的情况下投入重金举办福利活动，最后很可能"人财两空"。其二，上述错误的思维模式会让各直播间在自主直播间所属领域展开"内卷"，最终伤害企业、伤害运营团队，也伤害其他直播间，并不益于直播行业的发展。其三，用户对直播间福利活动的需求从来不仅是占便宜，无论是早期收看直播的网生代用户，或是年龄下沉后的中老年用户，他们更愿意在福利活动中获得参与感。因此，活动及福利与用户社交需求的联系，才是福利活动吸引用户的关键所在。

活动及福利与用户社交需求的关系主要体现在如下三点。

1. 活动及福利为直播间用户提供话题

用户对活动的态度普遍分为三类：一是愿意参与，二是旁观，三是不感兴趣。好的活动总能为所有知道该活动的用户提供话题感，在用户感兴趣的前提下，无论用户旁观或参与活动，均能在社交环境下将直播间活动作为谈资。这是用户在网络社交乃至现实社交中需要的。例如，销售类直播间在直播前通过微信订阅号发布了当晚"互动领取超低折扣"的直播活动，对预告商品有需求的用户自然会在朋友圈、群组中与其他用户讨论。

2. 活动可让用户参与其中

在相对有距离感的互联网环境中，能在直播间范围内参与有趣的活动是多数用户期待的。无论活动中与主播、其他用户的直接交互，还是在其他用户面前展现自己，都可为用户提供强烈的参与活动的意愿。例如，斗鱼直播平台曾举办分区主播的粉丝歌唱比赛，在每个直播间海选唱歌优秀的用户参与分区比赛。无论上麦唱歌的用户，还是发弹幕点评的用户，都有极强的参与感。

3. 福利为用户提供炫耀的资本

截至 2023 年 1 月，除少有的以极低价格销售商品的直播间外，用户获取福利的目的并不主要是占便宜。首先，全网直播间用户消费水平相比全国用户平均消费水平更高，他们对于有需求的商品，多数情况下无须福利折扣便会购买。其次，对于社交需求强烈的直播间用户而言，与获得小利相比，他们更期待自己以较小的概率获得直播间福利，并在好友面前炫耀，以展现自己的"锦鲤体质"。因此，福利可被定义为直播间用户一对多社交话题发起的源头。

三、活动及福利设置的其他功用

活动及福利对直播间运营的直接帮助是通过满足用户社交需求、占便宜的心态，以活跃用户、吸引关注用户。此外，活动及福利对直播间还有三点利好。

1. 建设直播间口碑

如果运营团队在直播间策划的活动及福利有一定的频率、直播间用户参与率较高（达 70% 以上），在直播间运营一段时间后，便会形成在同类直播间的口碑突破。因为直播间用

户具有较强的流通性，辅以直播平台的智能推荐算法，多数用户有机会收到常看直播间的同类直播间推荐。此时，用户自然会将不同直播间的活动及福利横向对比。如此便形成了自主直播间在其他同类直播间的口碑建设，在此基础上活动及福利甚至能帮助直播间在全平台乃至全网建设口碑。

2. 吸引合作渠道

对于有意通过其他直播间渠道销售自主商品的企业或渠道商而言，大流量、高活跃度、高销售转化的直播间是不二选择。此时，直播间活动及福利的用户参与情况就能为渠道商提供合作的理由。例如，直播间每次活动的参与用户都能达到场观人数的70%以上，每次推出福利折扣时的商品销售订单数比平时高出一倍。如果有这些客观数据的支撑，直播间作为渠道吸引合作伙伴的能力会更强。

3. 提升团队整体策划能力

无论内容策划，还是活动策划，均是根据运营团队自身所掌握的资源，分析用户需求后给出的最佳匹配展现方案。运营团队可通过设置直播间活动及福利所获的用户数据反馈，明确活动及福利为直播间带来的运营结果，在每次活动及福利数据的横向对比中不断优化活动及福利方案，最终提升团队整体策划能力。

第二节　活动及福利设置的方法

本章第一节提到，活动和福利两种元素在直播间运营过程中能够互相补充，通常会以活动与福利相结合的形式出现在用户面前，即活动为过程、福利为结果。本节内容便是以此为前提，讲述活动与福利相结合的直播间运营方法。

本节内容包含活动及福利的设置原则、活动及福利的基本类型、活动及福利的策划方法、活动及福利设置的实际案例四个部分的内容。

一、活动及福利的设置原则

活动及福利设置属于直播间运营事项，为其制订基本原则的意义在于明确运营底线，以防运营团队在一次次活动中击穿底线，最终使部分运营行为获得负收益，甚至无法把控直播间运营。活动及福利的设置原则有如下四点。

1. 活动及福利必须有一定的门槛

活动及福利的门槛有着三个方面的重要意义：

1）多数情况下，活动及福利的门槛是运营团队策划活动及福利的目标。例如，在直播间发送弹幕参与抽奖的活动，运营团队的主要目标是增加直播间弹幕数量，提高用户活跃度，继而提升直播间在全平台的热度。

2）活动及福利的门槛从用户角度出发并非完全是阻碍。许多门槛能满足用户的网络社交需求，让用户觉得有趣。例如，游戏主播想取一个响亮的游戏名称，有奖征求直播间弹幕意见。发弹幕本身是一种门槛，但这种凸显用户"脑洞"的互动门槛反而会激发用户参与的兴致。

3）福利与门槛对应，用户才能确信活动真实。直播间活动及福利在用户眼中既可能是福利，又可能是陷阱。如果活动门槛过低而福利过大，用户将对活动及福利产生怀疑。

例如，关注直播间用户均可领取200元优惠券，原价500元的女性护肤品只需要300元即可购买，此时商品价格在福利加持下远低于商品价值，用户必然会对商品质量产生怀疑。

2. 活动及福利尽可能与直播间主体相关

用户希望自己所获福利越简单越好，比如发红包，这样便可以将福利价值自由转换。但直播间设置的活动及福利不应如此简单，即便福利并不能与所有直播间用户匹配，也应选择与直播间主体相关的活动及福利，原因有两点。

第一，简单的福利在各类直播间都有，活动过后用户并不会因简单的福利记住活动、直播间。故在尺度相近的前提下，活动及福利越简单，实现的活跃用户效果越差。第二，活动及福利可以让用户拥有在朋友圈中炫耀的谈资，当福利与直播间主体相关时，用户在谈及中奖时必然带出福利、直播间、企业主体等相关信息，可以为直播间达成用户再传播的效果。

3. 活动及福利必须有成本意识

运营团队在设置活动及福利时，应先考虑福利成本，后根据预期吸引关注用户数计算单用户获得成本（活跃用户存在活跃周期，故不常用来计算获客成本）。运营初期，直播间通过福利活动吸引用户，单用户获得成本不应超过0.5元。随着直播间关注用户的提升，活动及福利获客成本应持续下降。

4. 活动及福利必须留出一定的空间

许多直播间会将自身所掌握的福利尽可能多地送给用户，这虽然向用户展现了直播间与用户交朋友的诚恳态度，但从长远计，这样的活动及福利设置方式是不合理的。用户获取福利的意愿必然会随着直播间福利的提升而提升，尤以陌生用户与新关注直播间的用户为主。如果运营团队每次都将手中掌握的福利尽数送出，用户意愿会不断提升。当运营团队手中掌握的福利相比之前有所下降，或因资源有限长期没有活动及福利时，便会出现大量用户表达不满，引导其他用户取消关注的局面。因此，运营团队必须将手中掌握的福利缓释给用户，尝试遏制用户的福利获取意图，如此才能保证直播间的福利活动长期健康地开展。

二、活动及福利的基本类型

活动及福利包含四种基本形式，满足条件后参与、满足条件后抽奖、满足条件后赠送和满足条件后打折。

1. 满足条件后参与

满足条件后参与的活动及福利一般都具有较强的稀缺性，通常以发送弹幕回答问题的速度等为条件。该类活动的福利以线下活动参与名额最为常见，例如参与主播的线下聚会、企业参观机会等。由于活动及福利资源稀缺，活动的参与门槛普遍较高。以参与线下活动为例，直播间一般会要求获取最终获奖用户的个人信息。

2. 满足条件后抽奖

满足条件后抽奖一般是基于直播平台自带的抽奖功能，运营团队在直播间内设置参与条件与福利，由平台自动甄选出满足条件的用户随机发放福利。这种活动及福利的形式简单也最常见，活动门槛包括但不限于发送弹幕、赠送礼物、关注直播间等行为。运营团队必须注意，该抽奖功能作为直播间活动及福利出现，不应设置过高的赠送礼物门槛，否则运营团队便违背了吸引陌生用户、活跃关注用户的初衷，成了"割韭菜"的活动。不仅不益于直播间用户增长，长期举办还将导致用户取消关注。

3. 满足条件后赠送

对于用户而言，满足条件后赠送是相比满足条件后抽奖更加普惠的活动，通常门槛较低，用户参与意愿更强，可参与用户更多。但由于该类活动涉及用户数多，活动的福利尺度一般不大，以低价格商品、低额代金券为主。该活动吸引关注用户的效果一般，主要目的通常是为商品提供更多触达用户的机会。

4. 满足条件后打折

满足条件后打折是直播间为提高商品销售转化率专门设置的活动及福利，相比满足条件后赠送尺度更大，门槛稍高，活动及福利以商城的优惠券为主。运营团队必须注意，该活动及福利所涉商品必须与直播间用户达成高度匹配关系，否则不仅运营团队达不到预期的销售目标，该活动在用户眼中将不被视作活动，致使用户对直播间活动及福利的印象变差。

此外，运营团队可根据自主运营需求制订综合上述四种方式的活动及福利，即设置不同活动门槛，对应不同福利。典型的是游戏直播、秀场直播的送礼物赠奖品。与不同价位的礼物对应，运营团队可设置让用户参与线下活动、赠送用户礼物等多种福利。

三、活动及福利的策划方法

在直播间组办活动赠送福利，是运营团队在平台功能框架内，根据自主需求努力实现运营目标的运营行为。截至 2023 年 1 月，虽然多数直播间活动及福利看似简单，但当运营团队自主策划活动及福利时，应按照系统的策划方法实施，如此才能保证不缺项漏项、对用户有吸引力。直播间活动策划方法包含如下九个步骤。

1. 目标设置

活动及福利的基础目标包含吸引陌生用户、活跃关注用户、达成销售转化三个方面。设置活动目标的意义在于，明确三个目标在运营团队策划中的期望值。同时，在完成目标逐项细化的过程中，明确活动及福利所需要的预算。

例如，直播间运营初期仅有 500 个关注用户，每日开播时场观用户数均可达 300 人以上，这代表着直播间用户活跃度较高，此时运营团队组织活动的主要目标应是吸引陌生用户或达成销售转化。

> 【运营提示】设置活动目标时一定要量化指标
>
> 不少运营团队在设置活动目标时缺少必要的算账和"逼迫"自己的意识，以致活动目标设置得"蜻蜓点水"，比如"活动的目标是为直播间吸引一定数量的新粉丝关注，并且完成一定金额的销售任务"。这个目标中的两个"一定"，就注定了此次活动及福利设置不会达到预期效果。
>
> 设置活动目标，必须将目标中涉及的指标全部量化，即清晰列出要完成的具体数量，涨粉要有明确数量，销售也要有明确金额。如此做的目的有两个。一是活动策划的后续执行项目都是为实现活动目标服务的，也必须围绕活动目标展开。明确活动目标后，根据直播间关注用户获客成本、直播间销售转化率等指标便可计算出活动及福利的

价值、活动必须触达用户数等指标，根据直播间现有场观用户数，便可基于活动预算计算出福利的价值与直播间推广所必须花费的占比。如此不光明确了活动后续执行中的诸多细节，还可以在预算有限的情况下，调节推广、福利花费，甚至重新平衡活动目标。

　　二是活动及福利设置并非直播间运营中独立存在的运营事项，它与用户运营、直播间商城销售有直接关联，定义活动目标，便能提前明确直播间商城后续订单发货、用户运营等工作的工作量，以避免后续直播间运营工作准备不足。

2. 福利设置

　　福利设置是基于运营团队手中所掌握的资源，为完成活动目标做出的福利规划。秀场直播、游戏直播、企业型直播的福利源自直播间主体，价值取决于直播间主体预算；渠道型直播、超市型直播的福利源自渠道，取决于渠道商品价值、优惠尺度。直播间运营阶段不同，直播间能够给出的活动及福利的价值也不同。

　　（1）以企业型直播间为代表的福利设置　　企业型直播间在举办活动送福利时，吸引陌生用户、活跃关注用户的福利大致分为三种：企业商品、企业周边和现金福利。通常，企业会将可提供的福利以估算价值的形式通知直播间运营团队。此时，运营团队首先应按0.5元的获客成本评估预算是否能够支撑活动目标。如果足够支撑，则可省下预算留作他用；如果福利价值不足以支撑活动目标（获客成本低于0.3元），则必须降低活动目标，并尝试通过免费渠道推广直播间活动，以触达更多用户。例如，联系合作直播间帮助宣传（秀场直播、游戏直播都是如此）。

　　达成销售转化的福利为商品折扣、代金券等。这类福利无须计算单用户所获福利价值，只需要根据直播间常规销售转化率（约1%），以销售目标数量为基础，投入部分市场推广费用，以满足商品触达用户数。例如，活动预计销售100件商品，则需要保证直播间该次直播的观看用户数超过2000人。如果企业无额外市场费用预算，运营团队必须借助免费推广渠道。

　　（2）渠道型直播、超市型直播的福利设置　　渠道型直播与超市型直播的福利源自直播间渠道，活动及福利的主要目标是达成销售转化。在这一过程中，用户也会因折扣力度、商品质量关注直播间。这类直播间福利与企业折扣、代金券福利类似，区别在于渠道型直播、超市型直播为保证与渠道的合作关系，还应注意两点。第一，如果自主直播间用户流量不足以支撑渠道预估的销售额，必须投入市场费用以尽可能满足渠道要求；第二，如果直播间是渠道商的唯一直播间销售渠道，尽量不使用渠道给出的商品最低折扣，如此虽然企业在销售达成后赚取的利润变低，但渠道商的商品线上价格得以控制，有益于直播间与该渠道商的合作，以及建设直播间在渠道商中的口碑。

3. 用户画像分析

　　用户画像分析是基于活动目标拟定活动及福利面向用户的工作。运营团队对用户画像分析得越精确，活动达成的效果就越好。在分析活动用户画像时，首先应将直播间关注用户纳入目标用户，并以直播间用户画像标签为蓝本寻找陌生用户。其次，运营团队还必须根据具体活动目标细化用户标签。在细化用户标签时，运营团队必须考虑三个方面的因素。

1）需要明确此次活动及福利是否稀缺或有热点人物介入，如果是便可根据福利或热点人物的标签，细化参与活动的用户画像标签，或扩充此次活动及福利参与用户的标签。

2）如果活动目标中有产品或服务的推广、销售需求，则要根据产品、服务的特点和适用用户的标签，拟定对应的用户画像标签。其中，如果以推广为主要需求，则目标用户画像标签可不与直播间用户画像标签对应；如果以销售为主要需求，则目标用户画像应是基于现有用户画像的进一步细化。

3）许多运营初期的直播间举办活动会以吸引广义流量为目标，即没有明确用户画像，吸引尽可能多的用户作为直播间基础粉丝，再通过后续运营行为筛选与直播间匹配的用户。如此，运营团队只需要将平台核心用户画像做标签细化，定义为活动及福利目标用户画像即可。

【运营提示】运营团队无须担心活动的用户规模过小

任何直播间都有对应的用户画像，任何用户画像都有数量的天花板。直播间运营的最终目标应是各类转化率，故运营团队无须担心因用户画像标签过于细化而导致参与活动的用户规模过小。在达成活动目标的前提下，活动规模小意味着转化率高，一定程度上也代表着支出的预算低，对运营团队来说是好事。

4. 通感设计

活动通感常应用于直播间外的活动策划方案中，目的是吸引更多用户参与活动。但直播间活动相对简单直接，吸引用户参与的主要手段是福利与热点，故相比原创内容编创，通感在策划中的地位有所下降。直播间活动的通感主要针对折扣商品销售福利，运营团队必须在发放福利过程中强调商品使用通感，以此激发用户参与活动领取折扣福利、购买商品的意愿。有关商品通感的具体策划方法，将在本书第八章"直播间选品"中具体讲解。

5. 热点选择

热点在直播间活动及福利设置中有两个作用。一是用于前期推广，吸引用户准时到直播间参与活动。例如，"双12"前夕，直播间为用户准备了现金红包，同时大量商品拥有超低折扣。这一福利可借助"双12"热点，由运营团队在微博、微信公众号等多渠道发布，以触达更多用户。二是用于用户参与的活动话题。例如，在世界杯期间，直播间组办了猜比分送礼品的活动及福利。世界杯本身是许多用户关注的热点，猜比分送福利又是用户喜闻乐见的娱乐方式，故该热点能起到提高直播间用户参与活动比率的作用。

6. 价值观设计

价值观是传统活动策划的必要元素，但在直播间的快节奏活动中，价值观易被用户忽略，这也就导致许多运营团队在活动及福利策划过程中忽略价值观的设计。但活动价值观是必要的，因为它能够很好地展现主播人设或直播间的基础价值观。在日常直播内容中，主播涉及价值观问题时可能会让部分用户敏感，或是引发用户不耐烦的情绪，但在活动及福利面前，用户更愿意接受直播间的价值观。

例如，秀场直播与游戏直播在赠送福利时，主播可展现出对福利不在意的态度，并在话术中向用户暗示交朋友的价值观；在销售类直播中，主播可在送出折扣福利时反复强调

"折扣虽大，理性消费"，以此强植鼓励用户健康消费的价值观。

7. 亮点设计

由于各类直播间层出不穷，许多用户对直播间活动已基本麻木，展现出"见到活动即参与，参与后即离开"的态度。如此即便运营团队通过活动及福利吸引到关注用户，这部分用户也难以被激活，为直播间带来更多价值。因此，在活动中设计亮点，以让用户对活动印象深刻，继而有再次参与直播间活动的意愿显得尤为重要。

直播间活动及福利的亮点设计通常可以从三个方面着手设计。

1）相比同一时间的其他活动，直播间活动更具极致化。例如，"双 12"期间所有直播间都在搞折扣福利，运营团队将自主商品价格压至同类直播间最低，对用户而言是绝对的亮点。但运营团队须知，直播间商品价格一旦打破某一底线，势必影响该商品在全网，以及线下的整体价格，影响未来销售。此外，"价格战"属于直播间之间的恶性竞争，不利于行业发展，故该亮点不应作为直播间设计活动及福利亮点的主要方向。

2）有强大的活动背书。活动背书是指除运营团队外，为直播间活动助力的元素，例如，主播直播时连麦央视，或是请到当红明星参与直播，这些都能让用户眼前一亮。

3）活动参与门槛趣味性强。用户参与直播间活动时存在社交需求，有趣的活动参与方式是满足用户社交需求的重要手段。尤其当用户在各类直播间捡便宜已成习惯时，有趣的直播间活动就显得更加稀缺。由于直播间活动的用户参与门槛无外乎弹幕与选择题，故通过弹幕这一功能设置用户感兴趣的话题是亮点设计的关键。例如，世界杯期间所有直播间都在搞折扣，运营团队设计了"弹幕猜世界杯冠军，抽液晶电视"活动，丰厚的福利辅以有趣的门槛，必将成为用户眼中的亮点。

8. 活动执行流程推演

活动执行流程推演是为确保活动顺利举行、福利顺利送出而做的沙盘推演。通常由主播试镜，运营团队成员进入直播间体验活动。过程中如果发现活动细节存在问题，则可在正式组办活动前解决。

在执行过程中，运营团队必须注意两点。一是活动的易操作性，许多发送弹幕活动发布后，平台会自动引导用户发布，但如弹幕形式较特殊，主播要确保用户听得懂，做得对，以免引发误操作用户的不满。此外，领取优惠券、点击进入商城等按钮基本由平台设定位置，主播必须明确指出按钮在直播间的显示位置，引导用户点击。二是与中奖用户的联系方式，尤以赠送礼品类活动及福利为主，运营团队要确保中奖用户能够根据主播话术指引联系到直播间客服，以保证中奖用户的权益。

若遇特殊活动形式，例如用户线下参与活动、线上主播与用户连麦活动，运营团队无法完全预知用户行为，则主要考察主播"飞急智"的能力。但运营团队在流程推演的过程中依旧要思考用户可能出现的行为、提出的问题，以降低直播过程中的意外波动。

9. 成本预算编制

活动及福利的成本预算编制包含两个部分：一是对直播间主体而言，不同阶段为活动及福利支出的合理金额；二是对运营团队而言，直播间主体提供预算后应该如何支配。

（1）直播间主体活动及福利预算　对直播间主体而言，小直播间送大福利是亏本的，大直播间送小福利是容易引发用户不满的，故直播间主体应明确在直播间不同运营阶段的福利预算投入。

第一阶段（三个月左右），直播间鲜有收入，此时直播间主体必须自主投入费用做活动，预算金额可以等同于直播间近期平均场观用户数，即平均一个用户投入1元。

第二阶段（三到六个月），直播间已有一定的收入，平均场观用户为直播间付费超过一元，此时直播间主体无须额外自主投入活动及福利预算，将直播间收入全部用做用户福利即可。

第三阶段（六个月到一年间），直播间已形成稳定流水，并且关注用户数、直播间销售额在交替上升中。此时，直播间主体可在不低于第二阶段福利水平的前提下，将20%的直播间收益用于做活动及发福利。

第四阶段即直播间运营一年以后，此时直播间已有可观收入，直播间主体不再承担直播间运营的费用压力，可根据运营团队的活动及福利目标支出预算。

（2）运营团队的预算分配方式　活动的预算由两个部分组成：一是活动及福利，二是市场投入。在活动及福利策划方法第二点"福利设置"中已提到，吸引用户关注直播间所花费的金额为0.3~0.5元，运营团队可从0.5元/人开始逐步下探，找到属于自主直播间的最佳获客成本，其余部分便可投入直播间推广。做直播间推广时，仅需保证预计推广用户数达到活动目标增长用户数的三倍即可。如果直播间推广费用不足，可尝试申请预算或将部分福利价值转化为推广预算，但为完成活动目标计，用户获取成本不应低于0.3元。如果直播间推广费用过多，则可将剩余部分留下用做下次活动，或直接应用于当次活动的福利，为用户提供更丰厚的福利，给用户更深刻的印象。

> **【运营提示】市场推广费用并非刚需**
>
> 直播间推广的费用多是直播间运营初期，没有平台自动推荐、没有直播间自主用户流量时的无奈选择，而非举办直播间活动的刚需。健康的直播间活动，应是除直播间外的其他新媒体平台辅助发布活动及福利预告，引导用户在朋友圈的自觉转发，带动陌生用户参与直播活动，或平台基于直播间的良好表现，主动为直播间推流。
>
> 在活动及福利策划方法的最后，本书还必须强调，运营团队应尽可能按上述方法策划活动及福利，切忌冲动举办活动。对直播间主体而言，直播间活动及福利的预算与市场推广预算无异，而以企业为代表的直播间主体自2019年起就开始削减市场推广预算，将资金投入确知有转化的运营行为中。因此，运营团队不能将本就不富裕的市场预算无目的、无策划地挥霍出去。

四、活动及福利设置的实际案例

本部分内容，将以渠道型直播间"布衣××"的大型活动专场作为范例，对其"××书局110年专场活动"做案例分析。

1. 背景介绍

"布衣××"是古籍、图书拍卖型直播间，属于典型的渠道型直播，主播从事了20多年书籍相关行业，在垂直领域具有较高声望，也在多年从业经历中积累了古籍、旧物件，以及图书渠道。该活动举办时间为2022年6月24日，当时"布衣××"在微信视频号已投入运营4个月，关注用户数为3000多。此外，2022年是××书局创立110周年。

2. 活动目标分析

"布衣××"的主播本人有丰厚的垂直领域基础，直播间关注用户活跃度、黏合度普遍较高，故举办活动的主要目标是实现销售转化，兼具吸引陌生用户、活跃关注用户的目标。此外，"布衣××"的主要直播内容方向是古籍、旧书拍卖，直播间运营团队也想借与××书局的合作，扩大直播间在书籍销售领域的口碑。

××书局专场是"布衣××"粉丝群期待的图书专场，因特殊原因推迟了近2个月，直播间关注用户，即该活动的主力消费人群购物需求旺盛，综合直播间运营团队与××书局双方沟通的折扣商品客单价，将销售目标定为2500单，销售金额达到20万元，并实现当场场观用户数的5%转化为关注用户。

3. 福利分析

该活动的福利分为三部分。一是××书局的书籍与折扣，这是活动及福利的主要组成部分，用于实现活动的核心目标——销售转化。二是××书局提供的周边非卖品，用于活动过程中的抽奖。三是主播在直播间向用户送出的红包福利。这部分福利相对较小，用于吸引陌生用户。由于活动所售书籍存在版本限量的情况，无论从书籍的稀缺性，还是折扣的力度来说，都对"布衣××"的直播间用户具有强吸引力。

4. 用户画像分析

"布衣××"直播间的专场活动，举办初衷是满足出版社、直播间的销售变现需求，以及直播间黏合用户的购书需求，所以该活动的用户画像便是"布衣××"直播间的用户画像——爱书、爱阅读、爱收藏，读书以修身养性、增长见识、陶冶情操。同时，由于直播销售是一种基于信任的销售模式，运营团队并不期待陌生用户在参与活动后直接达成销售转化，活动的主要用户画像是直播间的黏合用户，活动目标也应基本由这部分用户达成。

5. 通感设计

书籍用于阅读，本身阅读场景并不适合构建通感，该专场活动中涉及的通感内容也较少。凡涉及通感，由主播与来自××书局的嘉宾共同构建，不对书，而对书的内容。例如，书籍主讲作者的人生经历，主播便将其印象深刻的书中场景表述出来，尝试让用户带入书中场景，形成通感。

6. 热点选择

"布衣××"××书局专场举办日期本没有热点，但恰逢××书局创办110周年，故××书局与"布衣××"双方均在活动举办前以"庆祝××书局创办110周年"为热点宣传活动。

7. 价值观分析

该活动的价值观分为三个部分。一是基于销售的基础价值观——尽可能为用户带来便宜的好书，而事实上运营团队也是这么做的。二是基于图书的价值，如同主播对不同热点事件都有自主价值观判断，主播与嘉宾对每一本××书局的书籍也有他们的价值判断，主要围绕书的适用人群，以及知识取向展开。三是针对图书行业，在介绍××书局书籍的同时，两位主播也会聊起出版社、书籍的历史以充实直播内容，内容中带出了对书籍行业的期许，即期待书籍行业、大众阅读健康发展的价值观。

8. 亮点分析

该活动的亮点主要表现在四个方面。

1）商品价格与货源。××书局专场中在售的很多书籍都是限量的、低折扣的。对用户而言，除该时间点在该直播间购买外，没有更好的购买这些书籍的优惠渠道。

2）福利的稀缺性。活动过程中包含多次用户抽奖过程，奖品包含××书局提供的非卖品。例如，××书局限量版邮票，该福利奖品不在市场上流通，具有极强的稀缺性，大幅提高了用户参与活动的意愿。

3）邀请到了嘉宾。嘉宾的突出优势在于他是××书局的编辑，对多数××书局的书有深刻了解，几乎所有关于书的问题他都能够解决，再加上评书演员出身的嘉宾在直播时表现自然，语言中自带文人特有的幽默气息，故成为活动的一大亮点。

4）直播活动时间长。对用户而言，活动时间过短不是好事，用户很有可能因个人原因错过活动。此次××书局专场时间长的优势在于，在直播时间范围内，用户每次来到直播间都有机会参与活动，并且熟知活动规则、流程后，用户可以选择缩小直播间页面，只在领取红包时出现，或是整点进入参与抽奖后退出。长时间直播给了用户更多时间上的自由选择度。

9. 活动执行流程

整场活动持续9个小时，超过了单用户可承受的持续收看直播时间，故直播过程中活动及福利必须持续存在，以尽可能覆盖所有进入直播间的用户。根据活动及福利设置，该次活动分为三个核心组成部分。

1）贯穿全程的书籍销售。基于主播与嘉宾的业务能力，并没有进行直播试镜，但依旧在直播过程中达成了良好的书籍推荐效果。在执行活动前，两个人就活动执行流程的商讨集中在长时间直播的轮换上，起初两个人共同直播以明确直播方向、带动用户情绪，直播间用户数保持稳定后，两个人主要基于自己熟悉的书籍做介绍，期间有主播自主直播的阶段，也有嘉宾单独直播的阶段。主播与嘉宾共同直播场景如图6-2所示。

2）发放现金福利环节。主播会不定时发放红包，所有关注直播间且加入"布衣××"微信粉丝群的用户均可领取红包。该福利主要为实现关注用户的增长，通常在一本书售罄或销售额达到一定标准后发放。

3）抽奖环节。每逢整点，主播会通过抽奖的方式送出福利，福利由××书局提供，为××书局周边商品，如邮票。用户参与该抽奖的方式是发布"布衣××"直播间slogan"真好"。中奖后如图6-3所示，即可通过微信私聊主播收货信息，等待主播发奖。

10. 活动及福利预算编制

该活动及福利主要由渠道商××书局提供，对直播间而言，仅需要在市场推广与直播间红包中投入预算。"布衣××"运营团队鉴于活动及福利主要面向的人群——直播间黏合用户，并没有选择为直播间做推流，仅是通过主播的个人朋友圈、××书局新媒体矩阵发布了直播预约通道，故市场推广费用为0元。

红包福利方面，运营团队预设了限量书籍售罄、直播销售额达成目标等约20次红包奖励，共预计投入1000元左右。

11. 活动结果

最终，该场活动直播的结果如图6-4所示：场观人数5354人，最高在线528人，平均观看时长44分钟，新增关注用户219人，销售3824单，总销售额318499.3元。

图 6-2　主播 ×× 与嘉宾 ×× 共同直播

图 6-3　"布衣 ××" ×× 书局专场中奖范例

图 6-4　"布衣 ××" ×× 书局专场数据

从活动结果看，此次活动及福利超额达成主要活动目标，吸引陌生用户数基本达标，活动过程中用户积极参与，活跃度高，属于较成功的活动。

第三节　活动及福利设置的目标

活动与福利应伴随直播间运营的全部阶段，除每次组织活动时应完成的单次活动目标外，运营团队还必须有意识地达成以下三个目标。

一、将活动及福利作为直播运营的重节拍

本书第一章曾提到，直播应是用户与直播团队一同参与的盛筵。日常直播内容对用户

而言意味着轻松、陪伴，重活动及福利的直播内容对用户而言则意味着热血、冲动。因此，运营团队应有围绕活动及福利展开运营的意识，在活动开展前反复向用户提及活动及福利，在活动举办时调动所有可支配资源烘托直播气氛，在活动结束后立即复盘，着手策划下次活动及福利，如此构建起良好的直播运营节奏。

二、通过活动及福利构建用户期待

精彩的活动总能让用户意犹未尽，精美的福利总能让用户有所遐想。因此，活动及福利的作用不仅限于完成单次直播目标，更能构建用户的期待，为直播间后续的活动积累用户。

例如，直播间活动基于话题展开，运营团队设置的话题千变万化，有世界杯竞猜、专业知识问答、用户意向调研等。如此，每当直播间准备开展活动时，用户都会对活动的话题、参与方式感到好奇，好奇产生期待，期待引导用户参与并传播活动。又例如，渠道型直播间福利以稀缺商品的折扣为主，运营团队每次找到的稀缺性商品均不同。如此，不仅能刺激用户按时参与活动，还能激发用户的表达欲，主动向直播间提出所需要的稀缺商品，为运营团队后续活动及福利的设置提供思路。

三、构建团队自主活动及福利设置的方法论

运营团队活动及福利设置方法论的构建包含两点。

1）活动及福利的策划共有九个步骤，包含诸多细节，每次均按照该策划方法执行费时费力，多次策划活动及福利后运营团队便可根据活动目标、福利等活动基础信息将活动分类。此时，活动细节虽然不尽相同，但基础价值观、亮点设计方向大同小异，这就节省了运营团队的讨论时间。最终，运营团队将形成不同活动及福利的设置模板，在策划活动时按照模板做填空题即可。

2）活动及福利的设置不仅涉及直播运营团队，还与直播间主体相关。由于关怀的人多，执行过程中必然花费许多沟通成本。运营团队应在每次执行活动时将沟通出现的主要问题与解决方案记下，如此可应用于优化未来每次直播策划、执行的流程。

本章小结

活动及福利是贯穿直播间运营始终的运营方法，是所有直播间实现稳步提升的制胜法宝，活动及福利的关键点在于策划与复盘优化。本节重点讲解了活动及福利的策划方法，运营团队应坚持按策划方法执行，直至构建起自主直播间活动及福利设置方法论。有关活动及福利乃至整体直播的复盘，将在本书第十章"直播间复盘"中详细讲解。

第七章
直播间用户交互管理及客服运营

> **本章知识体系**

第七章知识体系如图 7-1 所示。

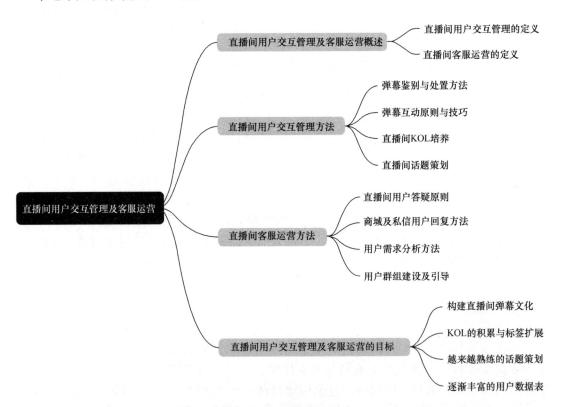

图 7-1　第七章知识体系

直播间活动及福利设置是运营团队有明确目标的完全计划型运营手段。直播间用户交互管理及客服，是以计划为基础，伴随用户交互过程临场发挥的运营手段。活动及福利常以拉新、销售为主要运营目标，用户交互及客服则以活跃用户、黏合用户为主要目标。本章分为直播间用户交互管理及客服概述、直播间用户交互管理方法、直播间客服运营方法、直播间用户交互管理及客服必须实现的目标四节内容。

第一节　直播间用户交互管理及客服运营概述

本节包括直播间用户交互管理的定义和直播间客服运营的定义两部分内容。

一、直播间用户交互管理的定义

用户交互管理是对所有直播间用户交互形式的分辨、参与、引导、管控。交互形式以直播间弹幕为主，点赞、关注、收藏为辅。用户交互管理过程看似用户主动、运营团队被动的行为，实则是一种主播主导，用户附和的运营手段，主要涉及四个方面的工作。

1. 主播对用户话题的判断

要想管理好直播间的用户交互，主播首先要形成正确的管理意识。基于直播间与主播人设的价值观，主播必须先行对直播间出现的所有弹幕话题做出分辨，而后投入与用户的交互。通常，判断直播间弹幕话题的原则有三点：一是判断是否涉及可能导致直播间被封禁的敏感信息，二是判断是否可能对其他直播间或直播平台产生负面影响，三是判断是否具有强煽动性，易引发直播间其他用户盲目跟风，致使直播间弹幕失控。

2. 主播与用户的互动

主播与用户的互动是最基础，也是最为重要的用户交互，应贯穿直播内容的始终。主播要做的是基于用户的话题、疑问做出回应。主播越是能够回复用户尖锐的话题，就越能吸引更多用户关注，这也印证了"飞急智"是主播的重要能力之一。此外，运营团队必须提醒主播，在直播间运营初期，直播间基础用户较少，主播会长时间面临"对着镜子说话"的窘境。对此，主播必须调整好心态，以积极的态度对待直播，以迎接可能出现的用户交互。

3. 直播间话题策划

主播的"飞急智"能力固然能够使直播间运营更加顺畅，但对运营团队而言，直播间运营过程中不出现特殊弹幕导致的直接意外，才是长久运营的关键。因此，运营团队应在直播前拟定单次直播中主播与用户的弹幕交互话题，并在直播后以"编弹幕"、直播间 KOL 策动，或主播无意提及的方式引导用户参与。对此，运营团队必须保证设计的诸多话题中有多个话题能够引起直播间用户的兴趣，以支撑起直播核心内容外的多数弹幕交互。

4. 直播间弹幕处置

截至 2023 年 1 月，即便在"清朗"行动的背景下，互联网环境依旧较复杂，直播间弹幕、评论区等用户聚集的线上场所存在诸多乱象，其中就包括散播不实信息、蓄意挑起争端、发泄负面情绪等较恶劣的用户行为。对于涉及上述三种行为的直播间弹幕，主播及直播间管理人员应及时封禁，以保持直播环境的健康有序。

基于上述四点，运营团队必须明确直播间用户交互管理的基本原则，即保证自主直播间环境可控。在主播奠定直播基调的前提下，由于用户本身存在不确定性，直播间弹幕氛围会随着主播情绪、商品推出、话题讨论而上扬、下降，主播与直播间管理团队要做的是将直播间用户情绪控制在一定区间内，避免出现大规模用户产生极端情绪的情况。

二、直播间客服运营的定义

直播间客服是由直播团队成员承担的一种直播间职能，多存在于销售类直播间或流量较大的秀场、游戏类直播间。客服的基本职能是解答用户疑问，在此基础上可延伸至四个方面的工作。

1. 直播间用户疑问解答

直播间用户疑问解答是面向群体用户的客服工作，主要针对直播过程中用户提出的普遍问题。由于直播过程中主播会基于弹幕问题与用户互动，故客服工作人员在该项工作中的任务量并不大。客服工作人员只需要注意解答主播遗漏的用户问题即可。此外，客服工作人员也要掌握基础的弹幕分辨能力，对部分用户恶意提出的问题无须解答，可选择无视或直接封禁。

2. 商城及用户私信疑问解答

商城及用户私信疑问解答是面向单个用户的客服工作，包含四点：一是在用户初步具有消费意愿时解答用户的个性化问题及疑虑；二是在用户购物完成后跟进解答用户消费后的其他问题；三是直播间组办诸多活动后，中奖用户通常会联系客服人员提供个人信息领取奖励；四是用户在收看直播内容后，对主播、直播内容有疑问或改进意见，私信客服提出。

在上述四点工作中，以商城后台用户疑问为主。因涉及消费，用户疑问普遍较多，客服工作人员必须耐心为用户解答问题。客服工作人员可将诸多用户提出的个性化问题总结归纳，以提高工作效率。

3. 用户基本需求分析

用户基本需求分析是基于客服与用户私信沟通的过程，以及用户在直播间的诸多行为分析用户需求。此项工作主要在直播时间段外完成，可加强客服工作人员对直播间黏合用户的了解，检验、修正直播间用户画像标签。此外，如客服工作人员工作熟练、沟通能力强，可在确知用户不反感的前提下基于用户展现出的需求或分析得出的隐性需求，为用户推荐其他商品，以提高商城转化率。

4. 用户引导

用户引导是客服工作人员在用户购物后做出的主动邀请行为，即根据用户所购商品，将用户拉入直播间运营团队的微信群组。客服工作人员通常以红包、折扣福利等条件邀请用户入群。运营团队必须建设多个用户群组，以满足不同用户的购物需求，具体群组拆分细节将在本章第三节详细讲解。

第二节　直播间用户交互管理方法

本节内容以本章第一节定义的直播间用户交互工作为基础展开，详细介绍交互过程中必须应用到的具体方法，包含弹幕鉴别与处置方法、弹幕互动原则及技巧、直播间 KOL 培养、直播间话题策划四部分内容。

一、弹幕鉴别与处置方法

弹幕鉴别与弹幕处置是直播间管理中两位一体的工作，鉴别结果决定处置结果，主播与场控（后称管理人员）必须先熟稔弹幕鉴别方法，后灵活应用弹幕处置方法。

第七章　直播间用户交互管理及客服运营

1. 弹幕鉴别方法

管理人员必须鉴别的主要弹幕包含涉及敏感信息、涉及其他主播与平台、煽动性言论三种，具体鉴别方法如下。

（1）针对敏感信息　敏感信息包含政治、色情、暴力、赌博等，管理人员必须重点注意涉政、涉赌内容。其中，涉政内容主要表现为对相关政策的讨论，或是对生活现状表现出的诸多不满。涉赌内容则是在弹幕内容中包含诸多博彩相关词汇，如"菠菜"。

（2）针对其他直播间与平台　直播间弹幕中涉及其他直播间的内容易引发直播间与其他直播间的冲突，虽然许多直播间运营团队将其视作"流量密码"，但这是一种消费用户的炒作行为，不该用做直播间的涨粉手段，也应及时制止用户的讨论行为。涉及其他直播间的内容主要表现为直播间元素之间的对比，如主播对比、直播内容对比、商品对比等。管理人员必须注意，即便用户弹幕是在夸赞自主直播间，但只要包含贬低其他直播间的内容，就应被认定为涉及其他直播间的弹幕。

直播间弹幕中涉及平台的弹幕并非管理人员监控的重点，因为所有的直播平台都将其他平台名称列为敏感词汇，并且直播间仅是辅助直播平台进行监管，管理人员只需要注意反复攻击、抹黑平台的恶意弹幕即可。

（3）针对煽动性言论　煽动性言论即经常被提及的"带节奏"，以能够引发用户负面情绪或引发不良社会影响的话题为主。煽动性言论普遍具有三个特征：一是弹幕内容中没有明确的自主诉求或核心价值观，仅有情绪的发泄；二是弹幕内容针对事件没有具体结论，看似客观描述事件，实则在客观描述中带入主观思考，引导其他用户的思考方向；三是在针对某一事件的讨论过程中，仅通过放大事件中的某一细节，便给出偏颇的结论。由于煽动性言论的鉴别相对较难，需要花费较大的精力，主播在直播过程中通常无暇顾及，多由场控人员负责解决。

2. 弹幕处置方法

管理人员有着直播间管理与裁决的职能，但在用户面前，直播间管理应有较为具体的执行标准，如尺度过严则会引起用户不满，致使直播间热度下降甚至用户取消关注。以下将详细讲解直播弹幕处置的基本原则，以及针对不同弹幕的处置方法。

（1）弹幕处置原则　弹幕处置原则是弹幕处置的基本方法，能在一定程度上展现出直播间的价值观。在此基础上，运营团队可以根据直播间管理需求制订个性化的弹幕处置原则。弹幕处置原则包含如下四点。

1）不要过于在意攻击主播的弹幕。随着直播的发展，不在意面子的重要性已经成为多数主播具有的标签，管理人员应有意识地忽略简单的攻击主播的弹幕，如嘲笑主播行为、样貌。但如果涉及人身攻击或针对直播间商品的造谣行为，就必须严厉处罚。

2）严厉打击"坏人"，轻罚"情绪化的好人"。"坏人"是指直播间中恶意引导其他人的用户，如讨论其他主播与平台、发布煽动性弹幕，管理人员应严厉打击这部分用户，因为他们的出发点是"唯恐天下不乱"。"情绪化的好人"是指因情绪化而发布违规信息的用户，如同直播间存在敏感信息一样，每个用户都存在自己在意的敏感信息，当用户的敏感信息出现后，难免会发生情绪激动的情况，例如用户与直播间其他人发生口角，甚至出现涉政、涉赌等敏感信息。对于这类用户，管理人员应秉持从轻处罚的态度进行处置。

3）在封禁弹幕时做出必要的解释。在多数情况下，直播间用户对封禁弹幕不会有反馈，但直播间也存在用户质疑管理团队行为的情况。因此，管理团队在封禁不常见的违规弹幕时，向用户解释是必要的。

4）将弹幕封禁标准作为底线，"宽大处理"所有直播间弹幕。管理人员虽然是弹幕的裁决者，但在用户眼中，管理人员也应是直播间用户的保护者。对发送了违规弹幕的用户，管理人员应在底线的基础上"宽大处理"，如此既能起到警示其他用户的作用，又能让多数直播间里的其他用户满意。

（2）不同弹幕的处置方法　针对违规弹幕，管理人员通常有两种处置手段：一是提醒，二是封禁。在面对涉及敏感信息、发泄情绪、攻击其他用户，或谈及其他直播间的弹幕时，管理人员通常采取提醒用户的方式。若用户不为所动则可封禁该用户的弹幕，时间一般不超过7天。

在面对煽动性言论时，管理人员的处罚必须较重，封禁时间要在一个月至一年不等。如果用户弹幕情节恶劣，则可在封禁的基础上举报弹幕，以求平台给予该用户更重的处罚。

除此之外，许多用户为引起主播关注会反复发送同一弹幕，如果管理人员判断该弹幕不存在恶意，则提示用户注意。若用户仍执意刷屏，则做封禁处理。

二、弹幕互动原则与技巧

弹幕处置主要依靠场控，弹幕互动主要依靠主播。弹幕互动不仅是活跃直播间用户的方式，也是塑造主播人设的有力手段。本部分内容将讲解主播与弹幕互动的基本原则，以及拓展技巧。

1. 弹幕互动的基本原则

主播与弹幕互动的场景有很多种，例如主播回答弹幕问题、主播向弹幕提出问题、主播与弹幕聊天等。主播本人必须明确，无论上述哪种互动，都是主播一对多的沟通场景，故需要秉持如下四个基本原则。

（1）回复尽可能多的弹幕　基于用户的社交需求，每个发送弹幕的用户都期待在直播环境下引起主播与其他用户的关注，故主播应满足用户的心理期待，回复尽可能多的弹幕。如果直播间弹幕过多，主播则需要多挑选能够引发其他用户健康情绪的弹幕，如搞笑类弹幕。

（2）专业问题保持强势态度　主播人设多种多样，多数主播都存在某领域的一技之长，这也是多数用户选择关注主播的原因。因此，在垂直领域的专业问题上保持强势的态度，一方面能够稳定主播人设，另一方面也能够激发用户与主播再互动的欲望，即想要就垂直领域问题继续与主播探讨。主播必须注意，强势的态度并不等同于强势的语气，态度要坚决，但与用户沟通的语气仍需要平和。

（3）不与用户争论　由于直播环境下可讨论的话题过多，并且直播间存在一定的陌生用户流量，主播与用户的观点难免会产生碰撞。主播如果坚持说服用户，往往会激发用户的抵抗情绪。此时，主播应在表明自己态度的前提下尽快终结话题，不与用户争论。

（4）话题覆盖尽可能多的用户　在直播过程中，总有用户能够提出较小众的话题，此时主播不应因为自己对该话题十分了解，而与用户深入沟通，这会抑制直播间多数不了解该话题的用户弹幕。主播对待小众话题的态度应是尽快告知用户自己对该话题有了解，可在直播结束后深入探讨，后插入其他话题或返回直播主线内容。

2. 弹幕互动话题方向

秉持上述四个弹幕回复基本原则，主播可主要选择如下四个弹幕互动话题方向。

（1）专业话题拓展延伸　直播间垂直领域的专业话题是塑造主播人设的重要方式，在用户主动提出专业领域的相关问题时，主播可采用两种话题延伸方式：一是快速接过话题并朝着自己擅长的专业领域引导，如此显出主播人设的专业知识，提升用户在垂直领域对主播的信任度；二是快速解答用户的问题并将专业话题向娱乐方向引导。因为专业话题的受众有限，主播聊得越深入，能够接受该话题的用户就越少。相反，主播如果从话题的专业性中跳脱，利用自己在专业领域的见闻，向用户科普该领域的娱乐性内容（如八卦），则多数用户均可接受，甚至会产生兴趣。如此对直播间吸引用户，甚至扩充垂直领域用户都有帮助。

（2）人设标签塑造话题　人设标签塑造话题是指一切可彰显主播性格标签的话题，如颜值探讨、热点事件讨论、用户情绪宣泄、社交关系讨论等。这类话题不仅能够塑造主播人设标签，还能在运营初期建立与多个用户的黏合关系，为后续直播间的用户交互做好铺垫。

（3）企业话题　企业话题是指一切与直播间主体相关的话题，包含直播间所售商品、直播间主体信息、用户订单问题等。主播可借助各类用户话题链接企业商品，例如用户吐槽生活时侧面展现了与企业商品对应的需求，主播便可向用户推荐商品，如此既可促进销售，又可展现主播人设的业务能力。同时，当用户谈及直播间主体，尤其是企业型直播间主体时，主播应在用户不抵触的前提下尽可能地介绍企业相关背景，让用户对直播间主体加深印象。此外，积极响应用户提出的订单问题，还能彰显直播间服务用户的基础价值观。

（4）用户兴趣话题　本着话题覆盖尽可能多的用户的原则，在用户弹幕不违规的前提下，主播应想方设法地融入直播间用户讨论的日常话题，例如用户基数较大的游戏或体育运动。正如本书第五章第一节中的"人设的可拓展性"所说，主播可选择用户感兴趣的话题领域做人设标签的拓展，拉近与直播间多数用户的距离。

3. 弹幕互动技巧

弹幕互动技巧是指在直播与弹幕互动过程中，能够激发弹幕数量或吸引用户关注的话术或行为，常见的有如下三种。

（1）自恋或自嘲　自恋或自嘲的使用场景较多，通常能够达到促进用户发送弹幕的效果，使用时主播必须注意两点：

1）要在娱乐场景下透露自恋与自嘲，因为不经意间的自恋与自嘲会被用户认作是"段子"，可引导用户接"梗"，而刻意的表达则会让用户感到无聊，使直播间冷场。

2）要在多数用户认可主播某方面能力的情况下自恋，在用户都知道主播某方面不足时自嘲。例如，主播是省级羽毛球冠军，在谈及世界大赛球员精彩表现时，便可用"简直和我有一拼"以示自恋。再例如，主播爱踢足球且"人菜瘾大"，户外直播经常面对空门踢偏，此时在谈及职业球员的低级失误时，就可以用"跟我水平差不多"来自嘲、调侃。如此做的原因同样是让大多数用户能够接住主播抛出的"包袱"，活跃直播间氛围。

（2）拉高用户"血压"　直播间用户中不乏强迫症用户，主播可通过多种方式拉高用户"血压"，例如在游戏直播中突然出现迷之行为导致输掉游戏，或是在讲述内容的过程中到高潮部分突然"掉线",又或是在直播带货过程中介绍完商品但延迟上架。这些短时间让用户感觉别扭的直播行为都可以促进直播间弹幕,但主播必须注意,这种提高弹幕互动的方式应尽量少用,否则会出现大批用户因不耐烦而取消关注直播间的情况。

(3)建立目标　用户眼中直播过程的不确定性,是吸引他们收看直播的关键因素,因此主播每建立一个目标,就会在用户心中种下一颗好奇的种子,无论是目标实现的释怀,或是立目标失败被打脸瞬间的激动,都能够吸引用户继续收看直播内容并发送弹幕。其中,大概率能够完成的目标主要吸引"黑粉"看打脸,大概率不能完成的目标则主要吸引"真爱粉"看逆袭。

三、直播间 KOL 培养

KOL 即社会型意见领袖,在直播间交互环节中是指直播间中被多数用户熟知的、发言具有一定影响力的用户。KOL 一般在直播间黏合用户中选取,经过沟通培养后助力主播更好地完成直播间用户交互环节。直播间 KOL 的培养过程分为发现 KOL、训练 KOL、建设直播间 KOL 三个部分。

1. 发现 KOL

发现 KOL 的过程分为两个部分:一是明确 KOL 用户具备的特点,二是在直播间运营工作中挖掘 KOL 用户。

(1)KOL 用户的特点　KOL 用户普遍具备三个基本特点:一是在直播间内容相关的垂直领域具有一定的专业性,二是对直播间有明确的需求,三是能够制造"金句"。专业性是指 KOL 必须是对直播间相关领域的内容有一定研究的资深爱好者。而 KOL 对直播间的需求通常分为两种:一是具有与主播交朋友的需求,二是对直播间所售商品的消费需求。基于上述两种需求,直播间运营团队便有将其培养成 KOL 的基础。能够制造"金句"则意味着该用户的弹幕更易被其他用户关注,也就更易达成对其他用户的引导。

此外运营团队必须注意,KOL 不一定是在直播间消费额度超高的用户,并且越是不经常消费的黏合用户,弹幕对其他用户的引导性就越强,因为在其他用户眼中,该用户与直播间团队不存在较深的利益关联。

(2)KOL 用户挖掘　KOL 用户挖掘是指运营团队在不同场景下发现潜在的 KOL 用户,具体场景包含如下四种。

1)寻找经常在直播间发送弹幕,并且弹幕内容有一定的稀缺性的用户。这类用户的典型特征是能够根据看到的直播内容造"梗",在其他用户已经对直播内容感兴趣的情况下,加深用户对直播内容的印象。

2)直播间粉丝群组。直播间粉丝群组中经常发言的用户大多是活跃且黏合度较高的用户,他们对主播、直播内容、直播间商品往往表现出更强烈的需求。这类用户更易被运营团队引导成为 KOL。

3)直播间账号后台留言。用户在直播账号后台留言的情况一般有两种:一是与账号产生交互后对账号内容深入探讨,二是用户对账号有主观的建设性意见。这两种留言用户都表现出对账号较高的黏合性,故有被培养成为 KOL 的可能性。

4)商城客服私信。商城客服私信场景多是用户提出对商品的问题,客服解答,或是客服引导用户购物、提出反馈。在客服私信场景中,如出现用户给出商品较高评价或积极反馈，愿意推荐给身边朋友的情况，则客服可引导该用户加入用户群组，或直接询问成为 KOL 的意向。

运营团队在发现潜在的 KOL 用户后，就可私信沟通成为 KOL 的相关事宜，开启 KOL 培养计划。

2. 训练 KOL

在用户有意向成为直播间 KOL 后，运营团队便可开始训练 KOL 用户，在达成三个方面的思想协同后，便可以根据运营团队的需求投入运营工作。

（1）互相明确双方责任　在直播环境下，主播应是相声表演中"逗哏"的角色，但在 KOL 介入的情况下主播便可成为"捧哏"，由 KOL 用户承担发起话题，引导用户讨论话题的责任。此时，主播承担的压力减轻了，主要工作便是延展 KOL 提出的话题，或是在用户因话题而产生需求时应答。例如，在考研前夕，某辅导考研老师的直播间 KOL 谈及了考研复习话题，便可能有考研用户对考研的诸多环节提出疑问，主播便可根据用户提问做出有针对性解答。

（2）明确 KOL 禁忌　KOL 的禁忌，便是 KOL 的弹幕被用户看穿是直播间的"托儿"，因此运营团队必须重点告知 KOL 注意如下两种行为。

1）提出弹幕话题的时机不能太过突兀。KOL 提出话题或发送"金句"弹幕可以是奇思妙想，但不能是胡思乱想，在不符合直播间环境的情况下提出话题不仅不会受到用户关注，如果主播回复了 KOL 该话题，还可能导致直播间冷场。

2）不能因主观情绪影响既定的合作计划。各类直播间都常出现攻击主播与其他用户的行为，KOL 用户不能在此时因情绪激动与直播间其他用户辩论，而应终止话题，跟随主播的管理节奏寻求其他时机延续话题，如此才能充分利用直播前主播与 KOL 的话题策划。

（3）沟通协调后的话题方可实施　许多能力出众的用户无须运营团队帮助，便能够在直播间活跃用户，但用户成为 KOL 后便需要协助运营团队工作，此时 KOL 不能漫无目的地激活用户，必须先与运营团队明确话题预计达成的目标，而后双方经过话题策划后，方可在直播过程中发起该话题，具体话题策划方法将在下文"直播间话题策划"展开讲解。

> 【运营提示】针对不同特点的 KOL，运营团队必须做不同方向的引导、训练
>
> 运营团队挑选的 KOL 存在两种极端情况：一是与主播协同配合输出话题的能力极强，但对直播间黏合度一般，这类 KOL 用户普遍对直播间商品存在需求，运营团队必须通过福利将其捆绑；二是协同输出话题的能力较弱，但对直播间黏合度极高，这类 KOL 用户普遍对直播间、主播存在社交需求，运营团队必须注重对其话题互动能力的训练。

3. 建设直播间 KOL

建设直播间 KOL 是指在长期的直播过程中，让越来越多的直播间关注用户知道 KOL 用户的存在，甚至形成了对 KOL 用户的期待。这一过程需要主播与 KOL 长期在直播间策划话题、主播编造与 KOL 的故事来实现，或主播与 KOL"互相伤害"实现。无论哪种方式，其原理都是让 KOL 与主播的互动成为用户的快乐源泉。

> **【运营经验】直播间 KOL 不能唯一**
>
> KOL 是直播间的焦点，会受到直播间多数用户的关注，运营团队必须提防 KOL 可能出现的两种情况。第一，KOL 被用户看穿是"托儿"。KOL 成为直播间焦点的主要原因在于，在用户眼中 KOL 是"英雄"，能带领所有用户一同"欺负"主播与直播团队。一旦 KOL 的身份被用户定义为运营团队的托儿，KOL 便不再有吸引用户的能力，也就失去了协同运营团队的价值。第二，KOL 脱离运营团队控制，放弃在直播间辅助运营团队的工作。KOL 帮助直播间运营的前提，是对主播存在社交需求或对直播间商品存在消费需求，并且直播间运营团队能够以福利的方式满足 KOL 的需求。但用户的消费与社交行为在很多情况下表现为短期的偏好，当用户社交、消费需求减弱后，就会出现脱离运营团队控制的状况。
>
> 为避免直播间出现 KOL 集体"离家出走"的情况，运营团队必须在直播间培养多名 KOL 用户，如此才能避免因没有 KOL 导致直播话题内容不好推进的窘境。与此同时，直播间 KOL 数量越多，弹幕活跃的局面越容易形成，甚至会出现直播间用户对两个 KOL 的组合很爱看的情况。此外，不同 KOL 具备不同的性格特点，适合发起的话题不同，对应直播间的用户需求也不同。KOL 类型越多，直播间可策划的话题方向便越丰富。

四、直播间话题策划

直播间话题策划，即根据热点、直播主体内容、直播间用户画像、直播所售商品等要素提前策划直播过程中与用户互动的话题。话题通常必须由主播与 KOL 协同完成，因为一方面话题由 KOL 扮演的普通用户提出显得更加自然，另一方面 KOL 的参与也避免了中小型直播间没有用户互动的尴尬局面。直播间话题策划通常分为如下四个步骤。

1. 明确运营目标

直播间互动话题的基本目标是活跃直播间用户，以提升直播间热度。此外，根据运营团队需求，可延伸出三个拓展型目标，包含挖掘用户需求、塑造/扩展主播人设、提高销售转化。目标不同，话题方向不同，注意事项也不同。

（1）挖掘用户需求　直播间话题本身具有社交属性，能够满足用户的社交需求，故直播间话题挖掘的用户需求主要为内容需求与消费需求。游戏、秀场直播主要挖掘用户的内容需求，为后续直播内容策划提供参考。超市型直播、渠道型直播主要挖掘用户的消费需求，为后续直播间选品、渠道扩充提供参考。企业型直播基本不存在单纯挖掘用户需求的情况，多是以话题激发用户的潜在需求，继而提高销售转化。

挖掘用户需求的话题较简单，多是由主播直接提出。话题的效果取决于能否激发用户的表达欲。通常，在有用户表达了自身的"奇葩"需求后，其他用户才更愿意尝试表达自主需求。

例如，某男主播开展了"万圣节播什么"的话题讨论，KOL 要求主播女装出镜，多数用户基于猎奇心理都会表示附议，该话题便拥有了较高的用户参与度。此时，如果主播拒绝该建议并提出"换一个"的要求，用户的表达欲将被激发，各类用户期待的直播内容便会从弹幕中脱颖而出。

（2）塑造/扩展主播人设　塑造/扩展主播人设是指塑造主播性格标签与价值观，主要通过热点话题讨论完成。其中，社会相关热点事件更能展现价值观，生活相关热点事件更能展现性格标签。在面对不同塑造主播人设的热点话题时，主播首先要保持价值观的稳定，其次可以通过与不同性格的 KOL 的分歧凸显主播人设。

扩展主播人设是指建设主播的行为偏好，主要面向直播间多数用户感兴趣的行为或当下的热点。例如，某个以"辣妈"为主要用户画像的销售型直播间，主播可扩展"瑜伽"这一行为偏好，这类行为偏好话题普遍由 KOL 发起；再例如，在飞盘运动火爆时，主播可扩展飞盘这一行为偏好，该话题可由主播自主提出。

（3）提高销售转化　提高销售转化的话题通常出现于销售类直播的商品介绍环节，用以激发用户的潜在需求，必须由 KOL 与主播根据商品功能共同构建商品的使用场景，使用户发现被其忽略的场景，继而产生对商品的需求。以除螨洗发水为例，用户对洗发水的需求普遍不强烈，但许多用户存在脱发、头皮发痒的情况，而这些情况很有可能是头发上的螨虫所致，除螨洗发水便能够解决用户的问题。基于上述情况，KOL 与主播便可以脱发、头皮发痒为讨论话题引发用户互动，激发用户的消费需求，提高销售转化。

这类话题的要点在于必须贴近用户生活，让用户认为自己可参与或与自己有关。同时，话题的落点不应仅是所售商品，应是为用户提供话题场景的解决方案，将商品作为用户在该场景下的一种选择。

2. 根据目标拟定话题

明确话题目标后，运营团队即可与 KOL 商议拟定具体话题内容。在拟定话题时，必须综合考量如下四个方面。

1）当下热点。直播间用户具有较强的流动性，话题开始后仍会有许多用户进入直播间，为确保新进入直播间的用户能够尽快了解直播间在谈的话题，话题应具备一定的热度，如此能吸引更多陌生用户参与话题。

2）KOL 标签。KOL 标签与主播人设类似，每个 KOL 都有习惯出现的时间、习惯的语言方式、感兴趣的话题，运营团队必须在培养 KOL 期间，便根据其个人喜好明确参与的话题标签范围，视为 KOL 标签。

3）直播间用户画像。话题的基础目标是激发直播间用户的活跃度，故直播间用户画像对应的用户需求、用户偏好是策划话题的重要参考方向。

4）商品稀缺性。商品销售相关话题源自商品使用场景，商品使用场景对应商品功能，商品功能应具有稀缺性，如此，话题才能更好地提高销售转化率。

3. 编写话题具体脚本

脚本如同演员的剧本，是运营团队与 KOL 策划合作话题初期的必须环节。话题脚本的重点在于去文本化，让主播与 KOL、主播与用户之间的沟通更贴近日常聊天。此外，编写脚本时还需要注意两个方面：

1）KOL 是通过文字与主播互动的，必须注意互动过程中文字对情绪的表现力。必要情况下，可在主播脚本中加入对 KOL 文字的情绪解析。

2）可以不对 KOL 的脚本做太多约束，尤其对表达能力、"飞急智"能力较强的 KOL。运营团队编写脚本的意义在于规划主播与 KOL 话题的行进路线，在不违背话题路线的前提下，KOL 结合直播间环境、用户反馈等信息给出的临场反应往往能达到更好的效果。

4. 明确用户介入后的处理方法

让更多用户参与主播与 KOL 互动的话题中是话题内容策划的阶段性目标。参与的用户数越多,目标达成的就越好。基于不同的话题目标,运营团队应制订不同的用户介入后的处理方法。

（1）调研用户需求为目标的话题　主播与 KOL 在直播间发起用户需求调研话题后,短时间内响应的用户并不会很多,因为多数用户认为自己的需求不会被主播响应。当用户看到主播对各类用户需求都给出反馈后,用户提出需求的意愿便增强了。因此,这类话题的用户参与数量会随着弹幕数量的增加呈现指数级增长,这就要求主播在用户介入话题后尽快给参与用户正向反馈,同时主播应在诸多用户需求中挑选出几个极度夸张,几乎无法实现的需求加以调侃,用来平衡直播间弹幕的风格属性。

（2）塑造/扩展主播人设为目标的话题　在塑造主播性格标签、价值观的话题下,主播在用户介入后的处理方式应分为两个部分：一是涉及价值观的深入探讨,主播应坚守价值观底线；二是无涉价值观的正常沟通,应通过沟通内容继续强化主播的性格标签。

在建设主播行为偏好的话题下,主播也需要将介入的用户分为两个部分：一是该行为偏好下的资深用户,主播应多以行业"小白"的姿态向用户请教问题,如此可激发更多直播间用户发送弹幕指导主播；二是与主播类似,对该行业不了解但有兴趣的用户,主播应主动向其发出邀请,一同参与。

（3）提高销售转化为目标的话题　以提高销售转化为目标的话题多是生活场景话题,用户的参与方式仅有两种：一是单纯表达自己在该场景下的经历,二是直接表达自己在该场景下的需求。对前者,主播应判断其是否存在对商品的需求,如果存在则需要通过沟通引导用户提出需求。对后者,主播可直接给出满足用户需求的方法。

主播必须注意三点：一是应尽可能展现在该话题场景下的专业度,主播将场景拆分得越细,情况越丰富,就证明主播在该场景下越专业；二是用户的需求必须由用户或 KOL 提出,不能由主播提出假设,这会展现主播急切的销售心态；三是主播在给出用户解决方案时,应将所售商品作为用户的一种选择而不是解决问题的唯一方式,松弛的态度更易让用户信服。此外,用户如果已经开始询问商品的相关信息,主播无须全部回答,可将对商品的部分需求转接给直播间客服。

> **【运营提示】** KOL 培养与话题策划是直播间用户交互管理的核心
>
> 直播间用户交互管理的目的是让直播间在一个和谐的范围内保持用户活跃,以实现更多运营目标。其中,弹幕处置方法是底线,弹幕互动原则与技巧是为了提高主播的能力下限,KOL 培养与话题策划是直播间用户交互管理的核心。在这套方法体系下,所有运营团队都能达成直播间的相对活跃。本书建议所有直播间都培养 KOL,协同策划直播间话题,培养 KOL 与主播之间的默契,以满足未来各式各样的运营需求。

第三节　直播间客服运营方法

本节内容以本章第一节定义的"客服运营工作"为基础展开,详细介绍四项工作的基本方法,包含直播间用户答疑原则、商城及私信用户回复方法、用户需求分析方法、用户群组建设及引导四部分。

一、直播间用户答疑原则

运营团队必须明确，直播间客服团队应随着直播间用户的增加而扩大。在这样的背景下，一个客服人员的直播间用户答疑工作量不大，只需要保证如下三点。

1. 回复尽可能多的用户疑问

在直播环境下，主播的工作较复杂，因此常会错过部分用户弹幕提出的问题，客服人员要保证解答所有用户有关直播内容、商品的疑问，如果有闲暇还可与主播错过的带有"梗"的弹幕互动。在此过程中，客服人员要在回复时 @ 提出问题的用户，同时客服人员应保证在同一直播外的沟通环境中，协商分配用户问题，提高工作效率。

2. 回答内容尽可能简短

弹幕本就是一种短内容形式，所有平台对弹幕长度都有要求，并且用户收看弹幕的形式多是全屏状态下的滚动弹幕，如果弹幕过长，用户追逐弹幕便会感到疲惫。因此，客服人员必须通过尽可能短的弹幕解答用户疑问，如果用户问题较复杂，短内容无法解答清楚，则可采取两种处理方式：一是告知主播，让主播为用户解答，二是弹幕 @ 用户，引导用户至私信解答问题。

3. 回答内容必须具有引导性

主播在直播间除承担商品销售的任务外，还必须与用户交朋友，但客服人员只需要以满足用户需求的方式达成直播间商品销售即可，故直播间客服人员的话术中具有引导性，在用户眼中无可厚非。客服人员在直播间对用户的引导应包含三个方面：一是基于已回复的有关商品的疑问，引导用户下单；二是基于用户需求，引导用户进入商城查看商品；三是不定时在直播间发送固定弹幕，引导用户关注直播间。

二、商城及私信用户回复方法

进入商城客服页面或用户私信页面，客服人员面对的是用户的个性化需求，此时用户会展现出两个特征：一是对直播间商品产生了初步的购物需求或完成了购物，二是对直播间黏合度较高，通常分为如下四个场景，具体回复方法如下。

1. 用户询问商品细节

用户对商品细节提出疑问，代表用户已经形成了对商品的消费需求，此时客服人员应在解答基础疑问的前提下，展现出为用户着想的客观态度，例如草拟商品的使用场景、提示用户商品无法满足的需求。如此，既展现了正向的服务用户的价值观，提升直播间的用户口碑，又能避免用户在购物后因对商品功能不满意而退货的诸多情况。

2. 用户消费完成

用户消费完成后寻找商城客服的情况较少，通常是索要商品单号，此时客服人员仅需要提供商品单号，并引导用户收货后给予好评即可。

3. 用户私信客服人员领奖

用户私信客服人员领奖的场景出现在直播间组办活动后，用户在直播间收到中奖提示后，按主播指引添加直播间客服人员。客服人员必须让用户提供平台账号个人信息主页截图，对比中奖用户信息无误后，获取用户收货信息并发货。

4. 用户私信客服人员提出建议

用户主动私信客服人员提出建议，是用户黏合度较高的表现，用户建议通常表现为直播内容建议、商品销售建议，客服人员首先应回复收到用户建议，并对用户的支持表示感谢，之后与运营团队讨论用户建议是否对直播间运营有改进作用，必须主要考量用户提出的内容方向、商品类型是否对直播间其他用户具有普适性。

此外，对这类黏合度较高的用户，客服人员可尝试引导其成为直播间KOL，更深层次地捆绑该用户。

> 【运营提示】不要在与用户私信过程中使用淘宝语言
> 一直以来，淘宝开创的"亲亲""好的呢"等客服语言都被互联网用户诟病，许多用户看到这类话术就默认客服在找借口、推卸责任，甚至挑衅。故直播间客服人员应避免使用这类话术，改为使用"您""好嘞"等日常沟通过程中让用户感觉更亲切的语言。

三、用户需求分析方法

客服人员的用户需求分析主要针对用户的消费需求，包含两点：一是用户群体消费需求分析，二是单个用户消费需求分析。

1. 用户群体消费需求分析

用户群体消费需求分析与研究必须从三个方面入手。一是不同商品介绍阶段用户发出的有效弹幕量。有效弹幕量是指与商品相关且表达了需求、态度或建议的弹幕数量。有效弹幕量越多，用户群体对该商品的关注度越高。二是不同商品的商品详情页的浏览量。商品详情页即用户打开直播间链接进入的商品下单页面，商品详情页浏览量越高，用户对该商品的关注度越高，消费需求可能更强。三是不同商品的销售件数。销售件数越多，用户对该商品的消费需求越强。

客服人员明确用户群体的消费需求后，运营团队即可开始下次直播的选品工作，其中用户消费需求最强烈，即销量最高的商品应当保留。对于用户关注度高，但销量一般的商品，运营团队可总结用户关注点，寻找以关注点为核心，更为优质的商品。

2. 单个用户消费需求分析

用户群体消费需求分析的结果主要应用于未来直播间选品，单个用户消费需求分析则主要为了即时击中用户消费需求或潜在消费需求，提高用户在商城的复购率。单个用户消费需求分析的场景是商城客服私信页面，客服人员必须基于用户对商品提出的问题做三个方面的工作。

1）查看用户在商城的过往订单，尝试总结用户的消费偏好。例如，用户购买的商品多是零食饮料，便可初步判断用户具有"宅"这一标签。

2）基于用户对商品提出的问题，明确用户对商品的主要需求，根据主要需求猜测用户该场景下的其他需求。例如，用户想要购买机械键盘，因普通键盘使用起来手感太差，客服人员便可判断用户对计算机外设有较高要求。

3）基于自身判断向用户求证，获得认可后推荐商品。在商城客服私信界面的用户一定是有消费需求或已经达成消费，这一场景下用户会更愿意接受客服人员的商品推荐。如客服人员对用户的消费需求与潜在需求分析准确，则易达成再次销售转化。

四、用户群组建设及引导

用户群组的建设与运营是新媒体领域常见的运营手法，直播间构建的用户群组可分为三种：一是所有关注用户均可进入的用户群组，可通过在直播间发送群组内红包拉用户进群；二是活跃、黏合用户方可进入的群组，必须通过设置用户与直播间亲密度的门槛实现，例如带有直播间粉丝牌的用户可进入；三是仅有通过客服人员才能组建的、消费需求明确的用户群组。本部分内容主要讲解上述第三种消费需求明确的用户群组建设。

在用户与客服人员私信沟通时，无论用户是否完成消费，用户都已将自己的消费需求表达给了客服人员。对运营团队而言，这是最好的细分直播间用户流量的机会。因为用户的消费需求是直播间与用户匹配的终极目标。此时，客服人员必须进行两步操作：一是将用户引导至细分消费需求的用户群组；二是在群组内开展用户运营，具体内容如下。

1. 将用户引导至细分消费需求的用户群组

客服人员引导用户进群的方式应简单粗暴，因为用户没有过长时间停留在客服私信页面，通常客服人员必须用"红包""折扣""稀缺商品优先购"等福利吸引用户进群。客服人员应将用户群组标签尽可能细致地拆分，如此才能在未来群组运营过程中，提高推荐商品的销售转化率。

2. 群组内的基本运营事项

用户群组的主要运营事项是不定时发放福利、推荐商品。同时，客服人员必须按一定频次在群内策划话题，活跃群组气氛。此外，为提高群内商品推荐信息、话题信息的用户触达率，客服人员应将群组人数保持在150人上下。因为用户数越少，用户对自身地位的认知就越高，也就更愿意翻阅群组信息，在群组中保持活跃。

【运营提示】该类群组建设主要适用于超市型直播间

要想建设用户消费需求明确的群组，首先要保证直播间商品品类足够丰富。如此，每个细分标签的群组才存在更多的用户基数，超市型直播间品类多，更具备实现条件。此外，涵盖细分领域较多的渠道型直播间，或商品品类丰富的企业型直播间也可尝试组建这类群组。

第四节　直播间用户交互管理及客服运营的目标

在直播间用户交互管理及客服运营过程中，运营团队必须有意识地达成如下四个目标。

一、构建直播间弹幕文化

构建直播间弹幕文化是主播与用户交互达成的终极目标。弹幕文化可以是直播间弹幕展现出的整体风格，也可以是一个"梗"或一些"梗"的合集。当直播间用户弹幕展现出了相对统一的风格属性时，则用户对直播间更具有归属感。当用户弹幕的"梗"形成了某种弹幕文化，该文化可能迅速蔓延至全平台乃至全网，帮助直播间实现"破圈"。

二、KOL 的积累与标签扩展

多数直播间在没有 KOL 的情况下，直播间用户交互几乎无法进行，而 KOL 具有培养难、易消失等诸多不利于运营团队的特征，故运营团队应在用户交互管理与客服运营的过程中尽可能发现 KOL、培养 KOL。在积累了一定数量的 KOL 后，直播间用户交互的容错度才更高。

此外，为丰富直播间话题，更好地塑造直播间人设，KOL 所具备的用户标签应尽可能丰富，这也是运营团队在直播间用户交互管理及客服中必须重点关注的目标。一般情况下，KOL 的标签必须覆盖主播所有的兴趣标签才算达标。

三、越来越熟练的话题策划

话题策划是用户交互的必须工作。起初运营团队在确定话题目标后，需要结合 KOL 的情况、主播的情况、所售商品等信息与 KOL、主播沟通，明确脚本。虽然过程复杂，但能确保主播、KOL 基本不出错，用户能参与直播话题。随着主播与直播间各个 KOL 协同配合次数的增加，双方应达成更高程度的默契，即在明确运营团队制订的话题目标后，简单沟通话题方向即可顺利执行话题。

四、逐渐丰富的用户数据表

在流量至上的新媒体市场中，用户流量即是价值，渠道、直播运营团队，甚至用户本身都为流量痴狂。但相比平台中的广义用户流量，有明确标签的用户流量更具有价值，因此运营团队必须在用户交互与客服运营过程中构建自主直播间的用户数据表。表中应至少包含重点用户（已达成消费）的基础信息，分析出行为偏好、消费偏好，用户活跃的时间周期等，以此为直播间内容策划、直播时间与时长、选品等直播环节提供参考。

本章小结

区别于直播间活动及福利设置，直播间用户交互管理及客服，虽然也是为了提高用户活跃度、黏合度，提升销售转化率，但它关注的要素更多，运营难度更高。其中，弹幕交互管理为直播间守住运营底线，KOL 的培养与话题策划可以保证直播间的活跃度，提升运营下限，客服运营可以提升用户在直播间的消费体验，提升运营上限。在直播间用户交互管理及客服的运营中，并没有较明确的过程指标与结果指标，需要通过对比多次运营行为的用户表现明确运营结果。随着直播间用户交互管理及客服运营工作的开展，直播间运营团队将更了解直播间用户。这将使直播间活动福利设置、直播间选品、单期直播内容策划等工作更加顺利。

第八章
直播间选品

本章知识体系

第八章知识体系如图 8-1 所示。

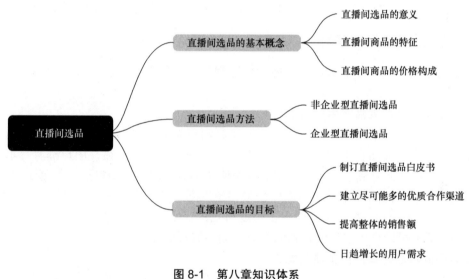

图 8-1　第八章知识体系

销售类直播是直播行业发展的趋势导向，但截至 2023 年 1 月，销售类直播仍有两个较明显的问题有待改善。

第一，销售类直播基本以主播介绍、主播体验、客服人员上架商品为核心内容组成模式，这让销售类直播的内容呈千篇一律的状态，导致用户对销售类直播的期待越来越小，主要表现为商品价格与商品稀缺性。对此，东方××直播间在 2022 年做出尝试，以知识加带货的形式出现，在短期内达到了极高的热度，直播间短期收入也创造了平台的新高。然而热度过后，用户对这种知识加销售带货形式的态度又归于理性。对这一问题，截至 2023 年 1 月，解决方案主要包含两个方向：一是控制直播间的直播频率，将直播作为用户与直播间的盛筵，在直播期间给用户相对更高的福利折扣；二是保证直播商品对用户的吸引力，让用户对销售类直播间抱有"开盲盒"的心态。

第二，销售类直播的商品质量良莠不齐。即便平台已经发布了严格的商城商品上架标准,但依旧有大量商品存在直播间介绍与用户实际使用感受差距较大的情况。这一问题直接导致销售类直播的用户受众减少,并且间接降低了用户对各类直播间的信任度,导致销售类直播新进用户聚集在流量较大的直播间,压制了中小型销售类直播间的发展。这一问题的解决方案同样包含两个方向:一是有关部门从政策层面继续加强对商品宣传的把控,严厉打击虚假宣传;二是所有销售类直播间共同努力,精选物美价廉的商品,不一味追求高利润空间的商品,以构建销售类直播间优秀的商品环境。

基于上述销售类直播的底线与发展方向,直播间选品就成为运营团队的重要工作,它要求运营团队不仅能够拿出各式各样的优质商品,还要在与其他直播间的良性竞争中胜出。本章内容包含直播间选品的基本概念、直播间选品方法、直播间选品的目标三个部分。

第一节 直播间选品的基本概念

直播间选品即挑选品质好、易引发用户关注、与直播间用户画像匹配的商品在直播间销售。本节内容包含直播间选品的意义、直播间商品的特征、直播间商品的价格构成三个部分。

一、直播间选品的意义

直播间选品的意义在于满足了直播销售过程中多方的需求,包含直播间用户、直播间主体、直播间渠道。

1. 直播间选品对直播间用户的意义

直播间选品对直播间用户的意义在于满足其消费需求。这一过程分为两个方面:一是通过性价比较高的商品直接满足用户的消费需求,例如夏天天气热,用户都有寻求凉爽感受的需求,直播间便可挑选美味的冷饮,或是便携小风扇推荐给用户;二是基于"货找人"的销售模式,通过商品功能对应的使用场景,激发用户的潜在需求,例如手机自拍杆,部分用户在手机自拍杆出现前并不存在多角度自拍的需求,当这部分用户看到手机自拍杆,了解其功能后便可能产生多角度自拍的需求,而后购买商品。

2. 直播间选品对直播间主体的意义

直播间选品面向的直播间主体有两种:一是有自主商品的企业,即企业型直播间;二是没有自主商品的企业,即渠道型直播间或超市型直播间。直播间选品对这两类企业主体的作用不同。

(1)没有自主商品的企业 对没有自主商品的企业而言,选品的意义包含四点。一是让本没有自主商品的企业有货可卖,即扩充直播间优质商品数量,增加直播间销售可能性。二是通过选品过程中与渠道的良性沟通,积累优质商品渠道、扩大直播间在渠道中的口碑,提高选品工作效率,甚至提高商品销售利润。三是基于直播间调性与直播间用户消费需求选品,能够提高直播间销售效率。四是通过商品质量,构建直播间在用户眼中的口碑,以及与其他直播间协同构建更高的直播带货行业商品质量。

(2)有自主商品的企业 对有自主商品的企业而言,选品工作更为复杂。一方面,企业需要在市场中寻找与自主商品有关联性的其他商品推出商品组合,达到促进自主商品销售的目的,同时还能赚取作为渠道商的利润。另一方面,企业需要根据直播领域商品的普遍特点,对自主商品进行改良或话题增值,从而促进商品销售,这也属于企业选品的一部分。

3. 直播间选品对渠道的意义

本部分所说的渠道，主要服务于没有自主直播间、需要其他直播间为其提高销售转化的企业。本书虽然鼓励所有企业均开通自主直播间投入运营，但是截至2023年1月，仍有大部分企业不具备运营自主直播间的能力，为提高线上销售量，只能将自己的商品提供给其他直播间进行销售。为保证销售量，即便大流量直播间提出高坑位费、高利润分成、全网最低价等条件，大流量直播间的样品库房堆积成山，供大于求，腰部、中小型直播间能获得的样品则有限。

当直播间运营团队都养成了选品意识，掌握了直播间选品方法后，商品渠道便可将自己的商品投放至各类分销市场，等待与之匹配的直播间上架销售。如此对渠道商而言有三点利好：一是减轻了渠道商寻找直播间的压力；二是面对匹配度高，流量一般的直播间，渠道商可在利润分配过程中获得更多收益；三是优质商品渠道商不需再担心被低质量、高利润的商品驱逐。

二、直播间商品的特征

直播间高销量商品普遍具备五个特征，其中包含两个必备的基本特征，以及三个新零售商品特征。

1. 商品质量高且稳定

商品质量高是指商品功能能够完美匹配用户对该商品的使用需求，同时在一定程度上超越了用户的心理期待。例如，用户在直播间购买了红心猕猴桃。猕猴桃这类商品经常会出现收货时过硬无法食用，或因货运挤压导致部分水果烂掉的情况。如果用户收货时猕猴桃软硬适宜，并且酸甜可口，这就属于在品质上超越了用户的心理期待。

此外，直播间销售的商品不是仅销售一次，商品生产的上游企业或商品销售渠道都想有更高的用户复购率，这就要求商品保持稳定的高质量。这一要求主要针对商品生产的上游企业。上游企业由于受到直播间的利润挤压，会想在某些方面削减商品的原料成本以保证盈利，但这是一种严重消耗用户信任的行为。这就要求直播间与商品生产的上游企业共同努力。一方面直播间应为上游企业留出更多利润，另一方面上游企业也应坚守自己的初心，稳定产出优质商品，以提高多渠道的复购率。

2. 价格相对传统渠道偏低

直播领域"价格战"的恶性竞争应被制止，但直播间销售的商品价格应普遍更低。这是由于直播是直面用户的销售模式，它省去了各级经销商在销售过程中的层层分红。在这样的销售模式下，商品生产的上游企业有更大的价格操作空间。同时，上游企业也必须注意，任何商品都有基础的市场定位、价格定位，直播间销售不能长期低于其基础价格，这样会影响用户对商品的价格认知，破坏该商品在其他渠道的价格体系。

3. "黑科技"卖点

商品的"黑科技"卖点是指商品在功能、包装、材料、工艺、技术等方面展现的先进性和差异化。不同年代的用户眼中有不同的"黑科技"商品，并且随着时代的发展，"黑科技"的标准也会提升。

截至2023年，商品生产的上游企业对"黑科技"的探索主要分为以下两个方向：

1）对现有商品在技术、工艺等方面提高用户的使用感受。例如，曾在有赞商城成为爆款的"黑科技"雨伞，如图8-2所示。该雨伞包含三点"黑科技"：一是全自动打开、合上，可通过伞柄的功能按钮一键完成；二是反向收伞，雨天使用雨伞过后，表面通常会留下大量水滴，放在室内、车内时会顺着伞面流出，反向回收则避免了这种情况，水滴会聚集在伞内，不易流出；三是加固抗风，这一点主要体现在该雨伞的材质上，它使用了十骨不锈钢骨架，加固防风，相比普通雨伞更结实。

2）针对用户的猎奇心理，将商品与本不相关的元素巧妙结合。例如，这款"学霸"厕纸，如图8-3所示，商家将各式各样的英语单词印在了厕纸上，供有需求的用户在上厕所时背单词。这本质上是一种假想需求，因为真正有背单词需求的用户对该商品的使用率并不高，但许多用户依旧基于对这款商品的猎奇心理而下单。

图8-2 爆款"黑科技"雨伞

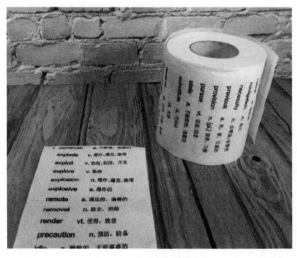

图8-3 "学霸"厕纸

4. 高颜值卖点

高颜值卖点满足了用户的生活方式升级与生活美学升级的需求。随着各类商品层出不穷，很多用户在购物时都会将颜值作为重要参考指标，尤以年轻用户为主，甚至有些用户会将颜值的重要程度放在商品品质之前。

但高颜值没有明确的定义，用户画像不同决定了对颜值的标准不同，运营团队在定义商品颜值时应从如下三个方面入手。

1）追求商品外观的精致。如果用户能在看到商品的第一时间给出精致的评价，就意味着商品已经满足了用户的高颜值标准。精致通常展现在商品外形上，如果商品外形超越了用户对同类商品的认知，同时又能让用户一眼看出商品类型，则可被定义为精致，如图8-4所示。该样式的同心锁口红在初次投入市场时，用户对其颜值普遍表示认可。

图 8-4　同心锁口红

2）追求商品与直播间用户画像的匹配。用户个体对高颜值的认定标准较难捕捉，因为即便用户画像类似，由于个人经历、性格标签的不同，也会展现出不同的高颜值判断标准。但面对用户群像时，用户的审美标准依然有迹可循。例如，中年白领这一基础用户画像，普遍喜爱黑色、深蓝等颜色，二十岁上下性格外向喜爱社交的大学生，则倾向于更加跳跃的颜色。

3）建设高颜值定义，引导用户。即便不同用户对高颜值的认知不同，但用户对颜值的认知是会改变的，例如，许多人初见加菲猫时都会觉得丑，但时间一长，对加菲猫丑萌的感受就会改变用户对其颜值的认知。这就意味着运营团队具备对用户高颜值标准的改造空间。

5. 话题感卖点

话题感是商品的综合性评价要素，主要通过两个方面展现：第一，如果商品具备黑科技、高颜值卖点，那么天然具备话题感，因为许多用户会在社交圈晒出自己购买的黑科技、高颜值商品，以成为社交话题；第二，基于商品功能与热点、场景的匹配，运营团队可通过内容为商品创造话题。

通过热点创造话题感的方式有两种：一是寻找明星代言，早期在微信公众号出现的图文带货内容中就已广泛使用，如以"某某明星都在用，用它保养一个月立马年轻十岁"为标题的护肤品带货内容，是将某某明星当作热点为商品创造话题；二是基于当下热点，让商品与热点产生联系。例如，2022年年底，一些人出现了发烧、嗓子痛等症状，黄桃罐头作为北方常用的"食品安慰剂"引起了广泛的话题讨论，这便是基于热点为商品创造话题。

通过场景创造话题感，一般是通过描述商品使用的场景，让用户有代入感，提前构建在该商品使用场景下可以讨论的话题。此外，如果商品在用户使用过程中存在一些令人难以想象并且与商品品质息息相关的场景，则更能吸引用户关注。例如，2000年因司机醉驾，一辆轿车，从某桥上掉了下来，结果轿车不但没有砸到其他车辆，自身也完好无损，继续在马路上正常行驶。这段视频当时广为流传，该品牌的汽车也成为众多用户谈论的话题。在之后的几年，该地的出租车陆续换为该品牌，足以证明话题感对商品销售起到的作用。

三、直播间商品的价格构成

本部分内容分为传统商品价格构成、直播间商品价格构成及优势两个部分，旨在指导部分渠道型直播间与超市型直播间能够明确各类商品的价格构成，以更好地理解本书所述，与生产商品的上游企业建立良性合作。

1. 传统商品价格构成

传统商品价格，一般由商品成本价格、厂商出货价格、渠道价格、终端销售价格和终端优惠价格构成。

1）商品成本价格即生产商品必需的成本费用，一般由原材料价格、设备损耗、人力成本和物流成本组成。

2）厂商出货价格，即厂商在商品成本价格基础上，增加一定预留利润后，制订的商品出厂价格。

3）渠道价格，即经手流通、销售商品的渠道商，在厂商出货价格基础上，增加一定渠道利润后的商品销售价格。一般渠道价格不唯一，商品在流通中会经过一级渠道商、二级渠道商等销售流通渠道。

4）终端销售价格，即用户在销售终端购买商品的价格。终端销售价格是在渠道价格基础上，增加一定销售终端利润后的商品销售价格。一般厂商在商品问世时，会为商品制订终端销售指导价格。一是为稳定商品在市场上的价格体系，让商品在与同类商品的竞争中，既能保证利润，又具有竞争力；二是明确商品利润空间，约束各级渠道商和终端销售商的利润空间，防止渠道商的恶意竞争行为出现。

5）终端优惠价格，即厂商、渠道商或终端销售商，为促进商品销量，制订的商品周期性优惠价格。

2. 直播间商品价格构成及优势

直播间商品价格构成是在上述价格体系的基础上，削减了渠道数量，将多层渠道价格变为单渠道价格。另外，终端销售价格与终端销售优惠价格，对应直播间日常销售价格与直播间优惠价格，如图 8-5 所示。

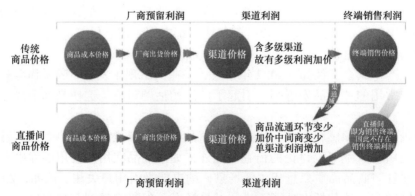

图 8-5 传统商品价格与直播间商品价格的对比

渠道型直播间、超市型直播间作为销售渠道呈现了扁平化状态，上游企业可直面各类直播间渠道，这使商品流通环节变少，也就是加价的中间商变少，上游企业和直播间渠道有了更大的议价空间。于是，直播间商品在价格制订上便存在如下三个方面的优势。

1）用户购买商品其终端销售价格可以更低。直播间既是上游企业的渠道，又是商品面向用户的终端，因此传统商品的终端销售利润在直播间销售体系中被归到直播间利润中，如此直播间有了利润保障，就更愿意与上游企业协商制订更低的直播间销售价格。

2）直播间获利相比传统渠道可以更高。即便商品最终的销售价格有所下降，直播间依旧有利可图。这是由于上游企业和直播间可直接对话，决定双方在商品成本价格到直播间销售价格差价的分配。在互惠互利的基础上，更具实力的一方可获得更高利润。上游企业的实力是指品牌口碑、商品质量、销售数据支撑等。直播间的实力是指用户客单价接受范围、用户购买力、用户流量等。

3）直播间价格体系更可控、更稳定。在传统商品销售形式下，各类渠道商经常会因为货品积压、恶性竞争等，调高渠道价格或降低商品销售价格。这会破坏商品的价格体系，引发其他渠道不满，最终影响商品市场销售的整体情况。但直播间作为销售渠道，既没有仓储成本，又能赚取更多利润，也就更愿意和具备优质商品的上游企业合作。在此基础上，直播间通常会遵守上游企业制订的销售价格及优惠销售价格。在众多直播间渠道销售价格保持稳定的情况下，商品的直播间销售价格体系便能够保持稳定。

【运营经验】有关直播间坑位费的探讨

坑位费是指上游企业向销售类直播间支付的、商品上架并在直播售卖的服务费用。坑位费对直播间而言是直播收益的保障，直播销售上架的渠道商品越多，坑位费收取的就越多，这也是许多超市型直播间、渠道型直播间单次直播要上架几十件商品的原因之一。对上游企业而言，坑位费是直播间变相收取销售利润的一种方式，上游企业在计算最终 ROI（投资回报比）时会将坑位费与直播间销售分成合并为市场费用。那么，直播间是否应该设置坑位费，又该设置多少元的坑位费呢？以下是本书对坑位费三个方面的思考。

第一，直播间应基于销售能力制订坑位费。直播间越知名，坑位费越贵，是直播行业的普遍认知，但本着双方互惠互利诚实守信的原则，直播间应对上游企业的销售结果负责。直播间用户画像决定了直播间更适合销售的商品，这就要求直播间运营团队根据对自主直播间用户画像的分析，做出不同商品销售量的期望值，而后制订坑位费。本书给出的坑位费建议是，坑位费加直播间收取的商品销售利润分成均摊至每件商品后，达到商品销售价格的 30%～50%。此外，如果直播间流量较小，面对优质商品时可打破 30% 的利润底线。如果直播间流量较大，也可以通过提高坑位费的方式作为鉴别优质商品的手段。

第二，不同商品类型坑位费应不同。本书给出的坑位费加销售利润分成占商品价格 30%～50% 的建议，是一种价格浮动的区间，而非固定数值，因为商品类型不同，利润空间也不同。概念型商品的利润普遍较高，例如装饰品、艺术品；而生活刚需的商品利润普遍较低，例如农副产品。针对不同商品设置不同坑位费，既能展现出直播间运营团队的专业程度，又能以坑位费为门槛，按照自主直播间用户的消费偏好有针对性地选择商品。

第三，面对不同上游企业应制订不同的坑位费。坑位费在某种程度上是由于直播间运营团队对陌生上游企业不了解，保护直播间收益的一种方法。如果直播间与上游企业在多次合作过程中，双方均获得了不错的收益，直播间应主动降低坑位费以捆绑上游企业。因为在直播带货领域，各式各样的直播间层出不穷，但某领域的优质商品可遇而不可求。

第二节 直播间选品方法

直播间类型不同，选品方法也存在差异，本节将销售类直播间分为非企业型直播间（渠道型直播、超市型直播）与企业型直播间两个部分，分别讲解直播间的选品方法。

一、非企业型直播间选品

本部分内容分为直播间商品匹配方法、挑选商品的渠道、选品执行方法、主题式销售四部分内容。

1. 直播间商品匹配方法

直播是一场匹配的游戏，直播间商品与用户达成高度匹配，便可提高直播间的销售转化率，增加直播间作为销售渠道的价值。用户与直播间商品的匹配包含两个方面：一是商品基础信息与用户标签的匹配；二是商品调性与用户调性的匹配。

（1）商品基础信息与用户标签的匹配　商品基础信息包括价格、质量，以及黑科技、高颜值和话题感。用户标签包含三级：年龄、性别、手机号、生活地区等基础信息；家庭环境、工作收入、客单价接受范围等客观信息；阅读偏好、社交偏好、消费偏好等行为信息。

其中，质量是所有用户都注重的，无须匹配，价格需要对应用户的客单价接受范围，黑科技、高颜值、话题感主要匹配用户的行为信息。例如，兴趣爱好及关注领域决定用户对黑科技的理解，审美偏好决定用户对高颜值的理解，社交偏好决定用户对话题感的理解。

（2）商品调性与用户调性的匹配　商品调性的形成主要取决于三点：

1）商品的使用场景。如果商品的使用场景相对高级，例如，某酒之于国宴、某画作之于书房，则商品可以显示出高调性；反之，如果商品常在日常生活场景中使用，则不容易具有高调性，但运营团队可通过设计话题场景，赋予商品高调性。

2）商品的背景故事。如果商品出自名人、名企之手，例如，书法家写的字帖，某高档品牌的包，那么商品天然具有高调性；如果商品出自大众品牌，则调性会在档次上输其他商品一筹。

3）商品的外观设计。如果商品外观对用户而言显得高大上，例如，很多用户认为对开门智能冰箱的设计更高端，则商品具有高调性；如果商品设计趋于大众化，即使功能性再强，也无法给用户高调性的感受。

用户调性主要表现在用户对商品的品位及对生活方式的追求上。在用户调性与商品调性匹配过程中，首先匹配的是商品的背景故事与外观设计，因为其对调性的展现更加明显；其次匹配的是商品的使用场景，因为它主要由用户需求决定，并且对调性的决定性影响相对较低。

> 【运营提示】用户画像与选品方向的关系
>
> 从上述直播间选品的匹配关系看，用户画像的研究是直播间选品的前提，但直播间在运营初期并没有相对准确的用户画像，此时运营团队应先基于直播间设置阶段定义的用户画像选品，而后通过各类商品的销售结果，尝试定义直播间用户的用户画像标签与基本用户调性。

2. 挑选商品的渠道

渠道型直播间、超市型直播间的选品渠道主要包含以下四种。

（1）供货市场选品　截至2023年1月，线上销售已有10年历史，许多线上销售平台有供货平台，可供运营团队选品，例如1688网、赶集网、马可波罗网等传统选品网站，有赞、微盟等新零售平台的分销市场，以及小红书。供货市场选品是直播间选品的主要手段，因为供货市场的商品数量不计其数，有各种各样的宝藏商品等待运营团队发掘。

此外，运营团队在传统供货市场选品时，尤其是处于运营初期的直播间，可着重研究未在直播领域销售，甚至还未在新媒体领域销售的商品。与这类商品的上游企业合作时，运营团队可基于初期良好的销售成果，尝试与其签订独家线上供应条款，即以该直播间商城为该商品线上销售的唯一货源。

如此，直播间便成为该商品的"线上厂家"。不仅可以在自主直播间销售该商品，还可将其作为自主商品推荐给其他渠道型直播间、超市型直播间，既能提高直播间与上游企业的利润，又能基于优秀的商品品质在各类直播间、用户之间打下良好的自主直播间口碑。

（2）线下商家选品　线下商家选品即运营团队直接联系传统企业的市场部门寻求合作，以市场口碑优秀的老品牌为主。虽然直播间销售的许多商品具备黑科技、高颜值等突出特点，但许多老品牌商品的品质过硬，并且部分老品牌能够唤醒用户沉睡的记忆。如图8-6所示，经典的"流口水"酸奶棒，它能唤起许多"80后""90后"儿时的记忆，具备较强的话题感。

图8-6　"流口水"酸奶棒

截至2023年1月，还有很多具备优质商品的传统企业没有自主线上直播间，并且对直播带货的态度普遍分为两种：一是已与直播间达成合作或期待合作，愿意以此拓宽线上销售渠道；二是在过往与直播间合作过程中，受到直播间高坑位费、高利润分成、要求全网最低价的挤压，甚至有过直播间销售赔钱的经历，因而展现出对直播带货的抵触。

对待上述两种上游企业的态度，运营团队的应对方式应该不同。对有意向的上游企业，运营团队更易与之达成合作，合作达成的关键点在于直播间的销售能力，以及相较其他直播间更低的坑位费与利润分成。对抗拒直播带货的上游企业，运营团队必须明确问题的关键在于直播间设置的坑位费。在确保该企业商品优质的前提下，运营团队完全可以取消坑位费，以销售利润分成的模式为上游企业提供零门槛的代销服务。

（3）其他直播间选品　其他直播间选品即运营团队调研其他直播间销售的商品，通过联系商品货源达成与上游企业的合作。这是一种将其他直播间当作自主直播间选品团队的选品方法，优势在于其他直播间属于天然"试验田"，能够通过销售数据找出其中的优质商品，劣势在于这种选品方式通常适用于大流量直播间，因为其他直播间已经形成了锁定直播间消费该商品的用户群体，并且基于这部分用户的再传播，用户同样也会直接搜索其他直播间。自主直播间只能依靠自身流量后来居上，达成该商品的销售。

此外，由于许多直播间在与上游企业签订协议时会许诺全网最低价，故多数渠道型直播间、超市型直播间并不适合把其作为选品的主要目标。相反，企业型直播间本身便是生产商品的上游企业，同时又希望有更多渠道帮助销售企业商品，应是运营团队的第一选择。

（4）其他新零售渠道选品　其他新零售渠道是指拥有自主商城的微信公众号。在直播带货尚未席卷新媒体领域时，新零售的主要战场是在微信公众号及其绑定的第三方商城。如好物铺子等微信公众号，利用日常发布的场景化导购内容，不仅实现了公众号的销售变现，甚至引领了图文带货的潮流。即便至2023年，直播带货如此火热，这类以图文内容带货的微信公众号依旧占据一部分新零售市场。

运营团队在该渠道选品时会面临两种情况：一是公众号为商品的唯一线上代理渠道，运营团队直接与公众号团队讨论直播带货事项即可；二是公众号在供货市场中锁定了该商品并分销，运营团队可同样从供货市场中分销商品，但如此做相比其他渠道没有价格优势，建议尝试通过供货市场联系上游企业，商谈坑位费与利润分成。此外，运营团队还可以观察公众号运营人员的朋友圈获取上游企业信息，因为许多运营人员会将销量较高的商品发到朋友圈，在做宣传的同时表示对上游企业的感谢。

3. 选品执行方法

除运营团队自主寻找商品外，许多上游企业会主动联系直播间团队寻求合作。无论运营团队以哪种方式发现目标商品，都需要团队成员对商品做出细致研究，最终决定商品是否可以在直播间上架，具体流程分为如下四步。

（1）商品调性分析　商品调性是商品与用户匹配的关键要素，如果商品调性与直播间活跃用户完全不匹配，则不适合在直播间上架。

（2）商品卖点分析　商品卖点通常是指商品功能与高颜值、黑科技、话题感这三种商品特质，其中商品功能必须比同类商品更为突出才能作为卖点。运营团队挑选的商品必须具备上述四种特点中的至少两种。

（3）商品价格分析　随着时代的发展，各类商品都通过话题设计、辅助功能设计等方式被赋予更高价格。但运营团队必须明确，任何商品都有其基础功能，商品的价格设定不能超过用户对商品基础功能的认知底线。以图8-7所示的新零售爆款商品爬墙插座为例，普通的插座售价一般是十几元或二十几元，而这款插座具备USB充电接口，同时具备爬墙功能，应该比普通的插座略贵一些，但无论如何定价也不应该超过50元，因50元以上的价格与用户对插座的心理价位相差过大。

图 8-7　爬墙插座

（4）商品试用　商品试用是上架前的最后环节，运营团队必须让多名团队成员或身边与该商品匹配的用户试用商品，以获取三点信息：第一，商品的易用程度；第二，商品功能与上游企业的描述是否相符；第三，为商品设计使用场景与通感用于直播内容。

为提高直播间收益，运营团队可以选择一些质量有保障但易用性一般的高利润商品。但在直播过程中，主播向用户介绍商品时必须保持客观公正，坚决不能有超越商品本身的描述出现：一来是为了守住直播间的价值观底线，二来是为了保护直播间。因为自 2019 年起，各类销售渠道凡涉及虚假宣传，均将面临巨额罚款。

> 【运营经验】索要样品无可厚非，购买样品凸显诚意
>
> 挑选商品的前提是运营团队手中已有商品样品，这就涉及样品的获取方法。一般情况下，上游企业都愿意向直播间寄送样品以促成双方合作，但面对优质上游企业、优质商品，本书建议运营团队在市场预算充足的情况下主动购买样品。如此能够凸显直播间与上游企业合作的强烈意愿，在后续洽谈合作的过程中，直播间提出坑位费、销售利润分成等条件时，合作成功的可能性会更大。此外，一旦直播间与上游企业的合作首次达成，上游企业就会在后续合作过程中，主动向直播间寄送其他商品的样品寻求合作。

4. 主题式销售

选品工作除为自主直播间选择匹配的商品外，还包含为商品安排合理的、更易达成销售的契机，主题式销售便是达成目标的关键。主题式销售是运营团队根据时令、节日、热点，结合直播间用户画像，拟定整场直播商品方向的策划方式。主题式销售的策划包含如下三种类型：

（1）基于热点的主题式销售　时令、节日、热点是常见的销售主题，其优势在于能够

聚集热点下的用户人群。时令、节日、热点通常更有普适性，这便意味着这类主题能够实现在一次直播过程中，对商品有需求的直播间用户数的激增。例如，夏天到了，运营团队找到了诸多夏日商品集合推出，在时令的影响下，几乎所有用户都会对该销售主题下的某一商品产生购买欲望。

但普适性较强的热点对用户消费需求的激发能力有限，因为所有直播间都可能在该热点出现时同步推出类似的直播主题，这就要求运营团队在热点的基础上根据直播间核心用户（经常消费的活跃用户群体）需求，策划更细致的销售主题。例如，以爱美女性为核心用户群体的直播间，运营团队可策划"夏日穿搭"主题，结合帽子、T恤、短裙、时装鞋、墨镜、包包、遮阳伞等商品，给出不同风格的夏日穿衣搭配。如此与用户需求更为匹配的销售主题，能够显著提高直播间的销售转化率（销售转化率的概念将在本书第十章"直播间复盘"中详细讲解）。

（2）基于场景的主题式销售　基于场景的主题式销售即销售某一场景下的相关商品。场景主题同样可以结合热点，例如，在初春时节设置露营的主题式销售，商品可包含帐篷、车载冰箱、零食等。此外，场景主题还可以设置精确的用户群体，例如，办公室场景中的商品可包含笔、纸、保温壶、靠枕等。

在设置场景主题时，运营团队可能会面临部分直播间活跃用户与场景不匹配的情况，例如，直播间活跃用户中有一定比例的学生，与办公室场景不匹配。遇此情况，运营团队无须担心，因为多数直播间活跃用户已养成了收看直播的习惯。除购物外，活跃用户也愿意与主播见面、收看直播内容，并且有消费冲动的活跃用户总能找到商品的使用场景和下单的理由。

场景主题的优势在于天然具备话题感，运营团队可在直播销售的过程中加入各种场景相关话题，在场景与用户匹配的情况下，直播间定能保持高度活跃。此外，在直播前期的宣传阶段，基于场景的主题销售更加引人注目，容易引发关注用户对身边与场景相关用户的再传播。

（3）基于热点人物的主题式销售　热点人物是指当下聚集大量用户关注的公众人物，以娱乐圈明星为主要代表。这类主题策划的门槛较高，运营团队先要选定热点人物（嘉宾）并尝试沟通，初步确定合作意向后，双方还要确定销售的商品。这一过程较为复杂，需要嘉宾先行了解商品，才能保证直播过程中不出现意外。因此，建议运营团队采用"明星商品推荐"的形式，让嘉宾在日用品中选择其经常使用或熟知的优质商品，运营团队确认商品品质后联系商家，有嘉宾的背书，直播间更易与上游企业达成合作。

热点人物主题销售能够充分利用公众人物的粉丝拥趸，在达成直播间销售的同时，还能吸引明星粉丝关注直播间，对直播间运营有着多方面的帮助。但并非所有直播间都有能力联系到具备带货能力的公众人物，故该主题式销售的门槛较高。

【运营提示】话题感是主题式销售的突出优势
无论哪种类型的主题式销售，其优势都在于具备话题感，运营团队能够开发激活用户的话题、活动为用户创造良好的社交氛围。这种直播间提供场所、商品、环节，用户享受、购物的环境，正是本书提及的用户与直播间共同构建的盛筵。

二、企业型直播间选品

企业型直播间选品主要包含两个方面的工作：一是企业商品包装，二是企业之间合作。

1. 企业商品包装

企业商品包装，即为企业的传统商品增加适合直播间销售的要素，如黑科技、高颜值、话题感。通常，企业包装自主商品的方式包含如下五点。

（1）时令、节日、热点包装　时令、节日、热点包装，即将商品与特定时间节点关联，可通过两种方式实现：一是阐述商品与特定时间节点的关联性，例如，可利用某商品上市三年的时间节点，并配合优惠政策销售商品，这种方式适用于已被大众熟知的品牌商品，通过时令、节日、热点包装，可使其掀起一次成规模的销售高潮；二是结合时令、节日、热点，推出限时款商品，例如，可口可乐在春节前夕推出春节特惠装，这种方式适合包装限量商品，通过数量和包装的稀缺性吸引用户。

上述两种时令、节日、热点包装方式，均需要运营团队提前准备内容和商品，尤其是定制限时款商品，需要考虑设计时间、生产时间和销售时间的匹配。

（2）突发热点包装　突发热点包装是基于大型突发热点事件包装商品，包含大型社会热点事件、热点词汇、热点政策等。运营团队必须迅速了解事件始末，展开头脑风暴，商讨自主商品与热点的关联性，具体方式有如下三种。

1）用突发热点场景包装商品。例如，在2022年12月，用户对酒精存在需求，运营团队即可用各类外出的场景为话题，强调出门后酒精消杀的重要性。

2）将突发热点与商品结合，形成有趣的活动玩法。这种方式往往需要商品与热点之间存在某种关联性，使双方可以对比或融合。例如，2020年6月13日，周××的新歌在线上首发，Mojito（一种鸡尾酒）突然成为新媒体讨论的热点，××老窖养生酒业子品牌茗酿（养生白酒），利用其身为白酒同样可以作为调味基酒的特性，推出了用茗酿与Mojito调酒的玩法，这与Mojito这种酒形成了强关联性，引导用户购买茗酿与Mojito尝试调酒。

3）根据突发热点，对商品做包装设计。例如，"皮皮虾，我们走"成为热点表情包后，服装品牌即可推出相关元素服装，这种方式更像是商家基于热点推出了带有话题感的新商品。运营团队必须注意，这类包装方式要求借用的热点必须具备高热度，并且能够长时间留存。因此，以热点创造的"梗"为第一选择。

（3）明星、节目包装　明星、节目包装，即通过与热点明星或综艺节目合作，以明星、节目赋予商品热点。这种包装商品的方式，一般基于企业与明星、节目的品牌合作。基于不同的合作方式，包装效果也不同，具体情况分为三种：一是明星为企业商品代言；二是企业商品在综艺节目中露出；三是明星、节目与企业品牌推出联名商品。

（4）高颜值引导　用户审美是一个"轮回"，并且随着时间的推移、个人经历的丰富，每个人的审美都会发生变化，这就代表用户对高颜值商品的认定是有改造空间的。因此，通过对用户判断高颜值的引导，使用户对企业商品整体颜值的认知提高，便成为企业商品包装的一种特殊形式。

以小米系列商品为例，小米破壁机、冷风机、加湿器等智能科技商品，外观均是白色简约风格，如图8-8所示。用户起初可能并不认为这是一种高颜值商品，但随着小米越来越多的同风格商品推出，加上市场上对简约风的推崇，越来越多的用户认为该风格商品具备高颜值。

图 8-8　小米破壁机、冷风机、加湿器

企业对用户判断高颜值的引导，主要体现在直播过程中对用户的印象强植，可让主播在众多商品介绍过程中反复突出各种商品的同一颜值特点，以达到强植的效果。

（5）用户需求响应　用户需求响应，即根据用户对商品的使用反馈，以及商品改进建议，对商品做出改良。从严格意义上讲，这并不算是商品的包装方式。但考虑到参考用户意见做出商品改良是很好的企业型直播话题，并且许多用户对商品的反馈建议也能够为商品赋予话题感，故将其定义为商品包装方式。

用户对商品的改良需求包含很多类型，针对商品包装，运营团队必须重点关注的改良方向有两个：一是商品辅助功能的增加；二是商品对用户个性化需求的满足。

商品辅助功能增加的案例较多，例如，小夜灯增加明暗调节档，为插座增加 USB 插口，为热水壶增加保温档等，但随着各类商品功能的完善，用户为商品提出辅助功能改良的空间越来越小。

对个性化需求的满足通常是指商品整体设计中存在用户个性化专区部分，手机壳是最经典的案例。如图 8-9 所示，手机壳商家不仅能够提供各式各样的手机壳外观，还能为用户提供个性化需求设计，即根据用户提供的图像制作手机壳。

图 8-9　以自家宠物照片为图案的手机壳

此外，诸如笔记本电脑、桌布、鼠标垫等商品，都存在根据用户个性化需求改良商品包装的空间。

2. 企业之间合作

企业之间合作对应非企业型直播间的主题式销售,是将不同企业的商品基于使用场景,达成商品组合的商品包装形式。

(1)其他商品组合　企业之间合作的普遍方式,是寻找商品使用场景下的其他商品组合推出,通过商品之间的互补,促进合作企业双方直播间的销售。例如,世界杯期间,熬夜看球是许多用户可能面对的生活场景,看球吃夜宵几乎成为这部分用户的刚需,小龙虾、烧烤等外卖即为对应该场景的商品。与此同时,吃烧烤、小龙虾等热辣食物容易让人感觉热,甚至上火,喝冰啤酒、冷饮就也成为该场景下的需求,食物与饮料的组合便非常适合在世界杯期间推出。

对此,北京老字号信远斋酸梅汤便和信良记小龙虾达成合作,在世界杯前夕上架了小龙虾加酸梅汤的商品组合,如图 8-10 所示。

图 8-10　信远斋和信良记达成合作

(2)其他商品辅助　其他商品辅助是指基于企业商品使用的场景,通过其他商品的介入以达成用户在该场景下拥有更好的商品使用感受。本书举两个例子。

第一,企业型直播间的商品为健身课程。健身课程对应的用户需求包含增肌、减肥、提高身体机能等。对应不同的需求,有不同的课程体系,并且健身仅是完成用户需求的一部分,其他部分则需要通过调整作息时间、吃健身餐等日常行为辅助完成。商家可结合用户在健身课程下的额外需求,挑选与之匹配的商品,结合健身课程一同售卖,如蛋白粉。

第二,企业型直播间的商品为笔记本电脑。几乎所有用户都需要一台笔记本电脑,但并非所有用户都需要在直播间购买笔记本电脑,在销售笔记本电脑的同时增加笔记本电脑外设商品,则扩大了用户消费的可能性。企业可挑选其他商家的键盘、鼠标、耳机、音响、固态硬盘等商品,与笔记本电脑一同售卖。

(3)企业型直播活动辅助　企业型直播活动辅助是指企业借助其他企业型直播间举办的活动,提供自主商品用于活动销售或活动福利。这是一种借助其他流量较大企业的直播间,为自主商品做宣传推广的企业合作方式。合作方式应是企业提供商品,合作的企业型直播间在活动过程中介绍商品并为企业型直播间引流。这类活动的范本可参考 2018 年支付宝的中国锦鲤活动,支付宝聚集了各类企业为中国锦鲤提供自主商品。

该企业间合作的重点在于企业提供的福利商品能够吸引用户注意,在用户没有通过活动获得该商品的情况下,引发用户购买商品的冲动。这要求运营团队在选品时做到如下三点。

1）所选商品的数量及在合作企业型直播间的赠送数量有限。活动场景下，稀缺商品销售是引发用户冲动消费的较好方式，控制商品赠送、销售数量不仅可以提高用户对该商品的关注程度，还能在后续直播过程中吸引用户收看直播内容。

2）所选商品在颜值与"黑科技"方面有突出特点。在其他直播间举办的大型活动中，留给企业自主商品的时间并不多，因而需要商品能够被用户看一眼后记住，这就要求商品具备高颜值，或简单介绍便能凸显"黑科技"感。此外，商品外观独特，能够击中用户萌点、好奇点也可算作颜值的突出特点。

3）商品最好能与合作企业型直播间核心用户对应。参与直播间福利活动的用户通常抱着占便宜的心态，真正对商品有需求的用户才会实现从合作企业型直播间到自主直播间的跳转，故运营团队必须研究合作直播间的核心用户画像，以达成更多用户的跳转。

> 【运营提示】企业型直播间选品，是对自主商品无限深入的研究
>
> 综上，企业型直播间选品在多数情况下都是对自主商品的再研究，包含商品包装与商品组合。由于商品组合形式多基于已达成的企业之间的合作，故企业型直播间选品不涉及索要样品的工作。

第三节　直播间选品的目标

在选品工作的执行过程中，运营团队必须有意识地达成如下四个目标。

一、制订直播间选品白皮书

直播间选品本没有成规，正是由于选品人员突然的灵感，才让众多优质、小众的商品得以和用户见面，甚至成为爆款。但每个人选品标准不同，即对"黑科技"、高颜值、话题感的认知不同，并且上述三种商品特质在选品过程中的优先级也不同，在团队反复选品、讨论审核的过程中，运营团队应尝试总结经验，制订团队选品成员都能接受的直播间选品标准。如此，一方面能够规范团队成员选品的方向，避免在选品时个人喜好与直播间调性发生冲突浪费时间。另一方面能够让团队新进选品成员尽快适应运营团队选品标准，融入团队。

综上，直播间选品白皮书能够提高选品团队的工作效率、提高运营团队的选品下限。

二、建立尽可能多的优质合作渠道

在选品过程中，运营团队会接触各式各样的上游企业、销售渠道，他们会从合作意向、商品质量、团队执行力等方面展现出不同水平。运营团队必须具备构建"优质渠道"的概念，对所有合作过的企业做整合分类，通过商品销量、合作过程中配合的顺利程度等方面对渠道做出综合评定，找出其中的优质渠道。在与优质渠道合作的过程中，运营团队应秉持着多合作、多让利的态度，以捆绑优质渠道。

如此，优质商品渠道将成为企业自主直播间的销量担纲，优质直播间渠道将成为企业自主商品的销量担纲。

三、提高整体的销售额

直播间销售额是评价运营团队选品能力最直接的指标。虽然销售额会受到单次直播选品类型、选品数量的影响，但运营团队应在控制这些变量的情况下，对比不同运营阶段直播间的销售额。销售额的增加分为两种情况：一是在直播间用户数量稳定的情况下，销售额增加，意味着运营团队所选商品与用户的匹配程度更高了；二是在直播间关注用户与销售额一同增加的情况下，销售额增加可能意味着运营团队所选商品在高颜值、"黑科技"、话题感方面较为突出，能够吸引用户。

四、日趋增长的用户需求

用户在直播间提出对商品的需求属于正常情况，但在直播间提出商品需求的用户日趋增加，则代表运营团队的选品能力优秀。原则上，用户可以在任何销售类直播间提出商品需求，选择该直播间的原因一定是信任。除流量较大的直播间外，用户信任直播间的原因应是用户在直播间有过购物经历且商品质量优秀。运营团队应学会利用上述用户需求的增长趋势，在准备策划主题式销售时主动向用户寻求商品建议，基于用户群像的商品需求拟定、增加选品方向，以达成更好的选品效果。

本章小结

直播间选品是运营团队每天都必须开展的工作，对直播间运营意义重大，因优质商品是用户黏合、复购的基础。对企业型直播间而言，直播间选品这一工作永无止境，企业必须不断探寻能够达成更高销售额的选品方法。对非企业型直播间而言，直播间选品能够在不断积累优质商品、用户的情况下，使直播间运营蒸蒸日上。

第九章
单期直播策划

本章知识体系

第九章知识体系如图 9-1 所示。

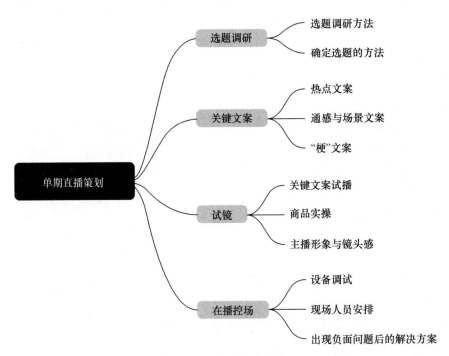

图 9-1 第九章知识体系

直播属于动态的流媒体形式，加上用户的即时弹幕交互，让直播过程增加了诸多不确定性。但本书一直强调一个观念：运营团队应在直播前尽可能对直播的诸多环节做好策划工作，探讨可能出现的意外情况并做出预案，以降低直播过程中的波动。本章所讲述的单期直播策划，即是将传统的新媒体内容策划方法带入直播中，通过内容策划的诸多细节吸引用户，同时在直播前通过实际演练，发现过程中可能存在的问题并加以解决。本章包含选题调研、关键文案、试镜、在播控场四节内容。

第一节　选题调研

选题即单次直播的核心内容。直播类型不同，选题的目的也不同。对游戏直播、秀场直播而言，选题旨在让主播人在舒服的状态下，做出令多数用户喜爱的直播内容。对销售类直播而言，选题旨在明确直播过程中的诸多细节，如选择商品、商品关联话题等。而选题调研，则是通过研究其他直播间不同选题的细节，学习并完善自主直播间选题细节。本节内容主要讲解选题调研方法，以及确定选题的方法。

一、选题调研方法

不同类型直播间的内容方向不同，选题源自内容方向（有关内容方向的讲解，请回看本书第四章第二节），故选题调研的主要目标是同类直播间。运营团队必须按如下四个步骤调研其他直播间选题。

1. 明确选题类型

明确选题类型的目的是了解直播内容的核心目标，如此才更容易发现后续选题调研步骤中细节与核心目标的关联，即为了实现选题的目标，运营团队做了哪些策划工作。无论选题出自哪种内容方向，选题的大类仅有两种：一是内容型选题，二是销售型选题。

（1）内容型选题　游戏直播、秀场直播、企业型直播、渠道型直播均存在内容型选题，但不同类型可选的内容空间不同。

游戏直播均有自己所属的领域，如主播播出自主领域以外的游戏内容，平台不会将其计入直播时间，故游戏直播的内容选题范围几乎被约束在单一游戏的不同游戏形式中。以网络游戏为例，运营团队可选择日常任务、挑战玩法、玩家对战、直播间用户约战等。无论上述哪种选题，其目的都是吸引与之对应的用户画像群体。

秀场直播以主播个人才艺为主，但才艺仅占整体直播的一小部分，主播多数时间都在与用户聊天或与其他主播连麦。因此，秀场直播的内容选题多源自热点，并且在热点事件这一选题下，单次直播内容涵盖的内容板块不唯一。秀场直播设置选题，旨在塑造人设，吸引价值观相近的用户群体，最终通过才艺、热点话题完成变现。

企业型直播以销售类选题为主，内容选题多基于企业纪实，如以不同商品的生产流水线、不同商品原材料产地为选题的户外直播。上述企业选题，主要目的是以内容拉近企业与用户的距离，同时通过内容细节的展现塑造企业价值观。

渠道型直播的内容选题最丰富，包含各类垂直领域话题、热点话题、主播个人视频日志。渠道型直播的内容选题目的均是塑造主播人设，只不过选题不同，重点塑造的人设标签不同。例如，热点选题主要塑造核心价值观，垂直领域话题主要塑造专业程度与垂直领域价值观。

（2）销售型选题　销售型选题出现在各销售类直播间，选题就是根据本书第八章介绍的主题式销售、企业之间合作所制订的主题。除企业型直播间、渠道型直播间、超市型直播间均高频使用的热点选题外，企业型直播间选题以生活场景为主，渠道型直播间选题以垂直领域话题为主。

销售型选题的核心目标一定是达成销售转化，除此之外，运营团队在调研时还需要注意直播间出现较为特殊选题的情况。例如，某超市型直播间以美妆商品为主，后突然出现了日用品主题的直播，这种情况，运营团队一般出于两个方面的考量。

1）现有用户黏合度较高，尝试拓展新的用户群体。本书强调，每个领域都存在用户数量的上限，直播间运营团队基本只能通过运营分得该领域的一小块流量蛋糕。当直播间在某领域的消费用户呈现较稳定的趋势时，运营团队便可以尝试在直播选题中偶尔插入一次其他领域的选题，但必须注意，除非插入的新选题与热点高度契合，否则不能与原选题领域相差太远，至少应存在一批用户画像标签的交集。

2）拆分直播间用户画像。超市型直播间销售的商品品类普遍较杂，并且直播这种内容形式包含平台推荐、用户兴趣推荐等多种推荐形式，用户进入直播间的时间、购买的商品都具有一定的偶然性，这就使运营团队很难基于数次直播总结出直播间用户画像。对此，通过销售不同主题的商品，可以基于当前直播间用户画像进一步拆分用户标签，结合本书第七章提到的建设用户标签细化的群组，即可获得直播间活跃用户更为准确的行为信息。

2. 选题所设环节

相比传统的原创内容策划，直播选题策划更加灵活，通过直播中各种元素的协同配合，更易展现内容的多维感，达到吸引、刺激用户的效果。一次直播选题中包含的环节通常有如下四种。

1）话题。秀场直播与游戏直播的话题用来激发用户活跃度，引导用户发送弹幕。销售类直播话题通常会为后续即将上架的商品做铺垫。直播中话题的编排有多种形式，如大话题带诸多小话题，或小话题的连贯等。

2）活动。直播间活动福利设置的方法在本书第六章已做讲解。作为直播环节的重要组成部分，活动策划的创意性应是无限的。活动的福利、参与形式、时间长短不同，活动在整体直播中起到的作用也不同，并且在一场直播中，多次活动可能呈并列、递进、循环等形式，运营团队在调研时应重点关注直播过程中不同活动之间的关系。

3）连麦 PK。连麦 PK 是秀场直播的主要直播环节，在游戏直播与销售类直播中偶尔出现。运营团队应重点关注调研直播间连麦 PK 环节在单次直播中的作用。游戏直播与销售类直播并不主要通过连麦 PK 营利。连麦 PK 的作用有两点：一是完成平台或 MCN 机构的任务，直播平台与 MCN 机构会不定时扶持新主播，并通过与大主播连麦的方式达到扶持效果；二是运营团队自主策划的休闲环节，无论选题更换多频繁，销售类直播的核心内容主要还是卖货，游戏直播的核心内容还是游戏，用户会出现审美疲劳，在直播过程中加入连麦 PK 环节，通过不同领域主播的破壁实现梦幻联动，一方面可以让用户眼前一亮，另一方面也能吸引连麦直播间的用户关注。

4）用户的直接交互，以用户提问、主播为代表的运营团队回答为主要形式。区别于直播间的话题策划，用户的直接交互为用户提供了更广阔的话题空间，这一环节主要应用于渠道型直播间。因为渠道型直播的主播作为垂直领域的专家，虽然专业知识丰富，但不一定能够在直播内容中填充该领域所有阶段用户需求的内容，故以用户为主导的垂直领域知识交互是一种好的选择。

运营团队在调研时，不仅要明确调研直播间所设的直播环节，还要重点分析不同环节的目的。例如，活动环节的基础目的是吸引用户、活跃用户、达成销售，但在部分直播场景中，活动还有让主播与场控人员休息、调整直播节奏的目的。由于上述四种环节在直播中的地位均是可重可轻的，运营团队必须调研尽可能多的直播间，掌握各直播间在内容策划时这些环节的核心目的，最终通过经验积累，达成以不同环节设计，实现直播节奏主控的效果。

3. 选题包含的内容亮点

运营团队在调研直播间时，对单次直播中印象深刻的部分即为亮点，相比上述选题环节的整体研究，亮点更聚焦细节。上述四种选题环节中均有设计亮点的空间。

话题热点以夏日蚊虫叮咬为例，几乎所有用户都有被蚊子叮咬的经历，对待身上发痒鼓起的"蚊子包"，有人习惯用针刺破，有人则喜欢用指甲在"蚊子包"上划字，如十字、井字。这种话题带有强烈通感，易引发用户讨论，可在销售驱蚊产品、蚊虫止痒产品时作为热点话题推出。

活动亮点的空间最大，因为运营团队在调研工作中一定能够发现"脑洞"大开、未曾在直播领域见过的新鲜活动。活动福利、活动门槛、活动采用的热点话题等均可成为活动的亮点。

连麦PK的亮点应表现为连麦双方策划的PK文案方向，但截至2023年1月，多数直播间在连麦PK环节都不会提前策划，使连麦PK的亮点聚焦于主播的急智或才艺本身。

用户交互的亮点通常表现在主播的知识储备方面，即面对各式各样的问题，主播能够根据自身的从业经历或生活经历予以解答。

运营团队在调研选题中的亮点时，要将发现的亮点做分类，包含思想创意型亮点与人物亮点。对运营团队而言，思想创意型的亮点更有价值，因为它更容易被借鉴、拓展。

4. 选题效果

选题效果展现的是选题策划在直播间用户画像的框架内，达成运营目标的程度，是运营团队对调研内容的最终研判结果。在分析选题效果前，运营团队首先要分析该次直播所面向的用户画像。如果对比往日直播，直播间用户数量没有较大变化，则用户画像即为直播间活跃用户画像；如果数量有明显提升，则可能意味着直播间做了部分用户画像的拓展工作，用户画像则为直播间用户画像与该次直播商品匹配用户画像的总和。

对最终选题效果的研判，应聚焦三点：一是直播各环节的用户参与度，判定标准是整场直播用户弹幕的综合数量；二是直播间用户对商品的关注度，判定标准为商品介绍阶段用户主动咨询商品相关信息的弹幕数量；三是商品销售量，销售转化多是销售类直播间策划话题的最终目标，也是考量选题效果的最重要标准。

【运营提示】选题调研的要点

从上述调研流程与结果判断方法看，选题调研的核心有两点：一是学习与借鉴，同直播间调研一样，其他直播间的选题有好有坏，选题效果的最终呈现决定了运营团队是学习还是避免重蹈覆辙。需要注意的是，突出亮点不应作为选题综合效果的代表，整体选题效果不佳也不能埋没选题中的突出亮点，运营团队应保持客观理性，取其精华，二是保持稳定，从选题效果的研判方法看，运营团队必须通过调研直播间多次选题直播呈现的效果对比，来判断最新一次选题的效果，故运营团队应选取部分较为典型的直播间（例如大流量直播间、用户画像相似的直播间），持续稳定地开展调研工作，以扩充运营团队自身的调研样本数量。

二、确定选题的方法

选题调研的最终目标是制作直播间的选题策划，选题调研与直播间选题策划的关系应是运营团队根据自身运营需求拟定选题，结合选题调研结果修改、优化选题。本部分内容将讲解直播间选题拟定方法，以及配合调研结果的选题优化方法。

1. 选题拟定方法

选题源自直播间设置阶段的内容方向，一般包含如下三种拟定方法。

（1）**基于内容方向细化标签** 以渠道型主播的日常生活内容方向为例，选题即可根据主播人设的兴趣偏好拆分。例如，某渠道型主播的兴趣偏好为做饭、打羽毛球、爬山，这三种行为就可作为选题方向。此外，运营团队还可将这些标签进一步细化，如羽毛球专业训练、约球、解说羽毛球比赛等。

（2）**基于热点制订选题** 基于热点制订选题，对销售类直播间而言即为主题式销售。对秀场直播、游戏直播而言，热点通常不能覆盖直播整体内容，仅作为直播标题或直播中出现的话题，用以活跃直播间氛围。

（3）**借鉴其他直播间选题** 对运营团队在选题调研过程中发现的、用户画像与自主直播间相似的直播间选题，如果多方面选题效果均表现优异，则运营团队可直接借鉴选题主体，并结合自身资源情况做出微调。

2. 选题优化方法

选题优化方法分为两步：一是选题择优，二是优化现有选题。

（1）**选题择优** 选题择优，即优先挑选运营团队策划的选题中预期效果最好的选题。运营团队对选题效果做出预判的方式有两种：一是查看做过该选题策划的调研直播间的选题效果，在用户画像差异不大的前提下，如果调研直播的该期直播相比同时期的其他直播有较好的表现，则运营团队可默认该选题能够在自主直播间获得较好的效果；二是在自主直播间内开展用户调研，这种方式相比前一种可靠性更强，因为每个直播间的用户群体或多或少存在差异，即便调研再多用户画像相似的直播间样本，也不能完全保证自主直播间的选题效果。但如果直接咨询用户建议，选题与用户对应的可能性更大，运营团队可在单次直播的尾声或直播前在黏合用户群组中向用户发起选题意向调研，优先选择用户呼声更高的选题。

（2）**优化现有选题** 对现有选题的优化方向主要包含三点：一是环节优化，二是细节优化，三是商品优化。

环节优化即学习调研样本中优质选题的环节编排形式，或效果优质的环节。好选题中的直播环节设置应跌宕起伏，用户会因话题、优质商品上架、连麦 PK 等环节而情绪高涨，也会在用户直接交互的环节稳定情绪。细节优化即学习调研样本中不同环节中的细节，如场景设置、活动门槛设置，以更好地达成不同环节的目标。商品优化包含两个方面：一是根据调研样本增加策划中没有想到的商品类型；二是在没有既定商品选择的情况下，直接联系调研样本中销量较高的商品商家，进入选品流程。

上述三种优化方向，都是在运营团队客观审视自身选题后发现存在不足，而后做出的改进手段，如果运营团队的单期选题制作已较成熟，则无须强制优化。

> 【运营经验】调研是一种经验主义的运营方法
>
> 通过了解上述选题调研方法、确定选题方法，不难看出这是一种经验主义的运营方法。无论调研直播间的用户画像分析、自主直播间的用户画像分析，还是选题预期的各类数据指标对比，都需要基于运营团队已构建的分析方法，例如用户画像标签分析方法。因此，运营团队应在不断调研其他直播间的过程中积累调研经验，形成调研方法论的同时保持学习心态，通过更多超出预期的调研样本填补调研能力上的空白。

第二节　关键文案

关键文案是指应用于单次选题不同内容环节中，用户敏感的、易理解的、有记忆点的文案，必须通过与其适配的内容表现形式呈现给用户。关键文案应用的内容环节包含以下三个。

一、热点文案

热点文案应用于选题策划的话题中，不同类型、不同热度的热点内容在直播话题策划中出现的位置、方法不同。本部分内容首先介绍热点类型、热点热度判断方法，而后讲解不同类型热点的应用方法，以及热点文案制作方式。

1. 热点类型

热点一般分为如下三种：

1）长效热点，即无论何时出现，都具有广泛社会认知和讨论热度的事件，如医疗、教育、养老、社保等民生话题。此类话题，在出现对应的新事件时，就可以作为热点使用。例如，每年全国各省市养老金上调，就是社会广泛关注的热点事件。

2）可预测的时令、节日热点，即春节、情人节、七夕节、"双11"、"双12"等特殊日子。此类热点的特点在于所有直播间都可提前预知，继而提前策划内容，这也是该类热点成为直播间使用频率最高的热点的原因。

3）突然出现的社会事件，突然火起来的社会人物、某种思想或物品。此类热点往往持续时间较短，一般不会超过五天，但在其持续时间内，多数其他类型的热点都会被压制，因为用户的"吃瓜"心理让用户更有讨论这类热点的意愿。

2. 热点热度判断方法

热点热度的常规判断方法包含两种：一是在微博、百度、今日头条等平台搜索热点相关的关键词。以微博为例，话题下的第一条内容的数据量即可作为判断热点热度的标准；二是在微信指数中搜索热点相关关键词，如果微信指数较高，则热点热度高。

上述方法并不能作为决定热点使用的唯一判断方法，因为热点热度的绝对值面向的是广义用户流量，每个直播间的用户流量不同，关注的热点也不同，运营团队应选择在直播间用户群体中热度相对更高的热点。

一般情况下，运营团队在活跃群组内发现的用户主动讨论的热点内容，或在微博等信息资讯平台寻找到的垂直行业前三条热点，都可被认定为高热度。此外，全民都有所了解的大型社会热点事件，例如在朋友圈刷屏的热点事件，无须做判断即可使用。

3. 热点应用方法

热点在直播策划中的应用主要包含如下三种方式：

1）热点作为直播主题。这种方式中热点的作用是在直播前与直播时吸引热点下聚集的用户，常用的有大型社会热点、时令节日热点、垂直领域大热点、运营团队自主创造的热点。这里要重点强调一下运营团队自主创造的热点。自主创造的热点主要面向直播间关注用户，以直播间大事记为主要热点创造方向，例如"开播一周年"。

2）热点作为直播穿插的话题。这种热点主要以活跃直播间用户为目的，常用的是社会型热点事件。以娱乐八卦事件为例，运营团队应打开"脑洞"，与用户尽情讨论热点事件的可能性，激发用户发送弹幕的欲望。如果运营团队对热点事件的始末了解透彻，以爆料的形式插入这类热点话题，则用户兴趣更浓。

3）将热点事件作为辅助商品销售的案例。例如，在 2022 年 12 月，许多用户出现发烧的状况，意图通过出汗的方式降低体温，而出汗会导致体液流失，此时可通过饮用电解质水达到补充体液的效果。

4. 热点文案制作方式

热点应用的场景不同，文案突出的重点不同。如果以热点作为直播主题，热点文案主要应用于三个场景：一是直播前的原创图文宣传内容或宣传海报，文案重点应是与商品、活动福利的结合；二是在直播过程中反复提及的直播主题信息，目的是向新进入直播间的用户传递直播的基础信息，文案内容应是宣传文案中重点信息的总结归纳；三是多次出现的热点主题相关活动环节，文案应偏向于活动 slogan，具有一定节奏感，起到提点用户参与活动的作用。

如果以热点作为直播穿插的话题，则提及热点的文案应尽可能隐晦。例如，主播在世界杯前夕直播时准备带入世界杯话题，可以制作近期自主行为信息文案，如"这几天我囤了一屋子的自嗨锅和啤酒，你们囤什么了？"如此操作的原因在于，直播内容策划阶段，运营团队应已确知热点话题对直播间用户的吸引力，确定通过这样的方式，用户便能理解并加入话题。同时，这种隐晦的文案表达更像是主播在直播过程中与用户聊天时的突发奇想，而非运营团队提前策划，显得更加自然。

如果以热点作为辅助商品销售的案例，则需要通过文案渲染热点，渲染热点的方向一般是热点的普遍性与危害性。这是由于通过热点辅助商品销售时，商品功能必然对应热点事件场景下的用户需求。如果用户需求不够强烈或用户需求不具有普遍性，则用户购买意愿弱。因此，商品销售时所选取的热点事件案例若以负面热点事件为主，则需要运营团队把握好尺度，不能放大热点事件的负面效应或夸大商品的功能。

二、通感与场景文案

通感与场景通常应用于销售类直播，用以激发用户对商品的需求。除商品自身的功能与主播人设背书外，通感与场景是引导用户购买商品的最重要手段。本部分内容将讲解通感与场景的关系，通感、场景拟定方法，场景文案制作方法。

1. 通感与场景的关系

通感即通过内容的展现，让收看内容的用户获得内容创作者想要传达的感受。运营团队必须注意，通感不是让用户共情，而是让用户回忆起自身经历带给他的感受或带入场景产生感受。例如，通过口技模仿蚊子嗡嗡的声音，即会让用户感受到夏日夜里被蚊子骚扰的烦躁。场景分为两种：一是生活场景，二是数据场景。一切用户在现实生活中经历过或能够想象的场景均算作生活场景；由内容创作者调研数据堆叠，继而描绘出数据现状的则为数据场景。

通感与场景的直接关系是通感需要场景触发，并且在商品销售过程中，几乎所有通感都是场景触发的。因此，运营团队在策划与商品相关的内容时，应先定义商品使用场景，而后分析用户在该场景下最容易产生的通感，最后在场景文案中着重引导用户产生该通感。

> 【运营提示】部分内容的通感设计优于场景
>
> 上述销售类直播的通感、场景设计流程较为特殊，在传统的新媒体内容体系下，内容创作者通常会优先设计通感，而后为通感定制场景。两种方式存在差异的原因在于：传统新媒体内容设计通感的目的是吸引用户继续收看内容，以增加用户收看核心内容的可能性；直播过程中的通感目的则是销售商品，此时任何内容要素都必须为商品服务，场景与商品有直接的关联，故应先设计场景。

2. 通感、场景拟定方法

通感与场景均是面向用户的，因此在定义通感与场景前，必须先明确用户画像。如果直播间没有通过商品拓展用户画像的运营目标，则通感与场景面向的用户画像为直播间用户画像。之后，运营团队即可根据商品的应用场景构建生活场景，在场景中引发用户通感。例如，某烧水壶具备烧水、保温等多项功能。保温功能的应用场景可设计为早上起床，想喝一口热水，但水是冰凉的，想用烧水壶加热，又担心水太热没法喝，对应的通感可以是早起喝凉水导致肚子不舒服。上述通感与场景，应面向注重养生的人群。

此外，有关通感、场景的拟定，运营团队还需要了解以下三点。

1）商品的功能可能对应多种场景，例如，爬墙插座既可应用于办公室，又可应用于书房。运营团队应制作多场景，以主要场景吸引核心用户购买，以辅助场景巩固核心用户购买意愿。

2）生活场景可以搭配数据场景一同使用。生活场景面向的是用户生活经历，数据场景可以强化生活场景中的细节。

3）让用户带入场景产生通感更高级，用户每产生一种新的经历，对该经历的敏感度就会有所下降，所以能让用户产生强烈需求的往往是用户未曾经历但能够想象带入的场景。

3. 场景文案制作方法

场景文案制作应遵循传统媒体写作方法，注重刻画场景细节，具体文案执行时应注意如下四点。

1）在传达通感时不要描述自己的感受，而应该用动作展现自己的感受。例如，喝酒过多的场景，不应说自己喝醉了，而是以"一会儿走出一个问号，一会儿走出一个叹号"表现自己头晕的状态。

2）对场景中出现的要素，不用形容词描述，多用动词展现。例如，想要刻画南方蟑螂的大，用"它和我的大拇指一样大"就显得有些无力，如果用"我一脚踩下去，它大概能把我的脚抬起来"，如此不仅将蟑螂的大展现了出来，还从侧面展现了大蟑螂的"气场"。

3）少用副词，多介绍场景画面。许多文案创作者强调商品在场景中的重要性时，会用一定、绝对、千万等副词。例如，一定不要在睡觉时把手机放在一旁充电。相比这种叙述，直接拿出睡觉时充电导致手机自燃，酿成惨剧的案例，能够给用户更强的冲击力。

4）文案应有一定的节奏感。场景文案最终要通过主播口语播出完成展现，这就需要文案有一定的节奏感。在一整句话中，诸如短、短、长、长、短、短、短、中、长等句式读起来会更有节奏。此外，应尽量避免在文案中使用成语，四字成语在语言表述时节奏较差，场景、通感文案使用成语的情况，通常是成语能够对复杂的情绪进行总结，或成语本身就是一幅画面。

三、"梗"文案

"梗"可理解为"段子"，在互联网环境下，无论用户的最终目的是消磨时间，还是社交、购物，他们都希望能够在相对愉快的环境下完成，因此直播内容中的"梗"便成了关键要素。用户不仅会因为"梗"的冲击力而自主传播直播间，还会因为对"梗"的期待保持在直播间的活跃，给予运营团队更广阔的运营空间。本部分内容包含"梗"的类型、"梗"文案的制作与使用。

1. "梗"的类型

"梗"的分类方式有很多，但许多"梗"的分类并不在同一层次，如颜值"梗"、谐音"梗"、历史"梗"。不同维度的"梗"分类会导致"梗"类型之间出现重合的情况，容易导致运营团队混乱。本书将从"梗"的创作方式出发，将"梗"分为如下六类。

（1）谐音"梗" 谐音"梗"即通过相似的读音将本不相关的事物强行联系到一起。较经典的案例是2022年脱口秀演员××的"梗"，她总被妈妈提醒不要太高兴，以免乐极生悲，于是她的生活状态只有中悲、大悲、超大悲，这是通过谐音将生活状态和咖啡、奶茶规格联系到一起。

上述案例是谐音"梗"中较为巧妙的例子，生活中谐音"梗"产量极大，但多数显得较为生硬，在直播时使用很有可能会产生负面影响，如直播间冷场。

（2）口音"梗" 口音"梗"源自日常生活，不同地区用户的口音不同，并且许多地区口音非常魔性，易达成用户印象强植，故在直播环境下各地域口音属于百花齐放的状态，能够接受口音"梗"的用户也就多了起来。例如，河南地区的"弄啥嘞"，天津地区的"姐姐"，东北地区的"你瞅啥"，广东地区的"雷猴啊"，都是非常经典的口音"梗"。

（3）热点"梗" 热点"梗"源自社会热点事件，出现的原因是热点事件在某一时间段形成了大规模的传播，其后热点事件的热度下降，逐渐被新的热点事件覆盖，沉淀后便形成了"梗"。热点事件的"梗"比较简练，一般是热点事件发生时流行的关键词。例如，B站视频《后浪》爆火后，后浪一词就成了"梗"；世界杯梅某在接受采访时爆粗口，"给你俩窝窝"就成了"梗"。运营团队需要注意，由电视剧衍生出来的"梗"均可算作热点"梗"。

（4）生活"梗" 生活"梗"源自每个人的日常生活，突出特点在于多数用户有过类似的经历，因此才能在用户有关生活的交流过程中被聚焦，而后形成"梗"。其中，以老师和父母的"梗"最为经典。"你们是我带过最差的一届""扭头说话，与后窗暗中观察的老师对视的瞬间""穿秋裤""都几点了还不起床？"生活"梗"的本质更像是描述生活中的场景与通感，但它之所以被称为"梗"，是由于多数用户能够理解、使用，几乎无用户画像门槛。

（5）二次创作"梗" 二次创作"梗"是在原"梗"基础上，通过内容创作者的编排加工，衍生出的新"梗"，常通过"脑洞"较大的B站账号创作并传播。例如，空城计的场面，许多账号为其配上了现代音乐，这使剧中的诸葛亮可以弹奏任何曲目，继而被赋予了"诸葛琴魔"的称号，这个称号成为"梗"流传了下来。

（6）历史"梗" 历史"梗"可被理解为"典故"，主要是指被后人津津乐道的历史事件或人物。例如，2022年脱口秀大会呼×的段子：呼×在青岛海边放松并寻找素材，意图夺得脱口秀大会的大王，而上一个在青岛海边特别想当大王的，还是齐桓公，这便是以类比的形式带出的历史"梗"。除上述与现代场景结合的历史"梗"外，还有许多历史"梗"可以单独使用，如钢铁"直男"张居正、十万人输给八百人的孙十万——孙权等。

2. "梗"文案的制作与使用

"梗"之所以精彩，能够成为用户的快乐源泉，是因为创造"梗"的人"脑洞"独特，不可复制。因此，"梗"文案的创作没有系统性的方法，循规蹈矩只会让运营团队的"梗"变得无聊。故本书仅讲解"梗"创作的基本方法，以及使用原则。

（1）"梗"创作的基本方法 "梗"的创作需要天赋，在本书创作团队的教学过程中明确感受到天赋导致的创造"梗"的能力差异，先天的不足应通过后天学习补足，故本书认为"梗"创作的最基础方法就是了解尽可能多的"梗"，通过学习各行各业已经形成的"梗"，为自己的"梗"创作提供素材。建议运营团队每日浏览微博、百度等平台热搜，并尝试加入各类互联网相关群组，如此基本可确保不错过网络上流行的热"梗"。

此外，不同"梗"的创作方法与细节不同，以下将介绍常见类型的"梗"的创作方法。

谐音"梗"虽然常见，但主动创造谐音"梗"的情况较少，因为谐音"梗"大多生硬，易导致直播间冷场。许多精彩的谐音"梗"是在日常沟通时不经意出现的，因此谐音"梗"创作的首要形式是记录，记录日常生活中灵感迸发出现的谐音"梗"。同理，口音"梗"无须创作，多是已形成的大众都能接受的"梗"，只需要在合适的时间场景使用即可。

热点"梗"的创作基础在于全面了解"梗"，至少应了解事件的前因后果，通过对事件的总结或细节的挖掘形成"梗"。例如，"王宝钏挖野菜"用来形容"恋爱脑"，便是对事件全面了解后形成的"梗"，"鸡你太美"便是对蔡某歌曲细节的挖掘形成的"梗"。

生活"梗"的创作方法是挖掘生活细节，而且是所有用户都了解但没有对其进行总结、输出的生活细节。

二次创作"梗"的流程较为复杂，首先需要运营团队了解"梗"的全部内容，而后寻找一个原创方向深入制作。最典型的是借助原有"梗"的视频为其重新定制配音，例如《帝国的毁灭》中元首片段配音。还有便是基于表情包的再创作，或是通过原"梗"与谐音"梗"的结合创作新"梗"。

历史"梗"较为特殊，因截至2023年1月，多数用户普遍熟知的历史事件已被整理成各式各样的"梗"，而用户不了解的事件则不易形成"梗"或很少有用户能理解，故历史"梗"的原创空间较小。

（2）"梗"的使用原则 "梗"最基础的使用原则有三点：一是让用户能够理解。策划"梗"文案前应考虑用户画像，如果直播间用户主要为二次元用户，那就应多用二次元"梗"，如果直播间中老年用户偏多则应少用热点"梗"，多用生活"梗"；二是要对"梗"有全面了解。在与用户交流与"梗"相关的话题时，不应接不住用户回抛的"梗"；三是"梗"不能突破价值观底线。一些社会敏感内容不能用来玩"梗"，否则将面临封禁的风险。在此基础上，不同的"梗"有不同的使用场景。

一般的谐音"梗"的使用条件较为苛刻，要求直播间氛围热烈，用户处在相对高涨亢奋的情绪中，如此用户才可能接住相对生硬的谐音"梗"。但运营团队的谐音"梗"如果能与其他元素巧妙结合，例如与其他"梗"结合、与直播间现状结合，则可在任意时间搭配使用。

口音"梗"的使用方式较为简单，甚至不需要提前策划，只需要在适合经典口音"梗"词汇出现时使用即可，例如，主播喊"3、2、1上链接"后，商品链接迟迟没上，这可能是场控失误，主播便可使用"你弄啥嘞"的河南口音"梗"，抛"梗"的同时缓解直播环节失误的尴尬。

热点"梗"主要应用于热点话题的讨论阶段，但也常用于与热点类似的场景中。例如，主播突然停止直播间BGM，向用户传递直播间重要信息（如活动参与方式），而后以"接着奏乐接着舞"这一新三国电视剧的"梗"接续之前的BGM。

生活"梗"是直播间最常用的"梗"类型，不仅可应用于多数场景，而且适用的用户范围广。除注意用户画像与生活场景的对应性外，无其他使用要求。

二次创作"梗"在直播过程中并不常用，因用户接受的门槛过高，一方面用户需要对本"梗"有充足的了解，另一方面用户还需要"飞急智"才能快速了解主播抛出的"梗"。很多情况是当用户反应过来时直播已经进入下一阶段，故二次创作"梗"在直播的适用性较差。

历史"梗"的使用条件综合了热点"梗"与二次创作"梗"，既要求用户对历史典故有了解，又要有适用的场景，故使用的频率很低。截至2023年1月，直播间主要使用的历史"梗"，多是和电视剧新三国有关。

第三节　试镜

试镜的目的是通过对过程复杂、可能出现纰漏的直播环节的演练，降低直播过程中出现意外的可能性，主要包含以下三个方面直播内容。

一、关键文案试播

文案是直播过程中的主体，运营团队策划阶段的文案需要由主播口述给用户，转换过程会存在诸多问题，文案试播主要解决两个方面的问题。

1. 文案的熟悉与修正

试镜时主播应先通读整体直播文案，由运营团队其他成员记录下主播表达不顺的部分，之后整理并总结原因。一般情况下，主播输出文案不顺有三种原因：一是文字稿拗口导致内容表达不顺；二是主播对文案内容不够熟悉，输出时发现问题又回头改正，导致内容表达不顺；三是文案本身书面语较多，不符合口语表达的语言习惯。

对上述三种情况，运营团队应先将文案分为两个部分：一是运营团队自主编辑的热点、场景、"梗"文案，这些文案普遍可以修改，可尝试通过修改文案句式、增加或删除介词、连词等方式，适应主播的表达方式；二是商品相关功能的详细介绍，由商家提供，不具备大的修改空间，这类文案只能通过主播多次阅读熟悉，最终达到脱稿背诵的效果。主播在试镜过程中，要按照自己日常的口语习惯，实时修改文案或在文案打印稿上添加标注。

此外，运营团队设计的热点主题与商品折扣信息口语播出文案，需要主播在直播过程中反复持续输出。主播不仅要熟记该口语播出文案，还应在输出时注意保持节奏的稳定。

2. 文案的输出效果

主播输出文案内容的主观感受，与用户接受文案的感受并不相同。因此，除主播主观熟悉文案、协同修改文案外，运营团队还需要找到较为客观的第三方用户收看试播内容，为内容提出改进建议。收看试播的用户可以是直播间 KOL、非文案策划的其他运营团队成员。

> 【运营提示】运营团队无须响应所有建议
>
> 直播文案是直播整体效果的缩影，直播过程本就应平稳中有高潮，故运营团队不是必须响应用户在各环节提出的改进建议，而应聚焦用户反馈与策划阶段与运营团队期望差距较大的文案。例如，在话题讨论时主播抛出了一个"梗"，本应让直播间"炸场"，但收看试播的用户反馈一般，此时运营团队应着手调整"梗"文案。

二、商品实操

商品实操是试镜阶段核心试播内容，主播要确保演示流程较为复杂的商品能够正确使用。早在 2019 年 11 月，李××就曾在直播不粘锅时翻车，食物粘在不粘锅上，不仅让商家的商品无法售卖，还让直播间口碑受到了较大影响。这便是主播没有在直播前对商品进行实操试镜的后果。需要实操的商品包括两类：一是流程较为复杂的商品；二是需要多人配合演示的商品。

1. 流程较为复杂的商品

流程复杂的商品一般有诸多使用细节。以上述不粘锅为例，商家表示新锅在使用前应先开锅，这便是商品的使用细节。除此之外，商品各组成部件的使用存在先后顺序，如某品牌面条的煮面、放调料的先后顺序；商品使用方式多种多样，如多功能折叠床，展开后可作为床使用，折叠后可以作为椅子使用，属于流程复杂的商品范畴。

2. 需要多人配合演示的商品

多人配合演示同一商品的情况通常是主播与嘉宾分别担任商品不同部分的介绍工作。例如，在"布衣××"直播间，主播邀请好友一同直播，其好友主要负责对书的主题内容、刊印方式、作者背景故事等做讲解，主播则要对好友说出的主题内容做带入自主思考的总结与吐槽，辅以介绍商品价格、优惠等销售信息。这种情况下，要求主播与好友熟悉双方文案的先后顺序，避免互抢台词的情况出现。

三、主播形象与镜头感

主播形象即主播在直播时展现的妆容样貌。镜头感是指主播在直播场景下面对镜头时自然展现状态带给用户的感受。其中，主播形象试镜主要为检查主播妆容在镜头前的效果，如果存在部分妆容在直播时无法展现或展现过度情况，运营团队必须做出调整。镜头感试镜则是为了让主播找到更为舒适的直播状态，包含主播在背景环境中的位置、人物大小，做出诸多动作时是否还能保持与镜头的和谐等。

> 【运营经验】主播形象与镜头感试镜应一次解决
>
> 出于对用户印象强植的目的，主播每次出镜时的妆容、镜头位置应具有稳定性。因此，主播形象与镜头感通常仅需要在首次直播时试镜，后续如无直播阶段的提升或直播场景的更换，可一直保持稳定。如以视频日志形式为主的户外直播，主播则可根据养成的镜头习惯，自由掌控不同场景下的人物镜头位置。

第四节　在播控场

在播控场同试镜类似，是在直播前对直播现场出现的人、物做出的综合统筹性工作。在播控场一方面是为了保证直播过程的流畅，另一方面则是在出现问题后尽快解决，以免出现意外情况对直播整体造成进一步影响。在播控场的内容包含如下三点。

一、设备调试

设备调试包含直播软件调试与硬件调试。

1. 软件调试

软件调试工作主要是指主播软件的使用，包含主流的 OBS 与各类直播平台推出的直播"伴侣"。运营团队不仅要保证直播开启时画面中元素与预期相同，还要了解异常状态时的基本处理方法。例如，用户观看直播时偶尔会出现卡顿，这可能是由于网络高峰时段负荷过高导致的，此时可适当降低码率以保证直播流畅。

此外，本书必须重点强调直播过程中保持网络通畅的重要性。在 2022 年 12 月"布衣××"参与的某场直播活动中，主播在话题讨论过程中正准备为该书创作团队做简单的宣传推广，但由于网络突然中断，该部分直播内容并没有正常播出。对于该次直播而言，损失的内容属于花絮片段，但是如果各企业型直播间在直播过程中突然中断，则是严重的直播事故，会致使大量用户离开直播间。

2. 硬件调试

硬件调试主要包含现场电器设备线路的稳定性，以及各类现场设备的摆放位置与效果。运营团队最常调试的硬件设备是现场灯光，调试方式包含根据主播妆容调整面部打光效果，以及商品展示时灯光的聚焦。此外，直播过程中有时会因商品变换、直播环节转换而调整直播设备镜头。运营团队应调试好设备的镜头反转功能，或提前明确移动设备的方式、镜头缩放方式，以保证直播流程尽可能顺畅。

二、现场人员安排

直播过程中，运营团队所有成员几乎都需要在直播现场各司其职，包含主播、策划、场控（打杂）、选品、客服，其中策划与场控人员应在主播身边为主播服务，并在主播出现忘词等特殊状况时对主播做环节、台词上的相关提示。选品与客服无须在主播身边，但也应在直播现场，一方面可实现商品售罄后补货、用户问题反馈信息的对接，另一方面选品人员在直播时与商家即时沟通的信息，也能够快速传递给主播与策划团队。

此外在直播现场，运营团队一定要保证直播画面的稳定，如果非故意策划，每一个运营成员意外出现在直播镜头中都属失误。通常，主播应背对背景板面向空间开阔的出口，以为其他成员留出较大空间辅助直播。

三、出现负面问题后的解决方案

即便运营团队已做好万全准备，直播过程中仍旧会出现意外情况。例如，大面积用户聚焦某商品的某一问题，主播与策划团队又无法即时解答。此时，应由策划团队成员出面，示意用户继续直播流程，后续会由主播给出相关问题的具体解答，并辅以发送弹幕赠送福利的形式，跳过用户质疑的弹幕风潮，以保持直播过程的流畅。之后再由选品成员与商家交流沟通问题解答方案，由主播在直播环节间隙加以解答，并在直播后公开向用户致歉。

此外，直播间用户有时会提出主播传闻、团队负面新闻等相关负面信息，运营团队可以在直播过程中保持沉默，以维持直播进程，并在直播后对负面信息做出公关反馈。

本章小结

直播间的单期直播策划是传统新媒体创作方式的流媒体化。截至 2023 年 1 月，许多直播间依旧没有强烈的策划意识，虽然许多用户看到了直播间出现意外而爆红的案例，但更多的是因直播事故，直播间被用户拉入黑名单。做好每一期直播策划，不仅是对用户的收看效果负责，而且是一种保证直播间长久运营的良好习惯。

第十章
直播间复盘

> 本章知识体系

第十章知识体系如图 10-1 所示。

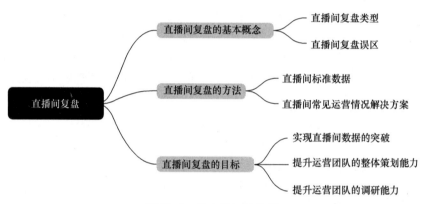

图 10-1　第十章知识体系

　　本书在直播间设置、活动福利设置、单期选题策划部分都强调了调研的重要性，即通过学习其他直播间优秀的运营或策划创意，弥补自主直播间运营上的不足或丰富直播间的运营手段。本章内容将讲解直播间复盘工作，它与调研类似，都是对直播间某次内容或某阶段的运营情况做分析总结，但两者间存在如下三点主要区别。

　　第一，调研工作样本多，可横向对比亦可纵向对比，属于开放性工作，运营团队做得越多，学习到的内容就越多，而直播间复盘的机会有限，仅在每次直播后完成。第二，调研可获得的数据指标少，诸多调研直播间的数据乃至运营目标，都需要运营团队分析得出，结果存在不确定性，而直播间复盘可基于单次直播的诸多标准数据，明确当次直播的情况。第三，调研样本之间的对比通常仅能通过数据之间的对比完成，而直播间复盘可对照直播前运营团队在各方面工作设定的期望状态，因此复盘结果的指导意义更强。

　　对运营团队而言，调研与复盘两项工作都很重要，应并行不悖，即通过调研学习其他直播间的优点，通过策划将学习内容应用于自主直播间，通过复盘审核直播间的策划效果（学习成果），如此便形成了良性的直播间、运营团队自我提升循环。

本章内容分为直播间复盘的基本概念、直播间复盘的方法、直播间复盘的目标三部分。

第一节　直播间复盘的基本概念

直播间复盘是将直播间运营成果与设置的运营预期对比，判定直播运营效果，发现运营优点，弥补运营不足，以期达成更好的直播间运营效果的运营方式。本节包含直播间复盘类型、直播间复盘误区两个部分的内容。

一、直播间复盘类型

直播间复盘工作包含两种：一是单期直播内容复盘；二是阶段直播复盘。

1. 单期直播内容复盘

单期直播内容复盘有两个工作方向：一是对单期直播的整体数据做分析总结，例如场观用户数、销售额等，详细数据种类及分析方法将在本章第二节"直播间复盘方法"中详细讲解。运营团队需要将这些数据与既定目标，或近期的其他直播内容对比，以明确当次直播的整体效果，奠定复盘基调。例如，如果当次直播效果比往期更好，则复盘基调应是总结亮点、查漏补缺；如果当次直播效果比往期较差，则复盘基调应是检视缺点，学习整改。二是对直播过程中诸多细节的复盘，需要运营团队共同回看各直播环节，分析总结环节中没做到或没做好的部分并给出解决方案。

这两个工作方向之间存在先后逻辑，即首先根据整体数据奠定基调，后根据直播细节为数据寻找支撑。其中，某一数据可能对应多个直播细节，例如，商品销售量与商品本身质量相关，也与为其设计的场景、通感相关。运营团队在复盘分析时应做好变量控制，以避免对直播过程中细节质量判断失误。

2. 阶段直播复盘

阶段直播复盘是指对某一时期直播间所有直播的整理复盘。阶段即运营团队在直播间设置阶段确定的运营周期。阶段直播复盘工作分为两步：一是将该阶段整体数据与直播间设定的预期对比，明确直播间在该阶段的发展趋势；二是结合数据对比情况，根据现阶段发展趋势，继续执行运营预期计划或重置运营计划。

二、直播间复盘误区

直播复盘是提升直播运营质量的重要方法，许多运营团队都会在直播后进行复盘工作，但并非所有运营团队的复盘都是科学、高效的。本书将指出四个直播间复盘的典型误区，避免运营团队在复盘工作上做无用功。

1. 复盘要有先后顺序

在直播间类型的介绍中，已提到了直播间复盘的先后逻辑，运营团队应在这一框架内形成团队成员统一高效的具体复盘方法。以单期直播内容复盘为例，运营团队分析完整体数据后，可自行定义销售量、关注量、用户互动量数据研究的先后顺序，而后按顺序寻找与之对应的直播环节进行复盘。运营团队切忌在复盘开始时直接分析直播过程中最亮眼或最失败的环节，如此会让复盘变得零散，导致缺项漏项，影响最终复盘效果。

2. 复盘不能谈"感觉"

复盘过程中提到的不足与亮点必须有数据支撑，与此同时，在复盘阶段发现需要改进的不足时也必须设定明确的改进方法，并且方法应有调研数据、直播间过往数据做支撑，不能凭"感觉"复盘、制订改进方案。

3. 复盘不应是回看直播

许多运营团队在直播结束后就即刻召集团队成员一同收看直播回放，这是一种低质、低效的复盘方法。因为在团队成员一同观看直播时，很容易将话题带偏，忘记原本应聚焦的复盘工作，并且直播时长一般都会超过 2 小时，如果仅是回看直播就花费如此长的时间，复盘工作所要消耗的团队精力就过多了。综上，复盘应具备超强的靶向性，在直播数据的基础上明确复盘目标，才能使复盘更加高效。

4. 复盘不是"分锅"

运营团队在复盘时发现了直播中存在的问题，团队成员第一时间都应去思考问题的解决方法，而不是找出造成问题的人。直播是团体运营事项，一荣俱荣一损俱损，"分锅"与"甩锅"都属运营团队的不良风气，运营团队的领导者应坚决抵制，减少团队内耗，如此才能让团队成员将更多精力放在提升直播间运营效果上。

第二节 直播间复盘的方法

通过本章第一节的讲解，已明确了数据对于直播间复盘的重要意义，即数据是直播间复盘的源发点。本节将讲解需要运营团队重点研究的直播间标准数据，并对直播间运营过程中常出现的情况给出具体解决方案。

一、直播间标准数据

直播间标准数据是指运营团队能够从直播平台后台直接查看的直播相关数据，这些数据是直播运营情况的最直观展现。本部分内容将从直播间复盘的标准数据出发，明确直播间复盘需要研究的标准数据及其意义，后构建直播间运营事项与数据的关联，并给出分析方法，分为单期直播数据与阶段直播数据两个部分。

1. 单期直播数据

单期直播数据包含直播间人数、平均观看时长、点赞次数、分享次数、评论次数（弹幕总数）、活动参与人数、新增关注人数、礼物收益和销售数据。

（1）直播间人数　直播间人数指标包含许多种，例如，直播间观看总人数、直播间观看总次数、最高在线人数、实时在线人数。运营团队必须重点关注的应是直播间观看总人数与实时在线人数。

直播观看总人数是指直播过程中所有进入直播间观看的用户总和，一般包括直播间较为固定的已关注活跃用户，以及部分被平台推荐观看该次直播的用户。直播观看总人数应保持阶段性稳定，该数据的异动通常表现为数据增长，原因普遍有三点：一是直播间在某次直播后实现了活跃用户数的增加，使下次直播的总观看用户数有所提升，活跃用户的增加一般是因某次成功举办的活动、话题，或直播间整体用户数增加促成的；二是直播间在直播过程中通过平台做了流量推广，使该次直播推荐给更多陌生用户；三是直播中有特殊环节，由第三方因素导致用户激增，例如，直播邀请到明星，或与大主播连麦。

实时在线人数是指当前时间点直播间的用户总数，主要因为直播间在播环节不同而浮动，并且数据变动有一定的滞后性。实时在线人数是不同环节对用户吸引力的最直接表现。此外，实时在线人数对商品销售的相关数据研究有重要帮助，因为其是计算商品销售转化率的基础数据。

（2）平均观看时长　平均观看时长关联的直播元素较多，包含直播的环节设置、不同内容环节质量、收看直播的用户结构。如果直播的环节连贯，过程紧密，则平均观看时长更长；如果直播内容环节质量高，则平均观看时长更长；在直播观看总人数中，关注用户占比越高，平均观看时长越长。运营团队应注重提高直播环节的编排能力与直播环节的质量，以提升平均观看时长。在分析平均观看时长结果时，应注意控制收看直播的用户结构。一般情况下，同一直播阶段的两次直播观看总人数相近，则用户结构相似。

与此同时，决定用户平均观看时长的，还有两点基础因素：一是直播平台，如果用户收看直播内容的主要形式是自主搜索而非平台推荐，则平均观看时长更长。此外，视频号的平均观看时长较其他平台更低，因为平台属于微信体系内，用户收看视频号的时机可能是处理工作、社交信息的间隙。二是直播类型，内容类直播的平均时长普遍高于销售类直播。截至 2023 年 1 月，多数用户对内容类直播的主要需求是消磨时间，而对销售类直播则带有一定的消费需求。当用户的消费需求被满足时，用户便可能退出直播间。

（3）点赞次数　点赞次数即用户于直播过程中在直播间点赞的次数。不同直播平台的点赞按钮位置相近如图 10-2 所示。另外多数平台双击直播界面即可点赞。

点赞数量能够提升直播间的热度，直播间的热度能够提高直播间被平台推荐的可能性。虽然点赞操作对用户而言门槛较低，但并非所有用户都有通过点赞表示对直播内容喜爱的习惯，通常必须主播加以引导。一般情况下，内容类直播的点赞数相比销售类直播的点赞数更高。

（4）分享次数　分享即用户将直播间分享至自己的熟人社交。不同平台的分享按钮提供的出口不同，多数平台都以微信好友、微信朋友圈为主要分享目标，如图 10-3 所示。

图 10-2　图中标记处为视频号点赞按钮

图 10-3　B 站的分享功能

在以推荐为主要内容推广形式的直播领域，用户分享的作用已被淡化，通常作为直播间黏合用户数量的辅助参考数据。直播间规模越小，用户分享带给直播间的收益越大。通常，运营团队在每次直播时都应将自主直播间分享至朋友圈，但在直播过程中，无须引导用户分享直播间，主要原因有三点。

第一，用户分享直播间的门槛较高，不仅要求用户黏合度较高，还需要直播间类型与用户在熟人社交圈的标签匹配。第二，满足上述要求的黏合用户会自觉分享直播间，无须主播引导。第三，普通用户在社交圈的影响力有限，因而分享形成的传播效果有限。如果主播在直播过程中反复引导用户分享直播间，可能会造成负收益，即分享用户有限、陌生用户因厌烦而离开直播间。

（5）评论次数（弹幕总数） 评论次数是微信视频号的说法，即直播间用户在互动区的留言，在其他平台也称弹幕总数，是考量直播间用户活跃数的核心指标。以微信视频号为例，运营团队在分析评论次数时，应从三个维度入手。

1）分析对比同阶段同类型直播评论次数。评论次数展现了直播间的活跃用户情况，对比不同直播的评论次数，即可明确直播间活跃用户的变化趋势。运营团队必须注意控制好影响评论次数的其他变量，主要为运营阶段变量与直播内容类型变量。运营阶段保持不变，即直播开展时的直播间数据相似；直播内容类型保持不变，即区分纯内容与直播带货，分别展开对比。

> 【运营提示】影响评论次数的变量可规划得更细
> 在上述两种影响评论次数的主要变量下，运营团队还可继续拆分其他变量。以内容类直播为主，直播过程中策划话题数量的多与少、是否存在发送弹幕抽奖的活动等因素，都会影响评论次数。运营团队应有意识地控制这些细节上的变量。

2）分析对比评论的高峰数值。单期直播的评论峰值必然出现在弹幕抽奖活动或话题讨论阶段，运营团队根据类型直接对比即可。一般情况下，弹幕抽奖活动的评论峰值并不能完全作为活动设计成功的考量指标。因为基于平台的自动填充抽奖弹幕功能，弹幕抽奖对用户而言几乎属于无门槛抽奖，只要活动福利与用户略有关联，用户便愿意发送弹幕参与。话题讨论阶段的评论峰值对比更为关键，因为其是话题对用户吸引程度的直接展现，运营团队应在对比过程中记录下更能吸引用户的话题类别，以及话题中设计的"梗"类型，以便在后续话题策划中继续应用。此外，运营团队在对比前也必须控制运营阶段这一变量。

3）分析对比商品介绍时的评论数值。商品介绍时的评论数能够展现两种信息：一是商品本身具备的话题感，这是该数据展现的主要运营信息；二是在运营团队为其设计的场景通感吸引用户的程度。在运营团队创作能力稳定的前提下，商品介绍时的评论数值即可代表商品话题感。运营团队必须注意，商品话题感强并不代表商品一定能取得好销量，但在一场直播过程中，必须要有这种讨论度较高的商品支撑直播间氛围。

（6）活动参与人数 活动参与人数展现的是活动对用户的吸引力，不同活动吸引用户的方式不同。通过同类型活动的对比，运营团队能够明确重点活动元素的吸引用户效果，从而逐步提升活动策划能力，在未来活动中达到更好的效果。

运营团队必须重点分析的是折扣活动的参与人数。折扣活动通常为直播间重点商品设置，最终目的是达成商品销售。运营团队可通过分析领取福利折扣的用户数，即活动参与人数，了解该商品对直播间用户的吸引力。如果参与折扣活动的用户少，则该商品与直播间用户画像并不匹配；如果参与折扣活动的用户多，则运营团队可根据销售单数进一步分析商品情况。例如，参与活动人数多，但实际购买用户数少，这可能代表商品的价格、用户的刚需性有待商榷。

> **【运营经验】活动无门槛，则统计活动参与人数无意义**
>
> 活动复盘的本质是通过活动福利的吸引与活动门槛的对冲，考量福利与门槛设置的平衡性问题，但在直播环境下，多数活动几乎已是零门槛，统计这些活动的参与人数并无意义，因为其约等于直播间即时在线用户数，无法证实活动策划的优劣。折扣活动与其他活动的不同点在于，运营团队可将折扣的领取场景设置在商城，这就为用户参与活动增加了跳转至商城商品页面这一门槛。
>
> 此外，有一些较为特殊的活动，例如，主播提出问题，用户给出开放性答案，运营团队挑选出其中更有创造力的答案给予奖励。这种活动门槛相对较高，福利普遍与问题相关，组办过程较复杂，但能够根据活动参与人数了解用户对该话题的兴趣程度，以及对直播间的黏合度等信息。

（7）新增关注人数　影响单期直播新增关注用户数的元素有许多，包含外因和内因，运营团队应在明确这些原因的基础上，做好控制变量的研究分析。

外因包含平台推荐与其他主播推荐。虽然平台推荐受内因影响，但仍具有一定的不确定性。运营团队无须纠结平台推荐对新增关注人数的影响，因为在直播间未做推流的前提下，平台对直播间的推荐会保持阶段性稳定。

内因包含四个方面：一是主播的引导；二是用户的黏合度；三是直播内容策划；四是选品。

主播的引导包含引导用户对直播间点赞、评论，以及通过标板文案引导陌生用户关注直播间。用户的黏合度是指用户主动为直播间点赞、发送评论、分享直播间的意愿。上述两种内因的作用原理，均是基于运营手法让用户在直播时间内形成与直播间更多的交互，为直播间增加热度，从而提升平台对直播间的推荐量，吸引陌生用户进入直播间并关注。

直播内容策划是运营团队必须主要对比、研究的内因，这是运营团队自主可控、有效吸引用户关注的主要方式。直播内容策划对新增关注人数的影响主要体现在两个方面：一是直播主题与主题下话题的策划；二是直播过程中的活动设计。其中，主题与话题策划更为关键，因活动福利不仅需要投入成本，而且吸引的用户多是广义流量，不一定与直播间匹配，而基于直播间策划的主题吸引的用户与直播间匹配度更高。如图10-4所示，通过"布衣××"直播间2022年11月19日至21日4天的直播数据，即可看出主题对新增关注用户数的影响。

11月19日，该直播间直播时长4.5小时，主题是杂件拍卖，与书无关，新增粉丝59人，11月21日，该直播间直播时长约3.5小时，主题是旧书拍卖，新增粉丝103人。显然在"布衣××"直播间与书相关的主题更受用户欢迎，无论是用户兴趣还是主动分享直播间的意愿都强于其他类话题。由此可见，运营团队应在控制变量的前提下，通过不同主题新增关注用户数的对比，明确直播间用户更为关注的主题类型，然后多尝试做相似主题直播，或该主题下继续细分的主题内容直播，一方面为了提高直播间新增用户数，另一方面也可由此分析直播间用户更精准的用户画像。

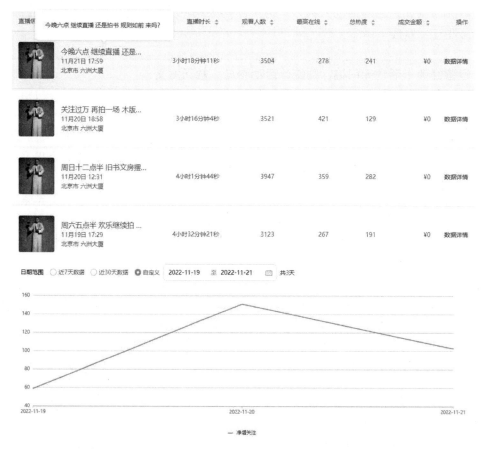

图 10-4 "布衣××"直播间 2022 年 11 月 19 日至 21 日 4 天的直播情况（上）与新增关注（下）

选品实现关注用户数增长是基于直播间销售商品的品质，用户在直播间获得了良好的购物体验后，便会选择关注直播间，同时向亲友推荐直播间及直播间商品。运营团队必须注意，选品实现的关注用户数增长具有一定的滞后性，在统计时必须排除其他变量。

（8）礼物收益　礼物收益是内容型直播的变现方式，直播间获得用户礼物通常是因为直播内容中的亮点、爆点，故礼物收益的数据对比通常能够展现用户对直播间的内容需求。例如，某游戏主播擅长玩多种游戏，在直播 PUBG（绝地求生）时获得的礼物相比直播 DOTA 游戏时少，则运营团队必然更倾向于做 DOTA 游戏内容的相关策划。由于游戏、秀场直播发展周期长，各类主播、MCN 机构对内容策划吸引用户赠送礼物的方式掌握得较为完善，故本书不再赘述，仅强调如下两点。

1）用户对内容的需求会有周期性变化，运营团队应实时监控，对不同直播内容类型做好比例分配。最简单的案例是用户再喜欢看主播 PK，时间长了也会产生厌倦，故运营团队也要策划其他直播环节。

2）与礼物收益类似的还有另一项数据指标，不同平台名称不同，在斗鱼被称为"贵宾"，即在直播间送过礼物的用户。部分直播内容贵宾少，但其中有能送出大量礼物的用户。运营团队不应执着于礼物收益，也必须关注贵宾更多的直播内容，因为贵宾数量是发展"榜一大哥"的土壤。

（9）销售数据　销售数据是销售型直播间的终极数据指标，包含销售件数、消费人数、销售额、销售转化率、商品复购率。

1）销售件数。销售件数是指一场直播销售的商品数量，区别于多数直播平台后台数据给出的商品销售单数，本书建议运营团队统计不同商品的销售件数，因该数据值更细致，能够更好地展现直播间对不同商品的销售能力。销售件数通常不用于多次销售同一商品的对比，而应用于商品销售前后预期与结果的对照，以结果判断直播前运营团队对商品与直播间匹配关系的分析，不断提升运营团队对商品销售预期的判断能力，以提升渠道型直播间、销售型直播间在上游企业处的口碑。

2）消费人数。消费人数是指单次直播购买过商品的用户，主要展现的是直播间用户与商品的匹配程度。消费人数通常应超过观看直播间用户数的5%，超过10%即为优秀。

3）销售额。销售额即单次直播销售所获收益，直播间销售额与直播间定位、用户画像相关。直播间调性决定商品调性，用户的客单价接受范围决定每次直播销售额的上限。运营团队必须为每次直播制订一个销售额预期，该预期并非越大越好。如本书所说，直播应是企业与用户共同参与的盛筵，如果每次直播时运营团队都为用户提供商品盛筵，则用户不仅会"消化不良"，还可能因为疲倦而离开直播间。故运营团队应在自己的粉丝框架内缓释商品，不应持续高强度输出商品。

以"布衣××"直播间为例，截至2022年8月31日，该直播间关注用户数为4921人，而在8月19日直播间就创下了当天51万元的销售额，足见其关注用户的购买力，但即便如此直播间单月内仅做了四次主题式销售，一方面是为了保证主题的稀缺性，另一方面还能给用户的钱包以缓和的空间。"布衣××"直播间2022年8月的销售数据如图10-5所示。

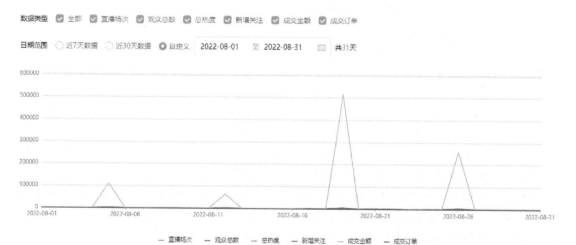

图10-5　"布衣××"直播间2022年8月销售数据

综上，运营团队对销售额的分析应聚焦于与预期销售额的对比，分析造成预期与实际销售额差距的主要原因。例如，选品问题、用户购物周期问题、黏合用户数量提升问题等，以期在未来降低误差，更好地拟定后续直播的销售额预期设定。

4）销售转化率。销售转化率针对单件商品，是商品销售的单数除以商品曝光次数的比值。销售转化率包含了用户接触商品、了解商品、研究商品、购买商品的全流程，是对所有与商品相关元素的综合考量，包括运营团队为商品策划的场景通感、商品与直播间用户的匹配程度、商品直观质量，通常在1%上下，超过3%即为优秀（稀缺销售商品无法用此标准衡量）。

如果商品的销售转化率超过了3%，则意味着该商品具备爆款潜质，在多数超市型直播间均能取得较好的销售业绩，运营团队应努力保持与该商家的合作。如果商品的销售转化率低于1%，运营团队应尝试为商品换一种通感与场景设计。若转化率依旧不达标，则代表商品不适合在直播间销售，应果断放弃该商品。

【运营提示】警惕出现大量商品销售转化率不达标的情况

如果直播间大量商品的销售转化率均不达标，则销售转化率与商品本身、匹配度关系不大，主要原因在于运营团队的场景、通感设计能力不足。此时，运营团队应快速做出决策解决问题，即寻找新的内容策划成员。

5）商品复购率。商品复购率即当次直播结束后，在无主动推广的情况下，用户主动进入直播间绑定商城购买商品的数量与直播时销售商品数量的比值。商品复购率的统计周期普遍在商品使用周期内，运营团队也可将两次直播销售商品的间隔作为统计周期。商品复购率与商品类型相关，如果是非家电类大型商品，复购率应达5%，超过30%（多为快消品）即可视作爆品。商品复购率是商品质量的最重要考量指标，复购率高则证明商品好用、性价比高。

此外，商品复购率也能在一定程度上展现直播间客服的服务态度。如果直播领域销售的爆品在直播间复购率不达标，则有两种可能性：一是用户对客服的服务普遍不满意；二是直播领域或全网存在价格更低的购物渠道。

2. 阶段直播数据

阶段直播数据是指在运营团队制订的运营周期内，直播间的数据情况。本书建议运营团队将运营周期定为三个月，相对一个月的周期更长，能够排除一些直播周期中意外因素导致直播数据异动的干扰；相比半年、一年的周期更短，方便团队按季度制订运营目标、按季节时令策划直播内容。阶段直播数据的研究通常包含新增关注人数、直播总收益、商品品种总数、上游企业数量。

（1）新增关注人数　新增关注人数指标必须对应运营团队设置的阶段用户增长预期，因为新增关注人数受直播间运营过程中投入的活动福利预算、推广预算影响，故新增关注人数是对活动福利、推广效果的重要检验标准。在活动福利的影响下，直播间粉丝转化率应达到5%以上，即在收看直播的陌生用户中有5%的用户关注直播间。运营团队可用单次直播的观看用户总数减去最高在线用户数，视为观看直播的陌生用户数。若运营阶段内每次直播的粉丝转化率均达标，但新增关注人数未达标，则表示运营团队推广时触达的陌生用户不足，应尝试提高推广预算或提升推广用户与直播间的匹配程度。

> 【运营经验】直播间关注用户的增长存在不定周期
>
> 　　直播间关注用户的增长存在平台期与快速增长期，这是由平台自主推荐、用户收看直播意愿、用户分享直播意愿等各类因素综合决定的。以"布衣××"直播间为例，在没有做直播间推广的情况下，直播间关注用户的平台期与快速增长期如图10-6所示。
>
>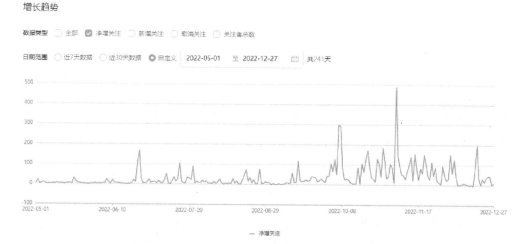
>
> 图10-6 "布衣××"直播间关注用户的平台期与快速增长期
>
> 　　图10-6中2022年5月至10月基本属于平台期，举办大型主题式销售活动时单次直播的用户增长仅在100上下，而自2022年10月6日的专场后，直播间进入了用户快速增长期，日常直播就能吸引100左右的用户关注直播间。
>
> 　　综上，直播间推广能够实现直播间在平台期一定量的关注用户增长，但本书建议运营团队顺应关注用户增长的自然规律，在有基础关注用户的情况下不做直播间推广，侧重增加关注用户的活跃与黏合，因为直播间推广形成的关注用户增量并不一定与直播间匹配，活跃、黏合用户传播带来的用户增长，对直播间有更大的价值。

（2）直播总收益　　直播收益应对照运营团队制订的收益预期。直播间运营的第一个周期，收益预期基本可定义为直播间整体支出的50%，而后随关注用户、直播间消费用户数量的增加而提升。当直播间总收益可以达到同阶段直播间整体支出的两倍后，直播间已基本处于良性运营状态。

如果运营阶段内的直播总收益不达标，运营团队应首先研究该阶段内大型主题直播数据，因为其应至少提供超过80%的直播收益，而后运营团队应着手从两个方面提高直播总收益：一是提高大型主题直播的策划与选品质量；二是尝试增加大型主题直播次数。

上述直播总收益的分析方法主要适用于销售类直播间，因为内容直播的主要收益形式是用户打赏，具有较强的不确定性。

> **【运营经验】内容直播的收益预期**
>
> 内容直播的收益成分较复杂，原因在于内容直播的主体界定。本书将游戏直播、秀场直播两大内容型直播的主体定义为MCN机构。MCN机构所获收益包含直播间打赏，以及直播平台与MCN机构签订协议时约定的费用。故内容型直播的收益预期包含两种：一是MCN机构要求主播完成的礼物额度，与MCN机构旗下主播的收益分配有关；二是MCN机构在直播领域的整体收入，由MCN机构整体规划，与直播运营团队无关。

（3）商品品种总数　商品品种总数针对渠道型直播与超市型直播，是考量运营团队选品基本成果的数据。商品品种总数不仅能够代表直播间过往的销售成绩，也能够展现直播间未来的销售可能性。在直播间运营过程中，品种数量会呈波动状态上升。因为在直播间不断上架新商品时，直播团队也必须淘汰在直播过程中数据表现不佳的商品。随着品种数量的增加，运营团队预期的单品增长量应不断降低，因为一方面与直播间匹配的可选商品数量在减少，另一方面直播间选品的标准也会随着直播间的发展而提高。

（4）上游企业数量　上游企业数量同样针对渠道型直播与超市型直播。除能够展现直播间选品成果外，还能够体现直播间在直播行业内的口碑。在上游企业数量不断提升的过程中，运营团队应注重挑选优质的上游企业，加强合作。优质上游企业是指商品质量稳定、优质，并且物流、售后服务有保障的商家。直播间紧密合作的优质上游企业越多，直播间选品质量的下限就越高，直播间在上游企业中的口碑就越好，选品工作也将更加顺畅。

上游企业数量应随着直播间运营时间不断增加，因为这代表直播间选品团队还在寻找更多的商品，而合作的优质上游企业应保持一定数量的稳定，以运营团队能沟通对接的上限为准。

二、直播间常见运营情况解决方案

在标准数据的讲解中，本书围绕数据讲解了对应的指标设定方法、数据展现的运营情况、分析数据方法、改进方法等，本部分内容将针对直播间运营过程中展现出的常见状态，给出更为具体的直播间整体发展方向建议。

1. 用户稳步增长，阶段收益无明显提升

对内容类直播而言，用户稳步增长属于直播间的核心目标，终极目标则是在关注用户中找到若干个"榜一大哥"及一批忠实拥趸。即便在用户稳步增长的情况下，内容类直播的阶段收益仍存在较大的不确定性，因为直播间收益主要依靠随机出现的"榜一大哥"，故运营团队在这种情况下只需要稳步运营即可。

对销售类直播而言，用户增长而收益无明显提升则是比较尴尬的局面，即"叫好不叫座"。这种情况经常发生在企业型直播间与渠道型直播间，原因通常在于直播间某次直播主题吸引了大批用户，或是直播间主播、"梗"存在"破圈"的情况，致使直播间相比关注用户数相近的直播间热度更高，继而实现了关注用户的稳步增长。该情况出现的根源在于直播间用户与商品没有匹配关系，直播间可做出如下调整。

对渠道型直播间而言，面对不了解直播间所属垂直领域的用户，运营团队应尝试让这部分用户形成该垂直领域的兴趣偏好，具体方法为设置系列直播选题，从关注用户对直播

间关注焦点开始，逐步向直播间垂直领域引导话题，具体案例可参考考研讲师张某。张某的出圈是由于他将考研故事编成了段子，吸引了大批与考研无关的用户。张某的"直播内容"分为学校现场讲座与线上讲座。在线上讲座过程中，他的段子明显变少，转而注重考研干货的输出。这便是由用户兴趣话题（段子）向垂直领域话题（考研）的转换。在话题引导过程中，必然会出现用户与垂直领域毫不相干从而取消关注或沉淀为死粉的情况，但运营团队已就现有用户做了最大限度的用户需求挖掘与用户需求引导，对比引导前，直播间收益必然提升。

企业型直播间对策较简单，即在用户增长后多策划各类销售主题，因为在直播间吸引的大量用户中，本就有对企业商品存在需求的用户，并且传统的企业型直播间主体更易让用户接受销售这种直播间内容。运营团队只需要设计好商品的场景、通感，让商品多触达用户便能提升直播间销售收益。此外，如果企业商品品类丰富，还可通过调研的方式对新关注用户做需求调研，尝试将自主商品与用户呼声较大的商品做成商品组合，在促进销售的同时，让更多用户深入了解自主商品。

2. 阶段收益提升，无明显用户增量

阶段收益提升，无明显用户增量的情况，即代表当前关注用户的消费能力、消费意愿有所增强，主要原因在于关注用户的黏合度提高。内容型直播的用户表现为更愿意为主播送礼物，销售型直播用户表现为更信任主播推荐的商品。此外，也有可能是直播间商品客单价的提高，或是运营阶段内直播的场次有所提升。

无论出于上述哪种原因，该情况下直播间关注用户在直播间的平均消费都有所提高，相比有用户增量，但无明显收益提升的情况，长期保持这种情况更为糟糕，因为其在无形中压榨了已关注用户。当用户主动或被动地在某一时间点突破了自己在直播间消费的极限，则该用户可能会在未来很长一段时间里消失，这也是本书建议运营团队举办大型主题式销售必须保持一定时间间隔的原因。

针对上述情况，内容类直播应多做话题策划，增加用户参与、分享直播间的欲望，同时暂停付费式抽奖内容。销售类直播也应适当调整直播销售频率，尝试增加直播间联动、邀请嘉宾参与直播，以便让更多对直播间商品存在潜在需求的用户收看直播内容、成为关注用户。

3. 商品单品数量提升，无优质上游企业增量

出现单品数量提升而无优质上游企业增量的情况，并非选品成员能力弱，无法找到优质商品，而是在发现优质商品与商家时，运营团队并未通过良好的协作与之达成深度合作关系。究其原因，是优质上游企业不愿意与直播间合作，原因有两个：一是直播间用户基数小，销售能力差；二是有其他直播间能让上游企业收益更高。

运营团队除努力提升直播间关注用户数、黏合用户数外，还应通过销售利益的分配提升自主直播间在上游企业眼中的价值。对上游企业而言，直播间的价值表现为两种极端情况：一是商品销售能力极强，卖的多上游企业自然有钱赚；二是几乎不需要渠道费用，不管销售能力强不强，卖出去一件上游企业就赚一件。直播间在与上游企业的合作过程中，必然处于这两种极端情况的中间，此时运营团队必须衡量自主直播间的销售能力，与上游企业沟通时对比销售能力类似的直播间，相比其他直播间为上游企业留出更多利润，上游企业自然更愿意达成合作。

这再度印证了本书的核心观点：坑位费、高销售利润分成、全网最低价是上游企业寻找直播间做直播带货的三座"大山"，良好的直播发展态势应是多方共赢。截至 2023 年 1 月，直播间作为商品销售渠道已自恃流量"欺负"上游企业许久，是时候为优质上游企业主动降低坑位费、销售利润分成以促成多方共赢的局面了。毕竟，在上游企业运营自主直播间的意识觉醒后，优质上游企业与直播间的供需关系又会发生改变，届时作为渠道型、销售型直播间，如果没有已达成良好合作关系的优质上游企业，则几乎会无可售的优质商品。

4. 直播各项工作趋于稳定

在运营团队对直播运营的各项工作都已驾轻就熟时，就会出现各项工作趋于稳定的状态，主要表现为运营团队整体运营行为机械化。例如，遇到热点话题即蹭，遇到时令节日即举办相关主题式销售：夏天卖伞、冬天卖羽绒服。上述运营方式本身没有任何问题，但这属于直播运营团队的"肌肉"记忆，多数团队都会按上述方法操作，直播间的话题、销售主题便不具有稀缺性。

这种情况下，即便直播间的关注用户、销售收益都在提升，但基本属于在现有用户基础上的自然增长，未来必然被不断崛起的各类直播间逐渐超越。故本书建议所有直播间运营团队，任何时候都要保持对直播各内容元素、销售元素探索的热情，不能让直播运营工作变得没有活力。

第三节　直播间复盘的目标

基于上述直播间复盘方法，运营团队应在实践中完成以下三个目标。

一、实现直播间数据的突破

直播间复盘最直接、最主要的目标便是提升直播间整体数据，主要是指关注用户数据与销售数据。例如，通过对话题的复盘明确更容易吸引用户的话题，通过对销售数据的复盘进一步分析当前直播间用户画像标签，之后运营团队便可以在未来的直播内容中策划相关话题，销售与直播间用户匹配的商品，从而实现直播间数据的进一步提升。

二、提升运营团队的整体策划能力

无论运营团队的策划能力多强，在直播内容策划阶段都可能出现问题，而这些问题是无法在策划阶段解决的。直播间复盘不仅能够让运营团队直观看到直播过程中出现问题的原因，还能让运营团队以第三视角审视直播间策划时的思维漏洞。在直播间运营早期，直播运营团队相对"青涩"，应注重策划亮点的发掘与继承。当运营团队已有较成熟的策划方法时，则更应聚焦策划过程中不曾发现的细节，通过复盘加以改正，最终提升运营团队的整体策划能力。

三、提升运营团队的调研能力

本章开头部分曾提到，复盘与调研的重要区别在于复盘获得的数据信息更多，调研可获取的数据信息少。显然，通过更少的数据信息得出直播间运营情况比较困难。此时，直播间复盘好比为运营团队提供了名牌调研的机会。基于直播间复盘的磨炼，运营团队在调研时应更容易根据调研获得的基础数据分析出直播间的运营情况。

本章小结

　　截至 2023 年 1 月，直播间运营并没有明确的数据运营白皮书，本书所述的所有数据分析，均是基于本书创作团队的直播间运营经验。实际上，直播领域有许多未知数，例如，直播间热度没有明确算法，平台对直播间的推荐方式属于"黑盒"。直播间运营团队本就要基于经验、理解给出理论上更有效的运营方法。在这一漫长反复的过程中，会出现无数次运营团队不理解、难解释的数据异动。越是如此，运营团队就越应保持对数据的热忱，研究数据异动的原因，努力让自主运营团队经验覆盖所有可能出现的数据异动。

参考文献

[1] 张浩淼，乐金生，张宏宇 . 新媒体运营实务 [M]. 北京：中国人民大学出版社，2021.
[2] 王中晓，张浩淼，崔凯 . 新媒体运营与管理 [M]. 北京：机械工业出版社，2022.
[3] 卜妙金 . 分销渠道管理 [M].2 版 . 北京：高等教育出版社，2007.